智 · 慧 · 爱
Sapientiae et Cordi

了 解 和 爱 ， 终 将 成 就 一 切 ！

微光中的孩子
Twilight Children

［美］桃莉・海顿（Torey Hayden）著
林妏珆 译

图书在版编目（CIP）数据

微光中的孩子/（美）海顿著；林妏玓译.—北京：华夏出版社，2015.1
（桃莉老师疗愈成长之旅）
书名原文：Twilight children
ISBN 978-7-5080-8340-7

Ⅰ.①微… Ⅱ.①海… ②林… Ⅲ.①问题儿童–儿童教育 Ⅳ.①G765

中国版本图书馆CIP数据核字(2014)第301205号

TWILIGHT CHILDREN by Torey Hayden
Copyright © 2005 by Torey Hayden
Simplified Chinese translation copyright © 2015
By Huaxia Publishing House
Published by arrangement with Curtis Brown Ltd.
through Bardon-Chinese Media Agency
ALL RIGHTS RESERVED
版权所有，翻印必究
北京市版权局著作权合同登记号：图字 01-2014-2481

微光中的孩子

作　　者	（美）桃莉·海顿		译　者	林妏玓	
责任编辑	马　颖		特约编辑	彭秀芝	
责任印制	刘　洋				

出版发行	华夏出版社	
经　　销	新华书店	
印　　刷	北京市建筑工业印刷厂分厂	
装　　订	三河市少明印务有限公司	
版　　次	2015年1月北京第1版	2015年4月北京第1次印刷
开　　本	880×1230 1/32开	
印　　张	10.625	
字　　数	170千字	
定　　价	38.00元	

华夏出版社 网址：www.hxph.com.cn 地址：北京市东直门外香河园北里4号 邮编：100028 若发现本版图书有印装质量问题，请与我社营销中心联系调换。电话：（010）64663331（转）

推荐序

学习倾听孩子的声音

21世纪，随着互联网的飞速发展，世界愈加扁平，各种资讯以及教育理念以前所未有的强度冲击着我们。育儿的话题在当今的中国变得越来越引人关注，也越来越重要。第一代的独生子女如今已经为人父母。在仍然以传授知识、考试测评为教育主线的中国，孩子的压力越来越大，反抗也越来越大。家长们一方面渴望孩子快乐成长，另一方面又难以抗拒整个社会的潮流，站在孩子的身后，举着考试的大旗打压着孩子们。

前日参加一个活动，有一个讨论是关于"如何做高效能父母"的话题。家长们七嘴八舌，提出了一大堆的建议。我却在想，也许，我们都需要安静下来，学习倾听孩子的声音。

桃莉·海顿，被美国教育界盛誉为"爱的奇迹天使"，她的这套"桃莉老师疗愈成长之旅"都是从孩子的角度展开的，让我们这些糊涂的自以为是的大人有机会听到孩子们的声音，帮助我们贴近孩子那颗敏感的心，了解他们的需要和被爱的方式。

我非常感谢自己在芬兰的育儿经历，因为是个"外来母亲"，什么都不懂，所以必须倾听（即使如此，也常常做不到很好的倾听）。

在某种程度上，女儿教会了我很多。记得女儿12岁左右的时候，喜欢上了一个西方的摇滚歌星。这个歌星的所有造型，都让我有一种心惊肉跳的感觉。我非常担心女儿的"喜欢"，试图了解她为什么会以这样一个"不正派"的歌星为偶像。女儿却说，他在台上的打扮和表演只是一种渲泄，是他情绪或生命中的一个部分。她还批评我（和很多中国家长）以貌取人。可是，我依然不明白，这个摇滚歌星渲泄的哪一部分引起了一个12岁孩子的共鸣，当时非常担心（现在我越来越理解一个孩子成长过程中的困扰）。此后，我们也偶尔会为这件事展开讨论，直到她15岁的某一天，我们又谈起这个歌星，她跟我说了不久前发生的一件事：有一个青少年持枪伤人，而他恰是这个歌星的粉丝。这件事引起各方媒体的关注，甚至有一种声音质疑歌星的音乐对青少年的负面引导。有人采访这个歌星，问："如果你有机会对这个孩子说几句话，你会说什么？"他静默片刻，回答道："我什么也不会说，我会倾听。"女儿说："妈妈，你不觉得他是一个很有智慧的人吗？"

是的，倾听的力量超出你的想象！在这个充斥着各种声音和各种理念的噪杂世界里，"倾听"也许是我们需要学习的一个重要技能。

无论你是家长还是老师，如果你心里有爱，并愿意用对的方式支持到你所爱的孩子，不妨打开这套书，在桃莉·海顿的帮助下，走进孩子的内心世界，开始学会倾听。看看你是否能够听到他渴望长大的声音，听到他内心的无助和他的需求，他的自豪和喜悦，体会到他在生命初期学习生存技能的那份努力和不易。

如果我们能够带着深深的爱，细心地倾听，全然地信任，耐心地陪伴，也许，生命就会展现给你一个奇迹！

芬兰富尔曼儿童技能教养法中国推广第一人：李红燕

目 录

1　初见卡珊德拉 _ 001

2　卡珊德拉的怪异行为 _ 008

3　接到梅森·斯隆的来信 _ 017

4　迷人的德雷克 _ 026

5　德雷克奇怪的家庭 _ 034

6　把洋娃娃丢进搅拌机 _ 043

7　卡珊德拉被性骚扰？_ 050

8　德雷克来到了治疗中心 _ 058

9　中风引起的失语症 _ 068

10　如鱼得水般的快乐 _ 077

11　翼手龙的游戏 _ 086

12　感觉的游戏 _ 095

13　葛达开口了 _ 103

14　录音带中的德雷克会说话 _ 111

15　卡珊德拉尿湿了裤子_121

16　德雷克会比手语_130

17　让人心动的沉默_141

18　德雷克在冰淇淋店_150

19　卡珊德拉被关进了隔离室_158

20　德雷克听录音带仍不开口_167

21　葛达能自发性说话了_177

22　卡珊德拉的感觉游戏_184

23　德雷克被带出了治疗中心_194

24　最难堪的场面_202

25　电话那头哭泣的露西亚_211

26　哭泣的卡珊德拉_217

27　葛达家鸦片的故事 _ 229

28　露西亚的秘密 _ 236

29　卡珊德拉想要自杀 _ 245

30　卡珊德拉的那些恶心想法 _ 252

31　露西亚无法开口 _ 261

32　葛达被转到全天候的护理中心 _ 272

33　我和卡珊德拉有了相当的进展 _ 280

34　卡珊德拉的诱拐经历 _ 289

35　露西亚的艰难决定 _ 295

36　葛达去世了 _ 302

37　德雷克一家出走 _ 313

38　卡珊德拉在治疗中心的最后一天 _ 322

尾　声 _ 329

1

初见卡珊德拉

> 她很机灵地揣测着我所想要的答案,如此一来,我就不会去注意到她隐藏了什么。

她是个骨骼纤细的小女孩,俏皮的尖下巴,高耸的颊骨,留着一头柔软及肩的黑色直发,但是发型像被其他孩子修剪过一般凌乱。不过,她的眼睛让她的脸显得很出彩:些许突出的大眼睛,泛着优美的黑色光泽,就像黑暗中的一汪秋水,掩盖了脸部的其他特征。她并不是绝色的漂亮女孩,但很出众,好像一个朦胧的幻影,因此当她举起手把脸上的头发向后梳理时,我竟然有点期待可以看见小精灵的耳朵。

"哈啰。"我一边说,一边拉开了桌子旁边的椅子。

她向前弓着背,将手放在膝盖间,下巴几乎快要碰到桌面了。她的目光一直停留在我身上。她露出不自然的微笑,不过还是显得相当友善。

"你叫什么名字?"我问。

"卡珊德拉。"

噢，是个神话般的名字，和她童话般的长相还真吻合。

"你几岁了，卡珊德拉？"

"九岁。"

"我叫桃莉，以后我们每天都要合作。"

我拉了张椅子坐在她身旁。"可以告诉我，你为什么到中心来吗？"

她的黑色眼睛看着我的眼睛。她聚精会神地看了好一会儿，仿佛期待能从我的眼中找到答案。然后她轻轻地摇摇头说："我不知道。"

"那你妈妈说了什么？她告诉过你到这里来的原因吗？"

"我不记得了。"

"好吧。"我说。我弯下身子并打开材料盒，取出白纸和一个小纸盒，并将它们放在桌上："大部分来到中心跟我合作的孩子都有一些问题，而这些问题会让他们感觉很不好。举例来说，有时候，他们的家庭有问题：也许是父母离婚了，也许家里有许多争执，也许他们在家里真的很不快乐，所以他们才会容易攻击别人。来到这里的另一些孩子，可能还有其他状况：他们也许曾经遭遇过意外，或者处于真正的恐惧之中，还有可能曾经病得很重。有些孩子曾遭受虐待或是性侵害，但大人们却试着要他们保守那些让他们受伤的秘密。有时这些孩子甚至都不晓得他们为什么会遇到这些问题，他们只是感到生气、担忧甚至害怕。所以孩子们来到中心的原因很多。"

卡珊德拉用异常的眼光紧盯着我看，好像她真的在全神贯注地听我说话，想完整地理解我说话的内容。然而，她的眼神中流露出一种奇怪的茫然，好像她的专心聆听不是因为要听懂我说话的内容，反而像是我用了一种她完全不懂的语言在跟她说话。

"听了其他孩子来到中心的这些原因后,"我说,"你认为你属于其中的哪一种?"

"我不知道。"

"好吧。我会向你转述其他人告诉过我的关于你的一些往事。之后,你可以告诉我那些是真的还是假的。"

"比如,你妈妈告诉我,你五岁时曾发生一件可怕的事。她说,她和你爸爸离了婚,而你和你姐姐原本应该和她一起住,并且不会跟你爸爸再见面。后来有一天,你爸爸来学校接你上他的车,尽管那是违反规定的。他开车把你接走,之后也没有送你回来,也没有打电话给你妈妈说你很安全,也不让你打电话给你妈妈。她说,你消失了很长一段时间,将近两年。在那段时间,你都跟爸爸在一起,而且在你身上发生了某些非常可怕的事情。对吗?"

卡珊德拉点点头。她看来快乐而平静,仿佛我说话的内容像"你妈妈说你在念小学三年级"一样平常。

"你的老师告诉我,你很喜欢学校,而且你喜欢上课。她说,你是个相当聪明的女孩,而且有时候表现得很好。"

卡珊德拉笑了。

"但她也告诉我在其他时候,你有许多问题。你会变得很生气,而且不愿遵守规矩。在学校时,你偶尔会变得非常沮丧,然后就不再说话。贝克太太说有一阵子,你几乎都不想对任何人说任何话,这让你很难完成课堂上的功课。而且她说,虽然这些都是问题,但还不是最严重的,最严重的问题是,你常说谎。你常常捏造谎言,而且常常谈论从来没有发生过的事。"

我停顿了一下:"你认为呢?你认为这些事给你带来困扰吗?"

卡珊德拉耸耸肩,她的模样很滑稽。她抬起肩膀,夸张地转动着眼睛,好像很有雅量又很有幽默感,仿佛在说:"你们这些愚蠢的大人,就会小题大做。"

"当我问:'为什么卡珊德拉·凡图拉会到中心来呢?'以上这些就是那些大人们告诉我的原因。"

卡珊德拉再次转动眼睛,接着抬起头往右看看,又往左看看,最后看向右方。

"你认为呢?"我问道,"这是你的问题所在吗?"

"我不知道。"

"我对你的想法很感兴趣。我问题的答案没有对错,我们只是在讨论而已。"

"我不知道。"她重复道。

"你不知道吗?"

"我不记得了。"

"你不记得什么了?你不记得你是否做过这些事?还是不记得人们认为这些就是问题所在?或者是你不记得我刚才说了什么?"

她又耸耸肩,并转动着眼睛。

我在卡珊德拉面前抽出一张白纸,又打开小盒子。里头有各种各样的荧光笔、铅笔及蜡笔。"我想请你画出你们一家人。"

她犹豫着:"我不擅长画画。"

"没关系。如果你愿意，只要勾画出一些线条就可以，或者用任何你觉得简单的方式将它们画出来。"

"像泡泡那样吗？我不想用线条，我可以将它们画成圆圆的，好像泡泡一样吗？"

"如果你要这样也可以。"

"鱼！"她突然冲动地说，"我能画出很棒的鱼。我想好了，我画给你看。"她拿起一支橘色蜡笔。"看到了吗？你可以先画个圆圈，然后在圆圈的一侧画一个小三角形，它的一角靠着圆圈，那就是鱼尾巴。看见了吗？"她沿着纸边画了更多的鱼。"我可以把它们都画成鱼吗？"

"由你决定。"我回答。

但她并没有画鱼，也没有画线条。相反，卡珊德拉放下蜡笔并拿了一支铅笔，她开始画出非常小，而且比例匀称的人物。首先是一个男人，接着是一个女孩，然后是一个更小的女孩，再后来是一个女人。她停住了。卡珊德拉看着图画。接着，她又在母亲旁边添画了另一个人，这是第二个男人。然后她又加上了第三个男人。然后又停了下来。

这样一切差不多都用铅笔画好了。事实上，她选用了一支笔芯很尖锐的硬铅笔，所以线条颜色看上去相当清淡。接着，她放下铅笔并伸手去拿盒子，将它拉近一点。她往里头一看，挑选出不同颜色的蜡笔，把她的家人放置在绿草、蓝天及灿烂的阳光下，看来很愉快。她仔细地画着，先勾勒好线条，接着将草涂上颜色，然后是天空。她很小心，避免涂到那些橘色的鱼儿，如此一来，它们看起来就好像是飘在天空中的气球。她在画太阳时很用力，所以太阳变成蜡黄色的，有许多光芒延伸到蓝色的天空中去。

虽然卡珊德拉小心翼翼地不让颜色盖过图画上的鱼儿，但她并不介意颜色涂到家人身上。她涂上天空的蓝色之后，几乎看不出他们的身影。

"这里。"她说。接着停了下来，并注视那张图画。"不，等等。"她伸出手并拿起一支黑色的奇异笔，小心地在太阳上画了一个笑脸。"这样好多了。这是一幅快乐的图画，对吗？"接着，她继续用黑色奇异笔在距离太阳不远处的天空中画了一个奇怪的小泡泡。上面有三个突出的地方，让泡泡看起来像是无柄的苜蓿叶。

"你很用心。你能向我解释这幅画吗？这一家人他们是谁呢？"

"嗯，"她用缓慢、拖长的声音说，"那是我爸爸，"她指着第一个模糊的人影，"那是我的姐姐玛德莲娜，而那是我的妹妹蒙娜，那个是我妈妈，那是戴维爸爸，而那是贝克叔叔。"

"那你在哪儿呢？"我问。

"我不在这幅画里。难道我也要在这幅画中吗？我以为你想要我画出我的家人。"

我点点头。

"你希望这个家庭中也包括我吗？"她问。

"嗯，如果你要画出你家里的每个人，那也应该包括你，不是吗？但话又说回来，不管你怎么想都没关系。这是无关对错的。"

"每个人？你要我画出每个人？我不知道你说的是要画出每个人。"

卡珊德拉伸手挑选出各种颜色的蜡笔：红色、黄色、蓝色、绿色。在图画的右下角，她开始画出许多带有笑脸的小蛇，不同大小的蛇，有十几只。

"这张图画变得好复杂噢，"我说，"你能向我解释一下吗？"

"这只是蛇妈妈，这只是蛇爸爸，这些都是蛇宝宝。而这只是蛇牧师，这只是蛇牛仔，这只是蛇仙女。这些蛇都是我的兄弟姐妹。他是我的哥哥，而他是我的弟弟，再来这只是我的姐姐。"

"噢，"我说，"你妈妈只跟我提到你的姐妹蒙娜和玛德莲娜。"

"这些是我另一个家庭的其他兄弟。自从我被诱拐之后，我就生活在另一个家庭里，而这些就是我那个家庭里的兄弟姐妹。我称他们为'牧师'、'牛仔'以及'仙女'，因为那就是他们喜欢装扮的模样。噢，不包括他。他是一个真的牧师，已经成人了，我想大约有十七岁。但牛仔和仙女和我年纪相仿。嗯，仙女比较小，才三岁。我一直都照顾着她。"

"我懂了。你妈妈并没有提到过你的另一个家庭。"

卡珊德拉露齿而笑，满脸调皮的表情。"也许她并不知道。"

我想，或者是我不知道。她的行为过于戏剧化，让我感觉到一种操控性。我觉得卡珊德拉好像水中月镜中花，让人捉摸不透，她很机灵地揣测着我所想要的答案，如此一来，我就不会去注意到她隐藏了些什么。

"还有，那就是我。"她一边说，一边指着天空中的苜蓿叶。

"噢，"我说，"那么现在你在这幅画里了？"

"对。"她抬头看着我笑了起来，"但我高高在上，因为我是个外星人。"

2

卡珊德拉的怪异行为

> 那个在秋天午后被诱拐的活泼、可爱的女儿，已经变成一个古怪又沉默的陌生人。

我在医院的中心里工作将近两年了。因为不满政府对特殊教育的态度，并预见政策的改变将导致不可避免的缩编与失业，因此我决定要暂停教书的工作。几年前，我就拿到了心理学毕业证书，现在似乎正是转往心理学的好时机。我的期望是加入几个朋友开设的小型诊所，它位于我以前住过的一个城市里，我对那儿很熟，也很喜欢，而且我已建立了良好的社交网。不过，最吸引我的，就是和诊所主任合作的机会。他不仅在儿童精神医学领域享有盛誉，而且他还是个有技巧的管理者。和他合作，可以学到很多东西。他想打破精神病学的惯有藩篱，试图设立更完备的诊所，并且集合了许多相关领域的专家——如儿童心理学、精神病学、小儿科、社会福利工作等——以一种跨学科的整合方式合作。这种"跳出框架"的创造性，是最吸引我的地方。

至于我为什么离开执教多年的小城镇，放弃高薪资、资金充裕、开放的私人诊所，反而选择到大都会的综合医院，一个为重症精神患者设立的幽闭、恐惧的中心，以及为孩子们服务的、封闭的儿童评估中心工作，我也不知道。

某个星期日下午，有位同事的同事与我联系，他提到了我过去在选择性不语症（elective mutism，编注：指孩子并非不会说话，而是只在某些特定的场合才拒绝开口说话）方面的研究，并问我是否有意愿在医院的中心里工作。在医院的中心任职的同时，我发现他们正积极寻找一个专精于语言问题的心理学家。我也算不上是这方面的专家，不过由于教职刚结束，还未正式到诊所任职，所以我还有好几个月的空闲时间。于是我说，假如他们愿意的话，我很乐意尽力而为。他们答应了，我便留了下来。几个月很快就过去了。中心里有新人进来，也有人离职，但我却继续留在医院的中心里。

这是个不错的选择。无疑，我很适合待在中心里，虽然偶尔我仍会做着将来重操旧业的白日梦，不过我很喜欢在医院里站在第一线的感觉。我们的工作，是个短期的工作，主要是做出诊断和评估，以及紧急的危机介入（crisis intervention）。作为州政府资助的机构之一，许多交付给我们的案例都是来自社会的贫穷阶层。在时间、资金、机会中挣扎，为工作增添了某种挑战，并激发员工培养出类似陆军流动外科医院中心里的战友情谊。我也喜欢这个工作具有相当的弹性，能让我和许多离开医院中心、回到家里和学校的案主继续保持联系，而且我很喜欢作为一个"语言专家"，能看到同样的语言障碍以不同的形式呈现出来。

这也是卡珊德拉会成为我的案主的原因。

* * *

一开始，卡珊德拉·凡图拉的生活看上去是充满希望的。她的父亲是个保安，母亲曾是秘书，但在卡珊德拉的姐姐玛德莲娜出生后便辞掉了工作。这些年来，这个家庭过着典型美国人的生活。他们努力工作，遵守教堂的教规，在小区活动中热心助人。父亲是公司保龄球队的主力，妈妈烘焙的蛋糕得了奖，而且做得一手好针线活，为这两个小女孩缝制万圣节服装，以及复活节洋装。

然而，在不为人知的背后，却是另一番景象：隐藏着毒品问题和家庭暴力。凡图拉先生一直声称从未虐待过孩子——直到事件爆发。在此之前，原本只有他的妻子忍受刻薄的奚落、痛打，还有摔在头上的碟子。但是那天晚上，六岁大的玛德莲娜用身体挡在争吵的父母中间，试着调停。凡图拉先生转身对着她，把她推到一边去。她跌倒了，并且撞得不省人事。对凡图拉太太而言，那是一个转折点。她再也无法继续维持快乐家庭的假象了，于是带着孩子们逃到一处妇女避难所。隔天，她到了警察局。

和其他家庭暴力的情形一样，凡图拉太太透露了她先生长久以来的毒品问题，并且利用他保安的身份来获取定期供应的可卡因。随之而来的刑责审问既丢脸又充满敌意，而且更糟的是凡图拉太太的证词不够，还要玛德莲娜的证言。最后凡图拉先生被判刑十八个月。

凡图拉太太窘迫地重建起她的新生活。在她先生被关在监狱里的这段时间，她提起了离婚诉讼，认识了一个名叫戴维·内瓦若的男人，并搬去和他同住，到一个距离城市约一小时车程的新小区安家，并生下了第三个女儿,蒙娜。

卡珊德拉的父亲被监禁时,她正好三岁。两年后,念幼儿园时,她走出学校找寻等候她的车子。当坐在乘客座上的男人说他是她爸爸时,她犹豫了。她对自己的亲生父亲并没有太多的印象,因此她不知道这个男人到底是不是她的亲生父亲。当他再次叫她的名字时,她回答说,必须等到玛德莲娜出来后她才能确定。他说:"这里有些你的旧玩具,我想你也许会要它们。"于是她走过去看。

当玛德莲娜走出三年级教室时,已经看不见妹妹的踪影,于是通知了母亲,也打了电话给警察,却一点消息也没有,也没有丝毫线索。卡珊德拉就这样消失不见了。

内瓦若努力寻找卡珊德拉,从未松懈过。警察局的公告栏、新闻媒体、邻近各州、在当地的杂货店以及牛奶盒上张贴照片、透过凡图拉先生努力寻找——所有想到的办法都试过了,却没有任何消息,卡珊德拉和她的父亲就这样凭空消失了。

二十六个月后,依然没有卡珊德拉的任何消息。不久后,在三个州之远的一间 7-11 便利商店工作的年轻人,发现有位小女孩从他们商店后门的垃圾桶旁走过。他怀疑她想偷东西,当她试图逃跑时,他随后追赶并逮到她。她不和他说话,也不告诉他自己的名字和住址,所以这位店员将店长找来。店长立即意识到这位小女孩的年纪太小,不可能独自一人待在这里,他也注意到她那脏乱的外表,因此他通知了警察。这个女孩就是卡珊德拉。

没有人确切地知道这二十六个月来,她到底发生了什么事。卡珊德拉回来后的第一个礼拜始终沉默不语。她的父亲被发现时,因为吸食毒品的缘故而神思恍惚,他除了说出诱拐的动机是要报复他的前妻之外,无法提供更多的信息。"我只想让她为自己的所作所为付出代价。"这是他唯一清楚表达的一句话。

卡珊德拉被拐走时还不到六岁,现在快八岁了。她变得脏兮兮的,而且严重营养失调,让人觉得她的生活环境极差,处境堪怜。没有人知道在那段时间她到底待在她父亲的公司还是其他什么地方,因为她父亲的描述很混乱又前后矛盾,而卡珊德拉则不说一句话。当她再次开口说话时,却拒绝谈论自己被绑架这件事;而且她说的话经查证后,也被证实全是谎言。

这个期待已久的团圆和卡珊德拉母亲想象的完全不一样。那个在秋天午后被诱拐的活泼、可爱的女儿,已经变成一个古怪又沉默的陌生人。

卡珊德拉发现,自己很难回到过去的生活,事实上,那已不再是属于她的"旧生活"了,而是与她诱拐时过的完全不一样的另一种生活。她讨厌她的继父,也无法和他共处一室;她拒绝与他交谈,甚至看也不看他一眼。她也时常和玛德莲娜吵架,并对她做出许多报复性的小恶作剧。至于对她的新妹妹——蒙娜,她更是充满了敌意,常常发脾气,以至她的母亲不敢单独让她们两个在一起。

卡珊德拉很容易受到惊吓,她会出其不意地发脾气,又常做噩梦,不是对每个人大吼大叫,便是沉默不语。她习惯性地撒谎、偷窃家人的东西,而且进食习惯混乱,储存食物,或者因为吃得太多或是太快而呕吐。她的消化系统出了问题,还并发许多免疫系统的其他小毛病。

此外，卡珊德拉在消失不见的那段日子里，应该没有去上学。因为卡珊德拉在幼儿园时，就像她姐姐一样，是个优秀的学生。当她回家后，理应就读二年级，但这时的她，无论在阅读还是加减算数上，都明显落后他人。

卡珊德拉的母亲和继父尽力改善现状，他们决定让卡珊德拉重头来过，因此她被降级，被安置在一年级就读，但是这样仍然赶不上进度。为了处理卡珊德拉因诱拐所受的心理创伤，她需要用十二周的时间和儿童心理学家做个别治疗，而这笔费用，可用内瓦若的保险金支付。

经过十二周的个别治疗，卡珊德拉真的开始恢复了。她会说话了。先是在家里，接着在学校也渐渐开口说话，尽管她仍会有令人出乎意料的表现，尽管她有时仍会沉默好几个小时甚至数天之久。她在学业上有了很大的进步，渐渐赶上了进度。不过她在家里还是很难相处、很容易发怒，但是家人认为，这一切都会慢慢改善的。

然而……

艾尔琳·贝克（Earlene Baker）是卡珊德拉三年级的老师，她常常催促内瓦若夫妇要为卡珊德拉寻求进一步的帮助。贝克太太发现，卡珊德拉会表现出令人困窘的行为，而且课业也日益退步，不过她最在意的是卡珊德拉常表现出的"操控性行为"，其中最常见的，就是说谎和"编故事"。她的谎言有些听来完全没有意义，例如，她几乎每天都穿着同一双慢跑鞋到学校，却坚称，那双鞋子是新的。但是许多谎言却是恶意的，例如，有一次卡珊德拉故意将自己的学校作业本藏起来，然后告诉老师，另一个小孩将它偷走了。但是有个老师看到卡珊德拉小心翼翼地在学校外面的垃圾桶里放了某个东西,于是他跟着去查看,才揭穿卡珊德拉的谎言。然而,大部分的谎言尽是些令人厌恶却又古怪离奇的事情,像是:她的小妹妹跌进大水沟,快被水流冲走时,被一个正巧路过却又不认识的男孩救起。

贝克太太说,就她所知,最大的可能是,卡珊德拉在被诱拐期间,遭受了很大的痛苦,并想借由叙述来表达那种伤害。但即便如此,为什么一个九岁大的女孩会高兴地在下课时间帮学校工友清扫树叶,然后又对别人说工友想要把她推下楼去呢?

贝克太太还怀疑卡珊德拉可能患有短暂性的失忆。卡珊德拉常常戏称自己应该是个男儿身,因为她非常的脱线——完全没有注意到周遭发生了什么事,也不记得日常生活中显而易见的细节。贝克太太完全不觉得这是个有趣的行为,她觉得那种突发而偶然的健忘,本身就是一种操控性的行为,而且是种"谎言的延伸"。但是,她说卡珊德拉有时似乎真的不记得刚刚发生了什么事,这种"短暂性的失忆",在学习和社交上给她带来不少的困扰。这让贝克太太想知道,卡珊德拉的这种行为,是否是某种神经系统疾病。

卡珊德拉古怪的言谈也是贝克太太的困扰之一。贝克太太说,大多数时间,卡珊德拉喜欢说话已到了啰嗦的程度;不过,一会儿后,她突然拒绝跟任何人说话,这种情况可能持续一下,也可能长达好几天。贝克太太找不出这种沉默发生的规律,而且这些现象也在家里发生。卡珊德拉的母亲也默认了这些状况,但她认为它们是另一种"诱拐创伤"的投射,并且认为最好的回应是让卡珊德拉静一静,不要去干扰她。贝克太太却无法漠视这样的行为,因为不说话会影响学习。由于这种行为的不规则性，贝克太太又想到了其中可能隐藏着神经学上的原因。

当她跟我交谈时，提到了卡珊德拉的父亲有毒品前科，并且想知道卡珊德拉跟他在一起时是否也吸过毒，或是有过某种可怕的虐待，以致大脑受到伤害，出现了这些神经系统上的征候。

最后，贝克太太提到了卡珊德拉的"怪异"行为——虽然卡珊德拉本身并无恶意，但那些举动让贝克太太感到不自在。在这些举动中，卡珊德拉会将普通的对话转变为无意义的对白。她会在与人聊天时，忽然出现如贝克太太所说的那种"坏心眼"的眼神；然后，她的回答会变得很离题，偶尔具有刺激性，但是几乎没什么意义。这是一种令人困惑的行为，贝克太太说，这令人抓狂与厌恶。

另一个古怪的行为是，卡珊德拉会假装自己是某种动物，像是兀鹰或熊，然后尖叫，或是对人咆哮。通常她会选择一种凶猛的动物，然后以这种动物的正常攻击为借口，打人、咬人、吐口水，或者是做出其他伤害性的行为。贝克太太说，卡珊德拉常这样嬉闹，就好像她被这个行为控制着，而这只是一场游戏；尽管一再要求她停止，甚至惩罚她，她仍然可以连续好几个小时假扮成某种动物。

神经学检查显示没有神经系统上的疾病。医生们的结论是：卡珊德拉有心理上的问题，可能是因诱拐的经历而造成创伤后压力症候群（Post-traumatic stress disorder，简称PTSD。编注：创伤后压力症候群是一个复杂的情况，它是由一项可怕的事件发展而来的。通常有创伤后压力症候群的人对其不幸的遭遇会有挥之不去的恐怖思想和记忆），和她先前的诊断相同。医生开了抗抑郁的药物给她，就送她回去了。

贝克太太看不出服用抗抑郁药物后卡珊德拉有什么改善，因此她继续催促卡珊德拉的父母为卡珊德拉做进一步的治疗。她声称，多种障碍行为很快就会让卡珊德拉无法适应正常的学校生活。因此，卡珊德拉被引荐给我们中心的一位资深儿童精神医师。他花时间待在卡珊德拉的学校，就近观察她，接着会见了卡珊德拉和她的父母；最后，他决定最好的办法是把卡珊德拉带到中心来，以住院病人的身份做观察和评估。

儿童精神科医师戴维·梅诺蒂监督此案例，而我负责替卡珊德拉进行每日的个别治疗课程。戴维的想法是，我对心因性语言障碍的经验或许有了用武之地，虽然她偶发的不语症还没有表现出来。他对我形容说她是个"不知哪里有缺陷"的孩子，我知道我们还在诊断的阶段，虽然我们假设我们都知道她的问题来源——长达二十六个月的诱拐生活——但是我们对她究竟遭遇到哪些事并不清楚。

3

接到梅森·斯隆的来信

斯隆先生找上我的原因,是因为他在报上读到一篇我对选择性不语症的研究报告。

卡珊德拉和我一起坐在桌边,看着她刚完成的一家人的画像。

"这真是幅精致的图画。你能再向我解释得详细一些吗?"

"我就在那儿。在上面的天空中,"她说,"我往下看着每个人。我可以看见每个人。从天空中我可以看见每样东西。"

"听起来很有趣,能看见每样东西。"

她点点头。"我喜欢当一个外星人。"

"假如我是个外星人,我想我会感到寂寞的,"我说,"因为我会觉得自己与其他人都不一样。我觉得自己像个局外人。"

"不,我不会。我喜欢这样,"她回答,"因为我可以搭宇宙飞船飞行。"

卡珊德拉真是个爱乱动的小女孩,在位子上不断地扭动身体。我注视这幅图画时,她弯下头并且向上看着我。她的行为中带着些忸怩。

这让我想到，她把自己画成外星人是因为她真的觉得自己就是个外星人？还是为了取悦我，才故意这样？因为精明的她觉得心理治疗师都会对此感兴趣。

"这是你的家人，"我说，"对吗？你的母亲、继父、两个姐妹——"

"还有这些鱼，这些鱼也是。"她打断我的话，并指着它们。

"噢，我以为它们是你在试画形状时所剩下的图案……"

"不，它们住在天空里，就像住在水族箱里一样。真的。这些金鱼，它们也是我的家庭成员。那只大的是爸爸，而那只是金鱼妈妈，那些是金鱼宝宝。它们都属于我的另一个家庭。"

"我懂了。"

"那些是我家庭的其他成员。记得吗，因为我已经告诉过你了。它们在水族箱的外面，正往里面看。那也是它们之所以看起来会那么小的缘故。"她指着那些蛇。"其实它们不是蛇。它们只是穿上蛇的衣服而已。"

"它们不是蛇吗？"

卡珊德拉笑了起来。"笨蛋！他们是人！"她又笑了。"那是蛇爸爸和蛇妈妈，还有蛇宝宝；还有蛇牧师、蛇牛仔和蛇仙女。"

"我想，你刚刚说过他们都是人。"我回答，并感到有点疑惑。

"他们是人啊，"她愉快地说，"'蛇'是他们的姓，因为他们一直穿着蛇的衣服，因此人们称呼他们为蛇。当我跟他们住在一起时，我就是卡珊德拉蛇，真的。"

"他们为什么要穿上蛇的衣服？"

"叮咚，管他呢，彼得潘！"她突然出乎意料地大声说，音调好像在唱歌一样。

我坐了回去。

她尖声大笑。

我安静地坐着,没有说话。

"叮咚,管他呢,彼得潘!"

她又笑了出来,身体在座位上扭动着,她的手也跟着颤动起来。然后,她拿起一支黑色麦克笔,随意地在图画中画了些黑色的粗线条,神态很疯狂。

那些线条没有盖住任何东西,或者说根本就没打算要盖住任何东西。她画出那些线条的方式只是为了要在图画纸上画出斜线的记号,就好像她内心深处有太多无法控制的情绪,而且这些记号就像闪电一样向外发泄。

我什么话也没说,只是坐着,等着。

这种冲动的情绪大约持续了三分钟。接着卡珊德拉慢慢回到原先的状态,而且变得更安静了。她仍以特殊的方式笑着。笑声有些淫荡、低级、庸俗。无疑,她在对我暗示性的感觉,我猜想,那些"蛇"和脱口而出的"叮咚"、"管他呢"及"彼得潘"都有可能是言语的暗示。

我还是什么话都不说。我尽可能保持温和的表情,这样她就不会打破我的沉默,来表示她的不满。我继续一动也不动地坐着。

最后卡珊德拉完全地安静下来。对我而言,这段插曲最有趣的地方,在于整个过程中她从未将视线从我身上移开。她瞪着人看的眼神很特别,但这也暗示我,我的反应对这整个戏剧性事件是很重要的。我觉得她是为了我才这么做,她期待我也以某种方式响应,所以她紧密地注视着我是否会有所表现，或者说，在必要的时候调整一下她自己的行为。

当她最后终于平静下来，坐在我旁边的椅子上时，她那双黑色的大眼睛仍看着我的脸。我说："你知道的，我想你那样做是想避开我们的话题。有时候魔术师也会变这种把戏。他们会说'看这里'，是因为他们想要引起你的注意，让你不会注意到另一边，而就在你不注意的时候，他们便把东西藏了起来。"

沉默了好一会儿。她像祈祷一样双手合在一起，并把它们放到腿上。她伸直了手臂，这让她的肩膀也挺直了，好像在耸肩。她的目光仍锁定在我的身上。

突然间，她的眼睛闪动了一下。她迅速往别处看了一眼，接着目光又回到我身上。"我现在可以走了吗？"她问道，"我累了。这些我都做完了。我想回休息室去。"

儿童精神科中心位于医院的七楼。下了电梯往左走，有条狭长的走道，沿路有许多间办公室，其中有些和我们中心并无关联。在远处有两扇上了两道锁的门，其中一扇通往儿童精神科中心。进门后，最左边是护理站，右边则是孩子们的休息室，当他们不在中心教室上课、接受疗程或参与活动时，便聚在这里玩耍。经过两条短走道后，便是卧室，房间在护理站对面，隔成两间。每间可住两个孩子，当然，另外还有四间单人房。所有的房间都上了锁。中心总共能容纳二十八个年龄介于三至十一岁的孩子。

在休息室的另一端，就在护理站的左边，跨过第三条短走道，就是两间治疗室，还有各式用途的房间——检验室、药房、可随意进出的更衣室，以及一间凌乱的小房间，大约有二十英尺长，六英尺宽。里面有许多种专业技术设备，比如录像机、录音机及监视器，而在远处，还有个非常小的厨房。

这些房间的最后面就是我和海伦共享的办公室，她是社工员，主要工作是在孩子离开中心后和他们保持联系。所以，她待在中心的时间很少，我几乎独占这间办公室。

这个房间有点像厂房，一组铸铁管道通过房间的上方。如果它们位于房间的角落，或者只有一般管子大小，人们会想到那是中央空调系统的暖气管，还不算突兀。但是，这些管子从侧墙伸进来，大约有三英尺长，而且直径在三至六英寸之间，以致看来仿佛是在办公室里长了一丛树木，而且是铁树；准确地说，只有树干穿越了房间。

更有甚者，这个房间过去曾是电疗室。虽然已经停用了很长一段时间，不过还是可以明显地看出奇怪的球形把手和没有插电的电线；墙边残留着的凹痕，是已经移除很久的设备所留下的。这些东西被一次又一次地涂上油漆，事实上，已经很难辨认了。

在这些东西中，海伦和我尽量塞下我们两人的书桌、一个长桌，和两个相当大的书架。和往常一样，海伦的那一侧摆放得井然有序，而我的这一侧，如海伦形容的，就像是早该拆除的危楼一样。

我结束了卡珊德拉的治疗课程回到座位上，门边传来一阵急促的叩门声，接着门被打开了。南西·安德森把头伸进来。她是中心的护士长。五十多岁的南西是个身材壮硕的非裔美国人，她一生都在精神科做护理工作。她热爱这份工作，也很喜欢孩子，几十年的经验让她了解生命的无常，所以当她面对许多状况时，都是一笑置之。

"这张是要给你的。"她说，手里边挥着一张纸。

"那是什么？"我问，伸手接过纸。

"他特别指定你。他读了关于你对不语症的研究报告，是在报纸上看到的。他想指定你。"

"噢，不错。"我不无嘲讽地小声说。

我讨厌由父母指定治疗师或疗法，因为这些父母常抱着不切实际的期待。他们期待"魔术师"的出现，事实上，却很少有戏剧般的奇迹出现。

"哈利已经看过了，"南西说，"他说，你这礼拜为什么不抽个空去看看那个孩子。下周五，他的时间表里有空当，可以跟父母亲做个面谈，假如你这边都没问题的话。如果他们想要继续治疗，而且也适合的话，下周三中心就会有床位空出来。"

我从南西手中接过那张纸。"哎呀。在昆顿市。哈利注意到了吗？"

南西扬起眉毛做出"一无所知"的表情。

"大约有两百多里远。单程就得花上三个小时的车程。只为了观察那个孩子四十五分钟，我就要花掉一整天的时间。"

"我想，那就是他们为什么想到要住院治疗的原因。"

"在昆顿，他们一定也能够找到类似的机构。"

"但是他们指定你。"

我开始阅读那封信。这是一封署名梅森·斯隆的男人寄来的私人信件。他是那位问题男孩的祖父，而且信纸的上方印着一家知名地区性银行的基本资料。

我觉得奇怪的是，斯隆先生叙述的第一件事是他家族事业的崛起。

这家由他祖父于十八世纪末期所创办的银行，家族成员持有大部分的股份。银行的所有权和经营权皆代代相传，现在是由斯隆先生的儿子管理——他在昆顿是个成功的商人。昆顿是个人口大约有三万多人的小城市。

斯隆先生找上我的原因，是因为他在昆顿的周报上读到一篇我对选择性不语症的研究报告。他有个四岁大的孙子，名叫德雷克，是他唯一的孙子。这个小男孩只要一出家门就不开口说话。斯隆先生说，他是个非常聪明、活泼的小男孩；但是，他几乎拒绝跟任何人说话。他们曾带他去看过许多当地的专家，却都毫无进展。当斯隆先生读到我的研究报告时，他便知道这就是德雷克的问题所在，而我就是解决问题的关键。德雷克患了选择性不语症，如果他过来我这里的话，他的病就可以治好了。

信中其他部分则提到，距离远近、费用多少，或是其他的成本，都不是问题。他们想尽了所有办法就是要让德雷克得到他所需要的帮助，而我就是他们要找的人。我要做的就是开个价钱，然后开始准备及安排一切工作。

我坐回椅子上，叹了口气。他在报上看到的关于我的报道，和许多其他事情一样，我在做完不久后就后悔了。因为事后我才了解，记者最重要的就是写出戏剧性的报道，即使你的研究工作中没有任何戏剧性可言。当你对自己的研究工作津津乐道时，记者渴望的却是向他的老板证明，他可以写出多么有趣的报道，比每周的婚礼记录更值得一读。我原本希望这篇报道可以提供一个基本的常识，就是把"选择性不语症"这个儿童常见的障碍行为变成流行心理学的一个专题非常不恰当。但是，话都还没说出口，他就将我的治疗方法加以改写，让它听起来是种可以轻松治愈的障碍行为。

但是在斯隆先生的信里，有更多让人担忧的地方。从信中的语气看来，他已做了多方面的假设，假设德雷克是个非常正常的男孩，只需治愈就可以痊愈，而"治愈"这两个字意味着只要找到具有神奇力量的魔术师，而且只要有钱，一切就都可以搞定。

医院的管理架构是替每个进入中心的孩子，分配他/她专属的专业团队，包括来自中心的护理人员、心理学家、治疗师或物理治疗师及教育学家，以及孩子们回到小区后负责继续保持联系的联系员。每个团队皆由儿童精神科医生负责带领。即使我们员工引荐了一个孩子，而且在某些方面负有较大责任，但是，项目负责人仍然是儿童精神科医生。因为中心是一个医疗机构——而这是最重要的，因为儿童精神科医生是医生，所以他们处于最重要的位置上，而且，只有他们才能够开处方。

我不了解团队合作的运作方式，这和我过去教书生涯完全不一样，我不太喜欢安于扮演特殊教育的"局外人"角色，不过，我发现这种管理方式在结构紧密的医院里却运作得很好。我很高兴我不需要做最后的决定，因为通常那要很有经验，不过即使经验丰富，有时还是很难下定论。况且，我很喜欢那些教育背景和所受训练跟我完全不同的专家给我的脑力激荡。

我们有五位儿童精神科医师，四男一女，他们都敏锐且博学。其中我最欣赏戴维·梅诺蒂，他既机灵又和蔼，好像从"天堂"（我们称位于楼上长廊里那些精神科医师的办公室为"天堂"）里掉下来的人，对我们亲如兄弟姐妹。但是我最希望哈利·帕德医师能带领我们的团队。他很文静，而且鲜少与人交往，因此很少有机会跟他私下相处。他是来自新德里的移民，常给人英语说得不大流利的印象，而这也是因为他的个性过于冷漠所致。不过千万别被他给骗了，哈利只是不想在没有必要时浪费口舌罢了。而且哈利在自己的专业上相当出色。我一直期待能和他合作，想感受某种异国文化，不过都没有机会。事实上，也许正是这种文化让他具有敏锐的观察力，因为我发现即便是在最寻常的状况下，他的观察也极为敏锐，行为的细微差异、转瞬即逝的表情、叹息、沉默，都逃不过他的眼睛。他用极为细腻的心思工作，从不逼迫孩子，也不加以限制，只会随着孩子的意愿见机行事。我喜欢看着工作时的他，更珍惜被他引导的机会。

　　因此，即使我有些厌恶斯隆先生信里提到他孙子时的态度，但是假如哈利建议我们观察一下那个孩子，我会很乐意这么做。所以，我检查了一下时间表，整理好我的"智囊盒"，开始准备去昆顿的长途之旅。

迷人的德雷克

> 说话是自然、与生俱来的能力,为什么他不愿意说话?
> 到底是什么障碍让德雷克在想要跟人沟通时又保持沉默?

我享受着开车到昆顿的沿路旅程,很高兴能在这样的季节远离城市。这是残冬将尽,初春欲来的季节,所以天气美好得令人心动。雪融了,土地露出灰褐色的原貌,心中充满了期待和欢愉。不仅如此,我还喜爱在这开阔的大道上独自开车,享受自由和些许的孤独。

刚过十一点,我抵达了幼儿园。我花了大约四十五分钟观察德雷克在课堂上的表现。德雷克的老师马蒂娜,和我在学校办公室碰面。

"我们很期待你的到来,"她愉快地说,"今早我们至少接到了五通电话。"

我惊讶地扬起眉毛。"真的?是谁打来的?"

"是斯隆先生打来的。他想知道你是否来了。"

"德雷克的父亲吗？"

"不，是梅森·斯隆，他是德雷克的祖父。我们大家都称呼德雷克的父亲为'华特'，斯隆先生是他的父亲。"她笑着说。"更令人感到困惑的是，斯隆先生总会以'小华特'来称呼他的儿子，而华特太太则称他为'主将'。"接着她友善地笑着说："但'先生'是指那位老人。"

"就是他打电话来这里的吗？"

马蒂娜自然地转动眼睛。"欢迎来到斯隆市。"

德雷克和我想象的完全不一样。他那阳刚、肥皂剧主角似的名字，让我以为他是个贵族，或是很男性化。但当我第一眼在教室里看见他时，我甚至不觉得德雷克是个男孩子。不仅他的外表看起来既温和又女性化，而且头发也梳成女孩子的发型。他皮肤白皙，并留着一头有光泽的厚重直发，这种发型就像是俗称的马尾一样，而且还不是"荷兰男孩（Dutch boy，编注：指头顶短、两边长的发型）"的短马尾，是一头及肩的短马尾，还有修剪整齐的刘海，像是在中古时期画作中见到的男孩子。在这个年代，我从未看过有哪个男孩子会留这样的发型。

德雷克也不具有选择性不语症的典型个性。我以往的经验，大多数患有这种疾病的孩子都比较害羞和孤僻。但是，德雷克正高兴地和其他孩子们一起唱歌、跳舞。当然，他没有唱歌，但是他的身体和大家一起摆动，享受着快乐时光，他既开放又无拘无束。

也许太"开放又无拘无束"了，那成了他身上另一个不寻常的地方。他并非独自一人跳舞，陪伴他的是一个大的填充老虎，他用一只手臂紧紧地搂着老虎的脖子。老虎身上装饰着亮丽的橘黑色条纹，卡通造型的脸和白绒毛的大肚子，被固定成不变的坐姿，它几乎和德雷克一样高。

我对这个组合感到惊讶，一动不动地观察着。

这个孩子实在很有趣，他极富魅力。班上的其他孩子丝毫不介意他沉默的个性、少见的名字、古怪的发型，或是有着和他一样大小的老虎玩具。他们积极地找他做伴，还有他的玩具朋友。德雷克对每一段乐曲都积极响应。事实上，他几乎和老师一样热情。我观察到他注意力集中，专心聆听，轻松、愉快地跟随着老师的指导。我早上观察到的每个细节都显示，德雷克是个快乐、适应力良好的孩子。

在孩子们离开后，我和马蒂娜在教师休息室里共进午餐。"他和我想象中完全不一样，"我说，"老实说，我在教室里看见他时，根本看不出他会有那些问题。你对这些有什么看法？"

"你见过他的家人了吗？"

"没有。"

她意味深长地扬起眉毛。"嗯，我不便多说什么了。我想让你自己观察。"

我认同地点点头。

停顿了一下。

"对了，说一下他的不语症吧。"我说。

"完全的沉默。他待在这儿的日子，我从未听他说过一个字。事实上，他几乎没有发出过半点声音。但是他在家里会说话。只是在这里，在其他人面前，他不说话。"

"你尝试过哪些方法呢？"我问道。

马蒂娜耸耸肩："老实说，不是很多。他才四岁。我还有其他孩子也有类似的问题。通常，这些孩子像他一样，他们是家中的独子或是长子。他们进来时就很害羞又胆小，无法适应新环境。一般来说，我会给他们一段时间，等他们适应了，就会开始说话。"

"所以你有过处理不语症的经验？"

她点点头。"我在幼儿园教书至今快要二十五年了。你会看见各种不同类型的孩子。我记得有个小女孩，名叫'雷雨'，真是名不副实。瘦小的她，脸色苍白，像小老鼠一般，她也是完全不说话。简直感觉不到她的呼吸。她蜷缩身体坐在椅子上，而你一眼就可看出她的不知所措。她的母亲像她一样内向，所以我想这家人的特性就是这样。真的，她完全地沉默，和德雷克一样，一言不发。等了六个多月的时间，我们就这样耐心地陪着她，最后她终于开口说话了。"

"因此，这也就是我告诉德雷克家人的，"马蒂娜继续说，"只要给他时间，他就能适应新环境。但是天啊，那位祖父，那个男人真是一点也不知足，他求好心切。他的人生就像是在经商。事实上，我觉得他喜欢像经商一样操纵别人的生活，我完全想象得出他在家里也是这样。他完全忠于'终极目标'，并且要求所有事情都要在'正常范围内'。这就是他们之所以会让德雷克接受治疗的原因，为的是要'让他回到正常范围内'。我想说的是，在家里还有什么见鬼的'正常'？一个四岁孩子的'正常范围'应该有很大的空间。当然，你现在到这里来了。虽然不论我们怎么做都不够专业，但是他完全没有告知我们，让我们有机会去检讨一下状况，就突然对我们宣布：'时间到了。你们没机会了。'"

"所以你认为德雷克的不语症不是个问题？"我问道。

马蒂娜耸耸肩："我不知道。说真的，我不想在这个时候再说什么。

我看不出来为那个孩子贴上标签有何意义。假如他是我的孩子，我会让他有足够的时间去面对，因为他在其他各方面都表现得不错。所以我会让他有足够的时间去成长。他在八月出生，若是我，我是不会让他在今年开始上幼儿园，而他们则希望秋天就让他去念幼儿园。没错，他是很聪明，但他们到底在急什么呢？若是我，我会说，'来吧，乖宝宝，再玩一年吧。'我想那就是他要的东西。"

"那么那个填充玩具呢？"我问。

"噢，那个'朋友'。我们都这么叫它；我想只是因为我们总是会问：'他的朋友去哪里了？'当然，德雷克也不叫它。也许他私下称呼它什么，我们就不得而知了。但假如你想要看到他痛苦的模样，可试着将他的朋友带走。"

"它有点……大，不是吗？"

"那你告诉我该怎么做。因为他走到哪里，它就跟到哪里，去吃午餐，在操场上，去上厕所。现在我会说：'我们把朋友留在这儿吧，这样一来你到洗手间时就不会弄脏它了。'也许我该这么说：'你上厕所时我会将朋友切成几小块，然后将它们塞进马桶里。'"

我笑着问："你很想这样吗？"

马蒂娜又回头笑一笑："假如我告诉你，有一天我们的洗手间因为那个朋友而拥挤不堪，你可以想象得到那个画面。有些地方只容得下你跟一个孩子，另一个大老虎是进不去的。"

"那么，你觉得朋友的意义是什么？"我问道，"是安全毛毯吗？"

"噢，不，朋友的意义更重大。你知道的，它是个正经八百的朋友，你必须在桌边为它设个座位。德雷克是个想象力丰富的小男孩。

当然，我们的所作所为仍有不完善的地方，所以不能让他开口说话，但你可以明显看出他在跟朋友'说话'。而且他相当坚持，必须给朋友另一套画笔、蜡笔，或者是在点心时间给它点心。我猜，朋友比安全毛毯来得重要。我在想，也许德雷克是个聪明又很有创意的孩子，而朋友是唯一能走进他世界的人。"

用完午餐后，我要和德雷克一起花半小时的时间做个别评估。我被带到一个房间，而那里是年纪最小的孩子们——两岁多的孩子——上课的地方，因为他们只有早上才会到幼儿园来，所以下午时房间是空的。那个房间很可爱，光线明亮又宽敞，墙上漆着淡绿色和白色，还摆放着许多吸引人的玩具。我很担心这些会让德雷克分心，让他对于跟我一对一的合作没有兴趣，特别是他这时候一定疲倦了。不过，我的担心是多余的。他很愿意和马蒂娜到房间来，当马蒂娜向他介绍我之后，他快乐地坐在桌边的一张小椅子上，靠在我旁边。当然，还有他的朋友。

他是个非常有吸引力的孩子。事实上，他不只是有吸引力，他的模样天真可爱极了。宛如陶瓷般光滑的皮肤，小嘴的形状犹如爱神丘比特所持之弓，褐色的大眼睛闪烁着，长长的眼睫毛更是无比动人。他看起来就像是为大人特制的玩偶，是"收藏家的极品"。他女孩子般的发型，更突显了他少有的贵族气息。

他真是个非常迷人的孩子。当他在我身旁坐下时，他微笑的眼睛看着我，表情很热情，又有点局促不安，像是一只快乐的小狗。我也感受到他的热情。

"嗨，我叫桃莉，你知道吗？我今天来这里就是为了要来看你！你要跟我一起做些有趣的事情。"

他显得兴奋不安,笑容也更动人了。

"你看,我带了一盒有趣的东西来,我们现在可以打开来看看吗?"

德雷克并没有动手去打开盒子,但他充满期待地看着它。我伸手拿过盒子,让它面对着我们。这就是我评估孩子或去学校帮他们上课时随身携带的"智囊盒"。它原本是个水果的包装盒,所以很坚固。扁平、低矮的盒身上有个可以打开的盖子。盒子里装着各种我认为能鼓励孩子们开口说话的东西:玩偶、纸娃娃、彩色的平纹纸、各种不同的铅笔及钢笔、一小盒蜡笔、几瓶胶水、两本图画书、理查德·史盖瑞的单字书、一本笑话集、一本着色簿、一本平装的猜谜书、两辆火柴盒小汽车、玩偶家族、一个老旧的傻瓜相机、一些塑料制的动物、一些造型士兵,还有最近我新加上去的"精巧"玩意儿——一只"算命"鱼,不过它也只是个握在手心里受热会翻动的塑料玩具而已。

我拿出了理查德·史盖瑞的书。那是我最喜爱的道具之一,因为那本书里有许多不同的图画,我可以变出很多花样。

一页一页地翻阅,我看到其中两页是关于数字的。有一只鲸鱼、两只海象、三个存钱罐……,以此类推,还附有可爱的图画。"你看,这里有数字耶。你会数数吗?"

德雷克热情地点点头。

"数到多少呢?"

他举起双手,然后一根一根地弯下手指头,好像在数着它们一样。当然,他没有发出声音。

我点点头:"好吧,我们就来看这一页吧。你看,有一只鲸鱼,它很大，对吗？你看看它占了多大的页面？你曾见过鲸鱼吗？"

他摇摇头，伸出手臂环绕到头的后方。

"你再看，有两只海象。它们看起来是不是很滑稽呢？"

德雷克喘了一口气，无声地笑着。

"有三个小存钱罐。"

德雷克现在被这个活动吸引了。他身体向前倾，还把"朋友"推得靠近一点来加入我们，好像让老虎也来看看这本书。然后他指着下一幅图画，有四座钟，上面都有握柄，看起来像是旧式的学校用钟。德雷克热情地敲着页面，然后拍着我的肩膀唤起我的注意。我抬头一看，他正高兴地摆动着他的双手，好像正在敲着钟。

我迟疑着，没有说话。

他又试了一次，模仿着摇动其中一个带有握柄的钟的动作，他微笑着，急切地等着我对他的认可。

我依然迟疑着。说实话，我并不想鼓励他用手势来表达。根据我的研究，我发现如果孩子已经形成了一个非语言的沟通方式，他们会更不愿开口说话，因此继续这种方式对我们并不会有帮助。但是很难不去回应一个这么迷人的小男孩。

我想，这或许是件好事。他是这样的可爱、敏捷，又很有人缘，他真的不需要语言就可以沟通了。

但是我又想：为什么？说话是自然、与生俱来的能力，为什么他不愿意说话？到底是什么障碍让德雷克在想要跟人沟通时，又保持沉默？

德雷克奇怪的家庭

> 我认为,德雷克的不语症需要进一步检查,因为他的"选择性"似乎很极端;虽然,经验告诉我,不管是什么原因,问题都不是很严重。

在我对德雷克的状况进行评估后,接着就是和他的父母会面。结果来的不是他的父母,而是他的母亲和梅森·斯隆——他的祖父。没有人对我解释德雷克的父亲华特到哪儿去了。

梅森·斯隆果断地握着我的手,好像是个商业性的礼节。他是个矮小精干的男人,个子还没有我高,头发几乎全秃,面色红润。虽然已经六十好几了,但看来很健康、很强壮,体格像是个做体力工作的粗人。不过,也不尽如此,因为他的手和指甲保养得很好,像是有专人修剪一般。他的服饰高雅又名贵,还戴着昂贵的手表和两只戒指。

相反,德雷克的母亲身材修长,是个文静又漂亮的女人,肤色像是地中海人,留着一头黑色长发,一双眼睛和德雷克一样灵动,但是比德雷克更黑、更深邃。她叫露西亚。她开口说话时，我才知道她是意大利人，不是有意大利血统的美国人，而是真正的意大利人。她的英文带有很重的口音，讲得不太好。

没有人对我提过这件事。当我听着露西亚说话时，忽然联想到德雷克的不语症。露西亚在家里都是以意大利语和德雷克交谈吗？这就是他的问题所在吗？不语症的起因可能是来自语种上的混淆吗？有可能只是因为他不太会说英文吗？到底哪种答案才能解释这整个情况？

我们三人分别坐在同样的小儿童椅上。

"你已经见过德雷克了，"他说，"我确信你已经发现他是个多么聪明的小男孩。"

我笑着点点头："是的，我对他印象深刻。他很可爱。"

"那么你的诊断是什么？"梅森·斯隆问。

"我还不能下定论。"我回答。

"你不是已经看过他了吗？"

"是的。但是比贴个标签更重要的是贴上一个正确的标签。况且，孤立的诊断是没有意义的。"

"这是你的专业，不是吗？你处理过很多选择性不语症的个案。就是那篇文章让我如此相信你的。"他说。

"是的，我有经验，而且处理过许多选择性不语症的个案，但我是以医疗团队中一员的身份来到这里。单凭我个人的印象就加以诊断或治疗，都是不恰当的。我所服务的医院不是以这样的方式来运作的。"

"为什么？这一切都显而易见，不是吗？他只是不说话，并没有其他不对劲的地方。他在家里说话，但在学校不说话。那就是选择性不语症，不是吗？你的文章指出，和你合作过的孩子，大部分在第一堂课就会跟你说话。因此我以为只要你来了，他就会开始说话。所以，你没有让他开口说话？"

"这只是个评估，斯隆先生。如果我来到这里，在没有做任何评估前，就为德雷克进行治疗是不恰当的。"

"假如你愿意听听我的意见，我会告诉你：所谓的'不恰当'听起来像是个障眼法，或者是想要从我们这里赚钱的一种方式。我们已经告诉过你问题是什么了。我们请你来这里，来诊断他的选择性不语症，并治好他。"

"是的，我知道。但那不是处理事情的方式，"我回答，"首先必须要有个评估。"

"所以你还没有让他开口说话？"他说。

"还没有。"

"那么，那篇文章的内容并非属实了？"

"文章的内容都是事实。但那是我的研究报告，而这是评估。我来到这里是评估德雷克的状况。因为我是医院聘任的人员，是团队的一分子。因此，在我处理孩子的问题之前，我必须回去和负责此案的精神科医师报备。如果我们要继续下去的话。"

斯隆先生皱起了眉头："我们只指定你，并不需要一位精神科医师。看在上帝的分上，德雷克又不是得了精神系统上的疾病。我们只雇用你。我想这点我们已经说得很清楚了。"

我失望地叹了口气，坐回椅子上——在一张专为三岁小孩设计的椅子上，尽量往后靠着。

"我们只指定你，"他再次说，"来这里，来看他，让他在学校说话。我说过了，金钱不是问题。不管你开多高的价钱，我们都愿意支付。你只要像报纸上说的那样做就可以了。"

我叹了口气："我很抱歉。事情不是这样的。"

"那好！"他说，并用手敲着桌子。"所以这一切都是谎言！你声称自己是个专家！假如由你们这些该死的医生来经营银行，那么整个国家就要破产了。"

在我明白到底发生了什么事之前，他已经从椅子上站起身来，大步走出屋子，并用力摔上门。

我吃惊地注视着他冲出大门。接着我回头看。露西亚还是一动也不动地坐着。她低着头，又抬起头迅速地瞥了我一眼，又低下头去。她的眼神完全没有流露出任何信息，所以我无法判断她在想些什么。

我突然很同情她，有一个这么主观、专横、脾气暴躁得让人难以忍受的公公，真是生不如死。

接着是一阵沉默，时间并不长，恐怕不到一分钟，却让人很不舒服。我想把我对她的同情大声地说出来，又怕这样做会让她难堪；我想说，他的行事作风真是特立独行，又怕激起她的抗拒情绪，我不知道该怎样办。最后我决定不发表任何意见，并且好像一切都很正常，而且我对此已经习以为常了。

"德雷克的老师说，他在家里能够正常说话。"我说。

露西亚点点头，她的头依然低着。她膝盖上的双手紧张地扭动着。我想，她快要哭了。

"你能描述一下他跟你说话的情形吗？"

她只是轻微地耸耸肩，眼睛都没有抬起来。"我不知道要怎么形容。他说话像其他孩子一样正常。"

"他几岁开始说话的？"

她迟疑了一会儿。"他……九个月大的时候吗？"这更像是个问题而不是答案。"对啦，是在九个月大的时候。我想是这样，我记得是这样。"

"那好像有点早，不是吗？特别是对男孩子来说。他学会的第一个字是什么？"

她似乎更加的紧张不安。我不知道，是因为她的个性内向，还是不擅长用英文表达的缘故。

"'凯蒂（Kitty）'，"她最后说，"因为他很喜欢我们家的猫。"

这让我觉得很奇怪。由于嘴部肌肉的协调，大部分婴儿会说的第一个字都是 D 或 B 开头的字；再加上正常儿语的声音，通常会变成"达达（da-da）"或"爸爸（ba-ba）"。至于"凯蒂（Kitty）"强音"K"，理应是晚一点才会发出的声音。

"德雷克会用意大利语跟你说话吗？"我问道。

她的脸红了，眼睛看着别处。我立刻意识到她曾被警告，不要用母语和儿子交谈，所以现在不好意思向我承认。不难想象那种祖父会提出这种要求。或者其他人已经暗示过，双语环境是造成德雷克不说话的根源，所以她现在不愿意承认。尽管如此，他和她仍用意大利语交谈。总之，她没有立刻回答。

我静静地坐着，气氛更沉闷了。

最后她点点头："是的，我偶尔会用意大利语跟他说话。"但是，她很快停止再说下去，又更正自己刚刚说过的话，说道："不，不是的。我的意思是，他并不对我说意大利语。"

"你是说：你用意大利语跟德雷克说话，但他并不会用意大利语来回答你吗？"

"有时候，很少时候。我的意思是说，我很少说意大利语。我也会讲英语，大部分时候我都说英语。"

"那么德雷克呢，当他跟你说话时他说意大利语吗？还是说英语？"

"他说英语，他只会说英语。"接着她迟疑了一下，"虽然他懂意大利语。"

我点点头笑了。"他在家里讲意大利语是没关系的。我不想让你觉得你用母语跟儿子说话是不对的。我曾和许多使用双语的孩子合作过，而且我认为对学龄前的儿童来说，双语的优点比任何可能产生的问题还要多。在我的经验里，虽然他们开始时有点困惑，不过最后，所有的孩子都会很快适应，长期看来是没有问题的。不过，理清这些细节对德雷克这个案例是很重要的。如果是双语环境导致德雷克的不语症，我们就必须了解这一点才可以帮助他。如果不语症是因为精神方面的原因，那么我处理的方式就会完全不一样。"

她轻轻地点点头，但是仍然没有看我。

"所以……？"我问道，等着她承认有关意大利语的事情。

露西亚低着头并稍微转过脸去，没有回答。

"好吧，"我说，我知道我该回去了，"德雷克有和直系亲属之外的人说过话吗？也许是阿姨或是舅舅？或是堂兄妹？或是邻居的孩子？"

"不。一个也没有。"

"那么，只对你跟你先生说话吗？在家里只跟你们两个说话吗？"

"不。"她更小声了。

"你所说的'不'，是什么意思？"

"他只跟我说话。"

"只跟你？"我惊讶地说，"你是指，他也不跟他父亲说话吗？"

她摇摇头。

"德雷克这种状况从几岁时开始出现？他什么时候停止说话的？"

"他从未跟他父亲说过话。"

"从来没有？"这样的高度选择性着实让我感到惊讶。在我的经验中这种案例虽然不是独一无二，但实在非常罕见，这表示德雷克的问题比表现出来的严重许多。

"我先生在上班，不常在家，"她说，"他在他父亲的银行工作。周末去打高尔夫球。夏天时，会和他父亲去湖上泛舟。这些都是工作的重要部分。所以当德雷克醒着时，很少看到他父亲。"

我们继续谈话。我试着用不同的方法，问了一些更深入的问题，最后我说："假如你希望我为德雷克治疗，我很乐意。但是，我们得考虑距离的问题。一般来说，我会到学校观察患有不语症的孩子，因为孩子的不语症通常会在学校表现出来，我一周到学校二至三次，直到我们找出问题为止。但在这里，我没办法这样，因为距离太远了。我想唯一可以帮助德雷克的方式，就是他以住院病人的身份进入医院的中心，但斯隆先生大概不会同意。不过坦白说，斯隆太太，我也不完全同意。因为那是彻底的检查，而德雷克年纪还很小。学龄前儿童患有选择性不语症，鲜少需要以住院的方式加以治疗，除非真有必要。

不然的话，我不赞成将他从家里带走。你或许希望在本地找个专家来医治德雷克，假如你需要的话，我们中心可以帮你和他们联系，并且推荐适当的人选。"

她点点头："你这么大老远地跑来，真是太好了，我很抱歉我们也没有给你任何报酬，但我想你是正确的。我们会顺其自然，我想德雷克会好起来的。"

会面之后，我觉得很沮丧。有很多原因让这次出访很不如意。梅森·斯隆先生的行为，一方面让我很生气，另一方面也阻止我做出任何有帮助的事情。他的期望很不现实，又没有耐性。一天下来，那个需要帮助的孩子并没有获得任何改善。

我认为，德雷克的不语症需要进一步检查，因为他的"选择性"似乎很极端；虽然，经验告诉我，不管是什么原因，问题都不是很严重。我怀疑露西亚并没有承认她和德雷克用意大利语对话的程度，所以他的不语症是因为他没有完全适应全是英语的环境所致。我的直觉是，在一个支持性环境中加入轻微的"介入（intervention）"，一切都会迎刃而解，但重点就在这里："支持性环境"，代表有同理心的成人陪伴、轻松的气氛。如果没有其他问题的话，德雷克是可以灵活运用两种语言的。不幸的是，在会面结束后，我觉得德雷克不可能有这种环境。而且，我担心露西亚和孩子的祖父各执己见，在家中使用意大利语交谈一再地遭到责骂，这就形成了一个负面环境，也反映在德雷克的不语症上。

不过，那也只是我的想法罢了。我开车回来的路上，有很多时间思考，于是有几个奇怪的想法就不甘寂寞地跑了出来。一个是德雷克本身，他是个外向、有吸引力的小男孩，而且他想要沟通的意愿表现得很清楚，完全不符合典型的选择性不语症的症状；也不是受双语环境困扰的个案。依据我和许多双语环境中年幼孩子合作的经验，外向又有自信的孩子都能快乐地适应，根本不用担心他们是否会混用两种语言，或是他们的表达是否正确。我见过双语环境所造成的选择性不语症案例，案例中的孩子，都是内向、穷困的，他们天性害怕犯错。不仅如此，就我所知，他们全都来自完全不会说英语的家庭，因此他们的问题出自除了教室这样的公共场所外，几乎没有其他的环境和机会练习说英语。

另一个古怪的地方是，露西亚提到，德雷克从未和他父亲说过话。这一点和双语现象毫无关联，我也从未遇到过一个在双语环境中生活的孩子不和家人说话；况且，在家里而不跟直系亲属说话是很罕见的。在我的研究报告中，这种现象和严重儿童暴力以及严重的家庭功能障碍（family dysfunction）有关。同样，德雷克开放、合群的个性不像是心理受到创伤的样子。当然，我也知道自己不可以预设立场。

把洋娃娃丢进搅拌机

"有生气的感觉是没有关系的，但我不能让你的愤怒转化成行动，如果那会伤害到某些东西的话。现在是该停止的时候了。"

要去为卡珊德拉上治疗课程了，我带着我最喜爱的治疗道具——一盒洋娃娃。这些洋娃娃被称为莎夏娃娃。它们大约有十六英寸高，混血的咖啡色皮肤；光滑而别致的手脚造型；谜一般的沉思表情，看不出是快乐还是悲伤。因为其他洋娃娃空洞而失真的大笑表情，更显得它们很特别，好像茫然的嬉皮士一样。

现在我有八个莎夏娃娃，其中三个是婴儿，其他五个——两个男孩和三个女孩——则是模仿年纪稍长儿童的身体比例制作的。这些年来，我制作了一大堆的衣服，其中也有一些是别人送的，再加上其他的小配件，我现在把所有这些东西都装在苹果礼盒里。为了让这苹果礼盒经久耐用，又不会太过老旧，我用有兔宝宝的卡通图案和亮绿色的包装纸将它包住,那些包装材料是我在某个复活节时从书店买来的。

卡珊德拉一进入治疗室,就注意到了这个盒子。她盯着那个盒子看,又回头看着我,脸上充满了兴奋和期待,然后向盒子走去。

"它看起来像个礼物,不是吗,还用包装纸包着。"我说,"不过它并不是礼物,所以不需要拆开包装纸。如果你将手放在下方,就可以抬起上方的盖子,因为包装纸是沿着盖子跟盒身分开包装的。"

卡珊德拉小心地打开了苹果礼盒的盖子。"你看!"她叫喊着,"好多洋娃娃!还有好多的衣服!"

"是的。而我们也要在上课时用到这些东西。"我坐在桌边。

"这是我喜欢的东西!"她回答,并伸手拿出一个穿着蓝色长洋装的红发娃娃。

我说:"不过在这之前,我想先把其他事情说清楚。你昨天来这里时,我问你是否知道为什么会来中心,你似乎不太确定。因此我想先确定这件事,你现在已经清楚了吗?"

卡珊德拉似乎一点也不在意我,全心全意地翻着盒子里的东西,看着各种衣服,帮红发娃娃试穿着。

"有时候,孩子们来到中心时,会以为一定是自己做错了事,所以离开家人到医院来,这是对他们的一种惩罚。不过你要知道,这是个错误的观念。这点很重要。你到这里来,不是因为你做错了什么事——"

"不,我是做错了事。"她忽然插嘴说道,声音中还不无得意,但是并没有看着我。

"你认为你到这里来是因为你做错了什么事吗?"

"我放了一只青蛙在搅拌机里!哇!"她伸出一根手指头去按一个想象中的开关。"就像我现在对这个洋娃娃做的一样,这里是搅拌机。"她说,并指着桌上空着的地方。她举起手脚颠倒的洋娃娃并丢到那个想象的搅拌机里。"哇!它被切得碎碎的。你看,血,全都是血。哇!"

她高兴地抬起头来。"现在我要把盖子打开了。在搅拌机仍在转动时,我就把盖子打开。哇!血都溅到你身上了!现在你全身上下都血淋淋的。哈——哈——哈——哈——哈!"

我现在完全明白艾尔琳·贝克所说的"令人毛骨悚然"的行为了。

"我又把盖子打开了。机器还在运转。哇!血和肠子都溅出来了。都溅到你的身上。砰!砰!"卡珊德拉将洋娃娃丢往空中,并用手势做出各种疯狂的动作来表示喷溅的意思。

我继续沉默。我不想被扯到卡珊德拉想象的搅拌机里去。我怀疑这只是单纯地重复一个老笑话:"什么东西是红色加上绿色,而且又能够每小时跑两百里?答案是:在搅拌机里的青蛙。"如同我们前天的对话一样,她说的话隐含着操控性,那种感觉是她想让我吃惊,或者陷入一种由她控制的情境中。即使真有其事,她真的将一只青蛙放入搅拌机里,我仍需要时间去查证为什么她选择现在这个对话的时间点把这种话题加进来。所以,我没有响应她的话,而是伸手到盒子里拿出了一个洋娃娃。那是一个金发的男娃娃,穿着休闲短裤和T恤。我让他沿着桌边走。

"我还没有洋娃娃,"卡珊德拉说,虽然她手里仍拿着那个红发娃娃,"我的洋娃娃被搅碎了。来吧,把你的娃娃也放进搅拌机里。"

"你知道这个男洋娃娃在想些什么吗？"我问，并让洋娃娃走近她。

"嗯。我不在意他想些什么。"

"他心想，为什么那女孩会想玩这种游戏？"

"什么游戏？"

"这男孩说，'为什么你要玩虚拟的游戏？'"

"因为我喜欢。"

"他说：'为什么你要这样呢？'"

"因为这样很有趣。"她更大胆地回答。

"这男孩子说：'我有时候也这样，因为我不想谈论其他的事情。当我在玩一个无聊的游戏时，人们就会分心而不再问我问题。'"

"那可不是我。我这么做是因为我觉得很好玩，"她回答，"那是最有趣的事，所以我才喜欢玩。绞碎青蛙，还有其他的东西。不管我看见什么，我都会踩着它，看着它的肠子喷出来。"

我让我的娃娃站立在桌上："这男孩子说，'我有时候会有种不愉快的感觉。我不清楚那是什么，也不知道该如何表达。有时候它们会让我做出荒唐的事情，并因此惹上麻烦。但假如我玩着一个无聊的游戏，人们就不会再问我让我不愉快的事了。'"

"你真笨，"卡珊德拉回答，"那种事从未在我身上发生过。会发生在你身上是因为你很愚蠢。你也应该被丢进搅拌机里。"她想将洋娃娃从我手里抢走。

"我并不笨，只是有点害怕，"我替洋娃娃说道，"会害怕并不代表我很笨。这意味着我有时因为太害怕了，所以无法思考。我好怕啊，我不想惹谁生气而把我丢进搅拌机里。"

"你该被丢进搅拌机。你很坏,非常、非常、非常、非常的坏。过来这里。投降吧。"她再次伸手想夺走洋娃娃。

我稍稍用力地握着娃娃,一直让男洋娃娃站立在桌上。"我不坏,"我帮洋娃娃说,"我害怕,并不代表我很坏。"

"对,就是那样。你又坏又蠢。每个人都又坏又蠢。这是个又坏又蠢的世界。所有东西都必须向搅拌机投降!"

这段话似乎耗尽了她的体力,然后她突然跳了起来,将手中的娃娃抛向空中。它掉落在地板上,她又把它捡起来,用腿夹着它,发狂似地将它的头朝地板撞击。

"卡珊德拉?"我说。

她没有注意到我。

"卡珊德拉,住手。如果你用那种方式对待洋娃娃,它会坏掉的。"

她继续将洋娃娃的头部朝地板撞击。邪恶且毫无节制。

我从椅子上站起身,来到她身后,倾身靠着她,然后停止她双臂的动作。"有生气的感觉是没关系的,但我不能让你的愤怒转化成行动,如果那会伤害到某些东西的话。现在是该停止的时候了。"

我说话的同时,好像有个巫师咒语传到室内。我碰触到卡珊德拉的同时,她呆住了。当我从她手中将洋娃娃取走时,她的手指维持原状,虽然手上已经没有任何东西了。

把洋娃娃重新放回桌上,我回到自己的座位。"刚刚你有某种非常强烈的感觉,对吗?"

卡珊德拉放下手,但依然坐在地板上,直直地看着前方。

"没关系。在这里有这种感觉是没关系的。如果那种感觉太过强烈，我会制止它们的。"

她仍然看着前方，一动也不动。

"不过，当我们用言语表达时，会比较容易处理这些强烈的感觉。因此当我跟你在一起时，你必须做的一件事，就是试着用语言来表达你的感觉。然后它们就不会那么恐怖了。"

卡珊德拉仍然没有移动。

她的情绪爆发力似乎慢慢减弱，因此我认为与其现在去触动它们，不如帮助卡珊德拉重建一个平衡机制。我将手伸到盒子里，拿出一个留着黑色长发的女娃娃。

"我要来帮她换衣服，"我说，"现在她正穿着睡衣，但是我想现在可以让她换上日常的衣服了，你认为呢？"

卡珊德拉仔细检查了一下我的洋娃娃。她的动作很缓慢，慢得太过夸张，仿佛她正置身于一种浓稠的液体中。她一句话也没说。

"这件长洋装你觉得如何？假如我们在盒子里找一找，还可以找到一顶相配的阔边太阳帽。你愿意帮我找吗？"

卡珊德拉看着我，没有说话。

"做这套服装的女设计师想让它看上去古典一些。大概就像一个坐着篷车去西部旅行的娃娃，所以她这件长洋装做得像那个时代的女人会穿的一样，上面装饰着蕾丝，还配上阔边太阳帽，因为那些太太小姐们旅行时，如果在篷车旁散步，也不想晒到太阳。"

卡珊德拉看着我手中的洋娃娃。

"卡珊德拉？"

她的头再次缓慢又沉重地转动。

"当我们在这里合作时,我会一直保护你的。"

她短暂地看了看我的脸,接着转过头,看着我椅子旁的空间。

"有时候我们会一起进行较难的课题,但你可以决定我们进度的快慢。我们不会做任何令你觉得太恐怖或是太难承受的事情。而且我很坚强。假如你的感觉变得太强烈时,我会帮你平复它们。对我来说,这不是什么难题,而且我也不会害怕。"

她的目光依然茫然地望着前方。

"卡珊德拉?"

她没有回答。

我伸手将她的脸转向我。"你认为我刚才的话听来如何?"

她的眼神并没有和我交会,虽然我又将她的脸转了过来,但她还是回避着我的目光。

停顿许久。

我把手放下,身体前倾,在苹果盒里找到了阔边太阳帽。

"你看。就是这个。瞧,这跟洋装很相配。"

她看着阔边太阳帽。

"你要不要试着帮她穿上?"我把黑头发的洋娃娃递给她。

她接了过去,将洋娃娃放在桌上,小心地替她将阔边太阳帽戴上,并且将系绳系在洋娃娃的下巴上,然后抱起了洋娃娃。

我笑了:"你认为怎么样?"

她并没有说话。事实上,在之后的课程中她再也没有说过一句话。

卡珊德拉被性骚扰？

卡珊德拉瞪着我，我再次注意到她那逼视的眼神，我们眼神交会时，我几乎有种被侵犯的感觉。

隔天早上，卡珊德拉来上课时，又是一如往常般外向。我又把洋娃娃礼盒放在桌上，但这次她从它们旁边经过，绕到我身后的架子旁。

"我今天想要画画，"她说，"我在这里可以做我想做的事，不是吗？难道不是这样吗？"

"你今天想要画画吗？"

"我以前去看心理治疗师时都是这样。因为之前我曾去过像这样的地方。假如你认为你是专家，那你就错了。我的另一位心理治疗师名叫阿德列·布朗。她的肤色不是黝黑的，而是粉红色的，而且是淡粉红色，很丑的粉红色，她很丑。我觉得你也很丑。"

"我懂了。"

"但是在丑陋、淡粉肤色的阿德列·布朗课堂上，我可以随心所欲地做我想做的事。她是这么说的，她说我可以做我想做的事。所以，我想在这里也一样。"

"你对我说，你想要随心所欲地做你想做的事。"我说。

"对啊。我就是要这么做，而且你不能阻止我。"

"你可以在这里做你想做的事，只要这不会破坏物品或者伤害到你我。如果你做的事会破坏物品或是伤害到你我，我会阻止你的。这些事是被禁止的。"

卡珊德拉看着我，她的眼里闪着邪恶："假如我真想要做的话，你也无法阻止。"

"假如有必要的话，我会的，"我平静地说，"因为这些是用来保护我们的规矩。所以我不会让你破坏那些规矩。"

"你无法阻止我爸爸，他比你还要强大。"

"你觉得你爸爸很厉害，他可以随心所欲。但假如他在这里，他也必须遵守这些规矩。在这里，我不会让任何人破坏物品或伤害他人。"

"我爸爸是浩克（Hulk，编注：漫画中的人物，越生气时身体会变得越强大）！隆！"她叫喊着，并且用力向外挥舞着双手，"当他变成浩克的时候没有人能够阻止他。他能在一分钟之内痛打你一顿！隆！当他生气的时候，他的身体会变得比平常大很多。一个巨大的绿怪兽。他所有的衣服都会被撑开。"她迅速地从椅子上跳起，假装要撕掉自己的衣服，"甚至他的内裤也会裂开。接着，你会看见他那绿色的大生殖器。他的生殖器会敲着你的头，你会应声倒地而死。"

"那是你的想象。"我说。

"是啊！"她热切地叫喊着，到处乱跳。"那就是我希望发生的事。

我想要看见你死掉。"

我微笑着，没有说话。

"那一定会发生！"她说，就好像我已经拒绝了她，"我爸爸会用他的生殖器杀死你。"

"这个主意似乎让你很兴奋。"

"对呀！你会死的！我爸爸比你强大许多！然后我会在你的肠子上到处踩！"

"卡珊德拉，请你坐下。"

她并没有坐下，继续上下跳着。

"卡珊德拉，请你坐下。"

她继续跳着。不过，跳动的意义从疯狂变成挑战。

我看着她。我要求她坐下的原因，一方面是让她免于陷入我所感觉到的强烈得令人惊恐的情绪中，另一方面也是为了看看她受行为控制的程度。

看起来她被控制的程度很高。她放肆地跳了好多次，而且直视着我，挑战我去阻止她。当我只是坐着，再次坚持要她坐下时，她为了面子又跳了两三下，然后停下，坐了下来。

接着是一阵沉默。卡珊德拉瞪着我，我再次注意到她那逼视的眼神，我们眼神交会时，我几乎有种被侵犯的感觉。我觉得自己很难不去逃离那种眼光。

是一种控制性的手段吗？她发现这样可以操控别人吗？还是更像一种自我保护？她留心观察我是因为她觉得需要预知我接下来会做什么吗？我并不知道。

仍是沉默。卡珊德拉依然看着我。

"知道吗，我并不喜欢你。"她最后说。

"是的，你已经说过了。你为什么讨厌我？"我问。

"我不喜欢你的长相。我认为你很丑。我不要跟你合作。我不想要做任何事，除了坐在这里。"

"嗯，我很遗憾听到你这么说，如果每天坐在这里却什么事也不做，会很无聊的。"我回答。

"我之所以这么做，是因为这会让你发疯，"卡珊德拉说，"不论你要我做什么，我都不会做。所以你最好现在就认清这一点。"

"听起来你很在意这里由谁做主。"

"我也不想听你说话。"

"有个叫莱恩的男孩子曾来过这里。他告诉我的第一件事，就是我不能要求他做任何他不想要做的事。他不想和我合作，他不想听我说任何话。"

那只是我编的一个故事。我从不认识一个叫莱恩的男孩。但我发现接近问题的最佳技巧之一，就是将难以处理的行为或事件归之于某个人身上。

"莱恩心想，假如他是……"我接着说。

"我不要听你说话。"她说，并且用手捂着耳朵。

"莱恩心想，假如他知道将要发生的每件事，然后……"

"我不要听，"她说，手仍紧紧地捂着耳朵，"啦——啦——啦——啦——啦！"她为了要盖住我说话的声音，开始大声唱歌。

"是的，你是对的。假如你不想听，我不能强迫你听。就像如果你决定不说话,我就无法要求你说话。这是你的决定。不过就像我昨天说的,我们不会做任何感觉太恐怖或是太困难的事,假如'听'也令你感到惊慌,那么我们就不要听。"

卡珊德拉快乐地放松了,在空中不断地挥舞着手臂:"那么我就可以在这里做任何我想做的事了!刚刚你是这么说的!我可以做任何事,而你不能阻止我。"

我坐回座位上笑了笑,我想那是一个很勉强的笑容。

"我要画画,"卡珊德拉大声宣布,"那就是我想要做的事。"她快速绕过桌子,冲到我身后架子上,并且拿了一叠纸。她回到桌边,打开了我的智囊盒,取出里面装有蜡笔和彩色笔的小盒子。

接着,她停顿了一下。

她把最上面的一张纸推到我面前来:"我要你先画。请你随意画条波浪线。"

"你的意思是……?"

"画一条波浪线,这样我才能接着画。那也就是我的另一个心理治疗师所做的事。她总是会画一条波浪线,然后我就从上面画出一个图形。"

"我懂了,"我说,"你要我做同样的事吗?"

"布朗博士就是这样做的。"

"你希望用完全一样的方式来做,是吗?你不想要有任何的变化。"

"你就只管画,"卡珊德拉说,"我已经告诉过你了,不管我说什么,你照做就是了。"

"你希望这里就像布朗博士的课堂一样。你想告诉我,我该怎么做?"

"你可以停止重复我说过的话吗?你快点画就是了。"她硬将笔放在我的鼻子下方。

对我而言，这个要我画画的命令，根本不像是沟通，更像我教书生涯中深有感触的旧式威权教育。后来，我说："我不画，谢谢。"

"要画。我说过了。"

"不。在这里，每个人都要为自己的行为负责。你有权去决定你要做的事，但你没有权力来为我做决定。"

"布朗博士都让我决定。你们心理治疗师在治疗课程上都会让孩子们做这些事。你太蠢了，什么都不知道。我应该可以在这里做我想做的事，而我现在要你画一条波浪线。"

"你知道，我听见你说了些什么吗？"我说，"我听见你说，你想控制这里的每一件事。你想决定你要做什么，而且你也想决定我要做什么。"

"本来就该这样啊。你当心理治疗师多久了？你根本什么都不懂。"

"我懂了。"

"你不懂，否则你就会照我说的做了。你什么事也不懂。你太愚蠢了，对自己的工作一无所知。"

一阵僵持的沉默。她看着我，目光坚定地锁在我的身上。

"我不喜欢你，"她生气地说，"你就像是个巨大的痛苦。我不喜欢待在这里。我再也不要回这里来了。"她沮丧地背对着我，在桌子对面的椅子上坐了下来。

还是沉默。

她重重地叹了口气，趴在桌子上："你要的是个合作的乖女孩。"她嘟囔着。

停了一下。

"你说我可以来这里。"她的声音很低,但还是很生气,"但是你不想帮我治疗。你要的是个合作的乖女孩。"

"我听到的是,你很不自在,因为你无法告诉我要怎么做。"

"闭嘴。"

"我想,除非你能控制任何可能发生的状况,不然的话,来这里会让你觉得很紧张。"

她用手捂着耳朵,她的头一直往下低,几乎碰到了桌子。

过了好一会儿。

接着,她慢慢地抬起头,并放下手。她依然倾身倚着桌子,静静地坐着,看着地板上塑料贴面的图案,几近一种冥想的状态。这样的静默持续了大约两到三分钟。只是静静坐着不说话,显得时间很漫长。我仔细地观察着她。

"我可以告诉你一些事。"她轻声说,头仍然低着。

"好吧。"

"这是个秘密,所以你不能告诉任何人。但我可以解释为什么我会有这么多的问题,而且必须来这里。"

卡珊德拉轻轻往一边偏着头,以便可以斜着眼睛看我。她盯着我的眼睛看了一会儿:"你认识我的老师吗?"

"是贝克太太吗?是的。"

"嗯,某一天……那是最后一学期了。圣诞节之前,我在书桌前写我的练习簿,然后她靠向我……接着她将手放在我的两腿之间,摸我。"

我看着她。

"她说，假如我放学后去找她，她就会让我看些东西。我并不想去，而且我还摇摇头，就像这样。很慢很慢的。因为我不希望让其他孩子看到。我并不想让他们知道她对我做了什么事。我不想放学后去找她，但是她说假如我不去找她，她就会对我父母说，我偷了钱，虽然我并没有偷钱。但是，她说，如果她对他们这么说，他们一定会相信她的。"

"我知道了。"我说。

"所以我放学后去找她，她和她的女朋友都在。她是个女同志，当时她们正在做爱。她问我，想不想一起做。我不想。我知道那是不对的，而且我想转身逃跑。但是她说，如果我不照她说的去做，她会告诉我妈妈，让我惹上大麻烦。她说，别人一定更相信老师，而不相信我。所以我只好让她和她的女朋友来舔我。"

"所以，你是在告诉我，你认为你有问题而被送来这里，是因为贝克太太对你性骚扰吗？"

卡珊德拉严肃地点点头。

我犹豫了。

她很快看出了我的不信任。"这是真的！"她突然愤怒地说，"这是真的，但是没有人相信我，就像她说的一样。每个人都相信她，不相信我。而我却要为此付出代价。"

"卡珊德拉，我想一般人之所以不愿意相信你，是因为你过去会说谎话。这让大家很难判断你说的到底是真的还是假的。"

"那是真的。那是你的错。没有人相信我，没有人站在我这边，没有人了解真相。"说到这里，卡珊德拉伤心地哭了。

德雷克来到了治疗中心

> 德雷克顾盼的眼神、活泼的动作,表现出一个热情合作者的态度。看来,和家人分开并没有让他觉得孤单或是害怕。

州法律规定,儿童暴力是公诉罪,因此我只好立即向戴维·梅诺蒂报告卡珊德拉对贝克太太的指控。我很确定她没有说实话。不仅她说的内容听起来有点离奇古怪,算算时间,也不对。贝克太太有丈夫,而且他们只有一辆车子,所以每天晚上她丈夫都会在学校等她,并载她回家。他很友善,那天我去学校时,刚好碰到他在帮妻子整理教室里的桌椅。因此,她另外有个秘密的女同性恋人,并在放学后和她一起骚扰孩子,这种可能性并不高。不过,这些都是严重的指控。假如没有证据证实那些控诉是假的,就忽略它们,那就犯下了一个不可原谅的错误。

正午过后,戴维跟我一起观看这堂课的录像带。录像带中最突出的就是卡珊德拉的古怪行为。你看着她,她的古怪让你产生一种不舒服的怪异感觉。

我注意到另外一件事，卡珊德拉的行为并没有固定的模式。除了在整个过程中表现出要控制课堂的意愿外，卡珊德拉的行为散漫且没有规律。观察上课的情形，我吃惊地发现，我只能简单地响应她，对于我接触的对象我还完全不了解。她从攻击性转变为卖弄风情、盛气凌人、孩子般的依赖，丝毫看不出其中的相互关联。她转变得如此快速，而我只能拼命追赶上她。当我锁定某个问题时，她却已经跳到另一个主题去了。

戴维说，这显示了"人格组织不全（poorly organized personality）"，还说，以他的经验来看，那是"边缘性人格（borderline personality，编注：边缘性人格的患者，对'自我'及人际关系和情感，充满了强烈的不确定）"的前兆。对成年人来说，这种情绪障碍本身表现为一组特定的行为模式，包括：人际关系不良、强烈而不适当的情感、不稳定且不可预测的情绪，以及冲动的操控性行为。因此他大胆推测，这些正在形成中。

我们一致认为，卡珊德拉的许多征兆都显示了她曾遭受性侵害，包括她提到父亲的生殖器，以及老师对她进行性侵害过程的生动描述。但是，现在还无法知道性侵害发生的时间、地点、发生的方式，或者有什么人牵涉其中。戴维像我一样，觉得她对贝克太太的控诉并没有太大的可信度，但他感到奇怪的是，卡珊德拉为什么要选择贝克太太作为她控诉的对象？他问，为什么呢？是因为贝克太太的某种行为方式让卡珊德拉强烈的控制欲受到威胁了吗？卡珊德拉意识到贝克太太的这种威胁，因而想摆脱她？还是刚好相反，她其实很喜欢贝克太太，所以用这种谎言让我们感觉对贝克太太而言她有多特别，她这么做是为了保持和贝克太太之间的关联,即使是负面、哗众取宠的谎言,也比默默遗忘来得好呢?我说,假如她纯粹只是丧失了对现实的把握能力呢?或许在她的想象中,这些事情确实发生过,而且她无法辨认它们只是想象而非实际行为。

后来我和戴维的对话又扯到别处,说到如果个体表现出来的行为可以这样四分五裂,那么处理这样的患者会是多么的棘手。我注意到录像带反映了课程缺乏重点。我的感觉是,在上课过程中,我都是被动的反应而不是主动的行动,她的行为主导了整个课程。

戴维说,我们并不是缺乏重点。卡珊德拉的诱拐经历是她障碍的缘由,而我们的工作重点就是了解这个创伤是怎样影响她的,并找出帮助她处理这段经历的方法。

这点倒不需要他提醒我。事实上,我说,那有一半也是我的责任。我花了许多时间查阅目前有关治疗创伤孩童的资料,也为诱拐议题拟定了详细的计划;问题是,我的计划至今仍然无法付诸实践。把重点放在诱拐创伤上也正是我所期待的,只是我们一直无从开始。

戴维温和地笑着。"正好相反,"他说,"我想那是你要努力的方向。"然后他从座位上站起身,拍了拍我的肩膀。"技巧,"他接着说,"是你应对事情的方式,而非事情来迎合你。"

从昆顿回来的第二天,我就对哈利·帕德报告了我去拜访德雷克·斯隆的相关情形。我告诉哈利,德雷克真的患有选择性不语症,而且幼儿园也试着介入,不过目前看来并不成功。我提到双语现象造成选择性不语症的可能性,我也特别强调这个案例中的特殊之处,例如,德雷克不语症的高选择性。不过,我对他的总体印象是,他是个判断力良好的孩子。提供一个符合他需求的微妙环境，也许就能突破现状，并不需要进一步的治疗。

我接着补充道，最糟糕的就是德雷克的祖父。我告诉哈利，我发现这个老头有多难相处，苛求又爱管闲事；而且我怀疑，如果真有什么严重的问题，那就是家庭功能障碍，而不是这个孩子出了问题。我又说，我无意间激怒了老人，他愤然离去。所以，不管我观察到什么，事情就这样结束了。

或者这只是我单方面的想法。

我和戴维·梅诺蒂一同坐在办公室里，重看卡珊德拉的课程录像带时，传来了一阵急促的叩门声。

门打开了，哈利把头探进来。"哎哟，不好意思，打扰了，"他说，"但是我正要前往医疗中心，我想在你离开前告诉你，桃莉，礼拜天德雷克·斯隆要到中心来。"

我惊讶得睁大了眼睛。

"我们接到一通梅森·斯隆打来的电话，他说他们开了一个家庭会议，德雷克的父母希望德雷克的问题能够得到准确的诊断。"

我想，应该是梅森·斯隆决定的吧。

我周末休息，所以德雷克入院时我不在中心，不过，他们还是指定我替他上治疗课程。我礼拜一回到中心时，发现德雷克蜷缩在休息室的沙发上看卡通片，他那只大填充老虎就坐在他旁边。

"嗨，德雷克！"我经过休息室时，在护理站门口和他打招呼。"你还记得我吗？"

他热情地点点头，咧嘴笑着，并挥着手，然后站起身向我走来。

"你在那里稍等一下,我跟南西护士说句话就过来找你。然后我们来做些有趣的事情,好吗?"

他用力抱紧"朋友"的颈部,他们两个都快要倒下来了。他笑着点点头。

在课程开始前,我想要知道:德雷克是如何调整自己在病房中的第一天,还有南西对他的初步印象,因此我走到护理站后方的小房间,并关上门。

"好可爱哦!"南西说,"他在这里真是太乖巧了。昨晚他哭过,我是说,枕头上有小蝌蚪形的泪痕。他妈妈昨晚一定也哭湿了枕头。她昨天停留了很久。"

我可以想象得到。我去昆顿时就有这样的印象:露西亚非常疼爱儿子,而且在她和这个世界之间,德雷克是一个缓冲区。事实上,我的整体感觉是,梅森·斯隆与露西亚两人比德雷克有更多的问题。

其实,我对于斯隆一家人决定把德雷克视为住院病人来治疗很不高兴。我认为,在没有令人信服的证据显示德雷克患有官能障碍的前提下,让这个男孩跟他的母亲分开,在社会机构待上几天,对他来说真是不适合。选择性不语症并不是一种严重的病症。我觉得,让一个不愿意在学校说话的四岁孩子住院真是太小题大做了。让我更关心的是,我们让学龄前的孩子离开家人以及熟悉的环境好几天所带来的心理上的伤害——如果选择性不语症又没有医治好的话。不幸的是,他并不是我的孩子,而且这也不是我所能决定的。如果父母做了这种决定,并且有保险金或其他资金来安顿他,我们的中心就可以提供诊断服务。因此我的最佳方案就是忽略我自己的意见,尽快实施诊断方案,让他尽早回家。

这时，我并没有预见到会有任何的状况。我在治疗时，只不过是作为一个局外人，当孩子还未跟我建立沉默关系时，让他／她愿意和我交谈，然后鼓励孩子继续说下去。当孩子没有其他症状时，这种方式很有成效，而我第一堂课的成功率也近乎百分之百。因此，我为自己设定了要让德雷克在下周末前回家的个人目标。

治疗室并不大，像中心其他地方一样漆成难看的灰色，除此之外，倒还可以让人接受。在窄长房间的另一端，有一扇对着阳光的朝南窗户，可以眺望下方庭院里的树木。房间的右边，有个单面镜，后方是一间观察室。通常那里并没有任何观察人员，只有一套录像设备录制整个课程。房间的左侧，沿着墙壁设置了一整排的矮架子，其中包括在治疗课程中常常用到的娱乐用具：玩偶、玩具车、塑料材质的人和动物、纸、蜡笔、钢笔，再加上一个德国玩偶系列的娃娃屋、费雪车的车库，以及德国的医院装置玩具。迪克·布洛纳（Dick Bruna，米菲兔的创造者）的字母表装饰画挂在架子上方的墙上，沿着装饰画上方贴着迪克·布洛纳最受欢迎的米菲兔（miffy）造型的四张海报，俏皮地倾斜着。相对于窄长房间的灰色墙壁，它们亮丽的主色和富有创意的位置，给我的感觉好像是布置得简单又快乐的学生宿舍。

我一直都随身带着自己的材料盒，去昆顿时我也带着同样的盒子，我将它放在桌子上。德雷克马上坐到对面的椅子上，让他的朋友坐在他旁边的椅子上。朋友看起来很庞大，实际上它坐着时，显得比德雷克还要高。

德雷克顾盼的眼神、活泼的动作，表现出一个热情合作者的态度。

看来，和家人分开并没有让他觉得孤单或是害怕。同时，他整个身体因为期待而扭动着。

"你觉得这里怎么样？"我说，"你喜欢待在这里吗？"

他急忙点点头。

"你最喜欢哪一部分？"

他用手比画着。我不晓得他想表达些什么，但是他很热情地做出手势，然后充满期待地抬头看着我。

"你知道我在想什么吗，德雷克？我想，如果你用言语来表达的话，就很简单了。我真的很想知道你在说什么。我想要知道当我们不在一起时，你喜欢做什么，还有那时候发生了什么事。我真的很有兴趣知道。但是我们需要用语言来表达，你说呢？"

德雷克点点头。

"你妈妈告诉我，你会用语言和她交谈。我想，如果你也用语言和我交谈，会很有帮助的。所以这就是我们要一起做的事。你知道的，我的工作就是教导那些不敢开口说话的男孩子、女孩子开口说话，他们就像你一样。所以我擅长帮人们重新开口说话。"

这似乎让德雷克很高兴，他热情地点点头，好像我提出了这世上最好的建议一样。

我再次被他的外貌所吸引，他真是个漂亮的孩子。他的外表是如此的匀称又标致，一双眼睛炯炯有神。我甚至已渐渐习惯他那独特的发型，那是他身体的一部分，这个部分让他有种超凡的美，好像一个迷路天使。

"因为我和许多有说话障碍的男孩女孩合作过，他们就像你一样，我知道刚开始时有多困难。当你已经习惯了不说话时，说话会让你感到害怕。但通常最困难的就是第一次。我们一起来努力。我会在这里帮助你。我知道，你可以做到的。"

他再次诚挚地点点头。

我把手伸到盒子里，找出自己做的一组卡片。它们大约是五英寸宽，七英寸高，我从杂志上剪下来再粘粘而成的。每一张漂亮图画都清楚显示了一件常见事物：一辆车、一只猫、一只狗、一个人、一个小孩等等。我选出其中很普通的一张，那是一个红发小男孩和一只黑猫的特写。小男孩拿着蛋卷冰淇淋，当他舔着冰淇淋的一侧时，那只猫伸出粉红色的长舌头，想舔蛋卷冰淇淋的另外一边。孩子们都会马上做出响应，一方面是图画里隐含的幽默，另一方面他们都期待着可以和照片上的猫分享冰淇淋。

德雷克无声地笑着，并指着小男孩和猫咪抬起头来，以确认我也认为那张卡片很好玩。

"这张图画不错吧，对吗？那是怎么回事呢？这是什么？"我指着那只猫问道。

他做出手势，用手指敲着那幅图画。

"是的，那是什么？图画上的是什么呢？是什么动物？"

他吐着气，可以听见他重重地将空气吐出来，但是他没有说话。只是呼吸而已。

"这是什么？这是什么动物？"我继续指着那只猫。我处理选择性不语症的经验是，在课堂的稍早阶段，努力鼓励他们说出第一句话，然后愉快而不断地重复这样的要求，不让沉默有反扑的机会，甚至根本不让沉默有滋长的空间。因此,我不断地逼问着、重复着问题,敲打着图画、指着黑猫。

从一开始,德雷克看来就很努力。他喘着气,发出呼吸的声音,虽然不像任何文字的声音,但是至少在努力地发出声音。

因为他太年幼,而且看上去的确很努力,我不想像我和其他年长孩子合作时一样,给德雷克太大压力。因此我改变了方法。"这是一只狗吗?这男孩在和他的狗一起分享蛋卷冰淇淋吗?"

德雷克露齿一笑,并摇摇头。

"这是一只恐龙吗?还是一匹马正在吃蛋卷冰淇淋?"

他再次笑着摇摇头。

"这是你朋友老虎吗?"

德雷克无声地笑着,并猛烈地摇着头。

我继续试着其他荒唐的答案,直到德雷克在这个滑稽逗笑的活动中难以自制,接着我才说:"这是什么动物?"

他张大嘴巴,并倾身靠着图画。

"这是什么动物?来,让我们用语言把答案说出来。"

他的嘴巴继续张得大大的。

我突然大声问:"这是什么动物?"不是愤怒,只是不带感情的大音量。

德雷克马上感觉到了。他的笑容消失了,呆呆地盯着图画看。他伸手过去紧抓着他朋友的脖子。他的身体开始在椅子上轻轻地前后晃动着。他的眼睛始终注视着图画。

"这是什么动物?这里。现在,德雷克告诉我,这是什么动物?"

沉重的深呼吸。

"这是什么动物？"我有点用力地敲击着卡片，"告诉我，这是什么动物。这是什么？"

他开始哭了，但也几乎是无声的。他甚至没有啜泣，但是大颗眼泪流了出来，滑落在他的脸颊上。

"我知道这很难，"我说，"当你已经习惯不说话时，这很难，也很可怕，但只有第一次会这样。一旦这个难关过了，就不会这么困难了。这是什么动物呢？"

他犹豫了很久，然后，趴在桌子上哭了。

9
中风引起的失语症

> "当事情已经没有希望时,什么都不做只会让它更糟。所以,冒险一搏是值得的,只是试试看你的努力会不会让它有所好转。"

我只好放弃。

不过,放弃的决定不是轻易做出来的。极端的操控性造成了许多选择性不语症的个案。几乎在所有案例中,这都是一种无意识的行为,但仍然是一种操控性行为。因此孩子突然哭了,并不足以让我改变主意。即使跟一个看来没有操控倾向的孩子在一起,一看到眼泪便停止治疗,会鼓励孩子用不语症来保护自我。因此我不会轻易做出停止的决定。但是,考虑到德雷克的年纪,我非常担心会带给他太大的压力。此外,他真的一直都表现得很努力,因此,凭直觉来决定"停止"似乎是明智的。

所以我说:"你已经很努力了。我知道,这并不容易。"

他把朋友拉到身上，并且坐起身来，脸埋在老虎头部的人造毛皮中。

拿了张面纸，我倾身靠过去帮他把眼泪擦干："你真的很努力了，对吗？"

他点点头。

"来，过来这里。"我张开双臂。他和朋友也很乐意靠在我的膝上，拥抱着我。"你别担心。"我说，"别再难过了。时候到了，自然就会开口说话的。"

把德雷克带回病房后，我回到观察室并开始倒带。这堂课真是让人疑惑。德雷克给我的印象是他已经很努力了。他看起来一直都很专心，并且真的很热情地参与我们进行的各项活动。那为什么我的方法没有效果呢？

我从录像机中取出录像带，将它带到我办公室的录像机上播放。我进去时，海伦也在屋里。海伦五十多岁了，是个高挑而优雅的女人，她以温和的母爱来跟孩子们相处，和我讲求实效的方式截然相反。我放起了录像带，对她说："如果你有时间，可以跟我一起看这卷带子吗？"

"真是个可爱的甜心！"她看到屏幕上的德雷克，称赞道，"真是太可爱了。看，那只大玩具虎！"

然后我们静静地观看录像带。

课程录像的好处就是能够有机会回到课程上去，检视所有遗漏的地方。对我而言，这时候对我的帮助极大，因为我会特别专注于我正在做的事情。从好的方面来看，就是我对于自己专注的部分，很少会遗漏最细微的线索；但是不好的一面就是，至于其他部分我就都忽略掉了。事实上，我曾有过一个例子，录像带中的我专注地观察一个正在做手眼协调测试的孩子，注意他的速度和准确度，却完全没有注意到他整个身体已经从椅子上爬出来，四肢着地地趴在桌子上。录像带显示了：在他爬过桌子又回到椅子上的过程，我竟然完全都没有随着他的移动而调整我的位置，甚至在整个过程中，我根本没有注意到男孩曾经离开过他的位置。我的同事们也发现了这个有趣的事情。所以，不用说，我现在很珍惜观看课程录像带的机会，来发现自己的疏忽！

所以，这次我也很期待可以从德雷克的行为中发现一些线索，来弥补我在课堂中所忽略的部分。再加上海伦的观点，我希望这能让我了解为什么我无法让他开口说话，以及下堂课我该如何做调整。

然而，我却什么新发现也没有，和我在课堂上直接观察到的没有什么不同。德雷克非常配合，很有兴趣地专注于我们的活动，我要求他的，他也积极尝试。而且他的确很努力。一遍又一遍，录像带清楚地显示：开始时他尽力地努力尝试，当他无法达到我的要求时，挫折感让他情绪低落。看着影片，庆幸我当时适时地停止了。

录像带放完后，我看着海伦。

"他能说话吗？"她问道。

"能。"

"因为那是我的直觉，我觉得这个男孩子不会说话。你确定他会说话吗？他是不是聋了，或者患有其他疾病？"

"不，他绝不是聋子。而且，我确定他会说话。他在家里跟母亲交谈。我脑中的疑问是他的双语现象。他也许只用意大利语跟她交谈。"我说。

"你尝试过用意大利语跟他说话吗?"

我羞怯地露齿而笑:"假如我懂意大利语的话……"

"噢,对噢。"海伦承认道。接着她补充说:"但假如是双语现象,他不会自己开口说话,至少会重复你说的话吧?或者他为什么不用意大利语或是别的什么来回答呢?"

"假如他没有患上选择性不语症的话。"

海伦坐回她的椅子,并缓缓地摇摇头。"那我就帮不上忙了。我看不出任何连你也看不出的东西。"

* * *

在关掉录放机和电视后,我回到书桌边,开始过滤累积的电话留言。大部分都是其他专家们对我个案中不同孩子的日常官方报告,但是有一通是来自医院的老年医学部门。老年医学?真奇怪,我对这通电话留言特别留意,拨着电话号码。

电话是老年医学部门一个名叫乔伊·汉森的社工接听的。噢,她用响亮的声音说,她想跟我谈的也许"在我的工作范围之外",但她想我应该可以给些建议。她是从戴维·梅诺蒂那里知道我的名字的,她说。她和戴维在医院咖啡厅一起喝咖啡时,他讨论过这个案例。他建议,或许我有更深入的见解。

我被她弄糊涂了,就请她说得再详细一些。

乔伊有个案主,名叫乔赫汀·夏普,目前正在中风康复中心接受治疗,就在医院附近。乔赫汀,大家都叫她葛达,八十二岁了。她的健康状况一向良好并独立生活,直到三个礼拜前患了严重的中风。刚开始她先在医院接受治疗,之后被转送到康复中心做复健。然而,她的语言能力处于持续恶化中。通常中风会干扰位于大脑内的语言中枢，导致沟通能力丧失，这就是大家所熟悉的中风引起的失语症。在葛达的案例中，她几乎立即恢复了某种程度的说话能力。特别是，如果问她一些简单而具体的问题时，她都可以适当地响应。但是，尽管进行强化语言能力的治疗工作，有两个问题却一直存在着：第一，她表现出具有适当响应能力的同时，却又常常不愿合作；第二，无论对谁，她都无法产生主动式语言。

乔伊说，葛达早在许多年前就成了寡妇。她独自住在一座偏僻的小农场里。那间两层楼的木屋，二十世纪初期的建筑风格，屹立在几乎快要废弃的古老棉花田中，周围好几里地都是山艾树和其他矮小的树木。虽然紧急服务人员发现那里还算干净整洁，但是房屋已显得破落，并且成了小动物们的避难所。在后院，正在快乐奔跑的鸡不下十二只；半倒的谷仓内有只山羊；还有十六只猫共同住在屋里。乔伊说，事实上，葛达似乎是个离群索居的"猫女士"，所以，她很少与邻近的农场联系。

她真的有家人，但他们都散居各地。她的女儿，嫁给了一位西班牙人，数十年来都住在西班牙；而她的儿子住在底特律，相隔半个美洲之远。乔伊已经联系了她的儿子，他名叫爱德华，还说，他似乎与母亲很疏远而且非常的漠不关心。他听到母亲中风的消息后不高兴地抱怨着，并且认为葛达"很难搞定"。他说，他劝过她两三次，想让她明白，他可以照顾她的唯一的、切实可行的方式是：她搬去底特律住，因为他和他的家人都住在那里。葛达淡淡地拒绝了。她甚至都不愿考虑出售房子一事，他说，其实她那间房产可以卖得一个好价钱，因为那里对有心往乡村发展的人来说，是个理想的住所。他不止一次向她陈述这个事实，但是不知为什么她就是想留着那间房子。那里的空间她一个人住太大了，而且已经衰败不堪，再者，她也无法供应房子的维修费用，而她也已经过了可以自己动手维修的年纪。但是他的母亲就是很难搞的人。她从不妥协，从不接受别人的照顾。他解释说，他从无到有，白手起家，一切都靠自己：接受良好的教育、和另一个人缔结良缘、开始了成功的事业，为自己创造了一些财富。但一路走来并不容易，而且还需要继续不断地努力。他不能放弃所有的这一切，回到农场来听母亲使唤。

葛达女儿的消息更少。葛达中风后，社工曾到过她的家中，发现了她女儿、西班牙女婿，以及他们两个孩子的照片，却无法知道那些照片是什么时候拍的。甚至在屋内都无法找到有关她女儿名字的任何资料。不是刻意移走，便是葛达似乎不善保管。尽管满屋子都是猫，但屋内却是一尘不染，而且简朴有序。乔伊后来从爱德华那里得知，她女儿叫作安娜，显然，这一家人不是很亲密。他和他的妹妹——而她自从在二十三年前结婚后只回过国两次——除了圣诞卡外，便没有任何联系了。

所以，就是现在这种状况了，乔伊说。短期内，葛达的一切会由社会机构来打理。她只能待在康复中心，直到她的复健确实有积极的进步。对大部分中风患者而言，这通常要花上三至六周。从医师的角度来看，葛达似乎已有了初步的康复。现在必须决定她未来的安置问题，例如，她需要多长时间的全天候护理，以及最终她能够恢复独立生活的能力吗？如果生活在一个与世隔绝的环境中，例如她自己的家里，她能照顾自己吗？目前看来，协助性的看护似乎就可以了，或者是全天候的护理之家。当然,所有的这些都需要钱。必须做些决定,而最可能的选择就是:出售她的房子,来提供协助性生活所需的资金。

乔伊叹息着。身为社工,她花时间思考葛达的各种解决方案,乔伊对这年长女人的感觉是,她不是一个因为中风才变得沮丧的老人。乔伊说,失去独立生活能力的年长患者,发现自己忽然睡在陌生的床上、吃着陌生的食物、必须服从陌生人的规定过日子,通常都会感到沮丧。乔伊已经习惯处理那类问题了,但在这个个案中,因为葛达不会说话而变得复杂。乔伊已经和督导葛达案例的老年学家商量过了,并告诉他,她觉得葛达的不语症或许大部分是心理性的,最有可能是沮丧造成的。这位老年学家只给葛达服用抗抑郁症的药物,却不管到底是什么原因造成了葛达的抑郁。

乔伊说,缺乏说话能力对葛达而言是个坏消息。不管原因为何,这都让专家们关心她能否恢复某种程度的独立生活能力。乔伊努力地向葛达解释这一点,特别向她强调,在复健中心尽力和别人交谈有多重要,否则葛达便难逃去看护之家的命运了。

我问:"她过去曾经有过精神方面的疾病吗?"

"没有,不过他们那个时代的人——她的儿子说,葛达的父母亲都是自耕农场的开垦者,大约是二十世纪初期的德国移民——假如那时人们遇到精神方面的疾病,他们只会忍耐,没有人会寻求协助。"

"他们怎么处理葛达的动物?"我问。

"我不晓得那些鸡和其他动物后来怎么了,"乔伊回答,"他们让那些猫安乐死了,我想。"

"全部十六只?"

"在救护车载走她之后,社会机构便到她家去了。当时真的别无选择。"

"那些猫照料得不好吗?"

"不。刚好相反。那里干净得一尘不染。事实上,他们在碗柜里发现的猫食比人的食物还要多。但是,猫实在是太多了。在长期住院治疗过程中,没有人会照顾十六只猫的。特别是她很有可能无法再回去了。也许这么做是件好事。从长远的眼光来看是件好事,你知道吗?要重新安置十六只猫实在是很麻烦。"

对那件事我没有说什么。听起来,乔伊自己都为葛达感到沮丧。从多个角度来看,这都是一个伤心的故事——缺乏关心、家人的冷漠、孤立无援、独立生活能力的丧失——琐碎平凡的人生中,琐碎平凡的小故事,故事主角对任何人来说都只是个无关痛痒的存在。

令我觉得最残酷的就是没有通知、没有警告、没有任何商量的余地,就决定让她的猫安乐死。对葛达来说,如果她发现了,我确定他们只会说:"我们感到很抱歉,但是你生病的时候,你最爱的那些猫给我们造成太大的困扰,因此我们决定让它们安乐死。"现在她真的与这个世界没有任何联系了,难怪她会抑郁。

乔伊继续说,就在这时她遇见了戴维·梅诺蒂,在他们的谈话中,他提过我在语言障碍方面的兴趣,并且说,或许我对葛达说话能力的缺失是由生理上还是心理上的原因造成的以及程度如何,能够提供一些意见。她问我是不是愿意帮助葛达。

我说,噢,这很有趣,也很悲哀,我真希望自己能帮得上忙。可惜的是,我对年长的患者没有任何经验,唯一的经验是我在筹措大学学费时，曾担任过助理护士。我合作过的语言障碍患者年龄从未超过十六岁。事实上，我记忆中关于成年人选择性不语症的理论文献也是很少的。当这种情形发生在成年人身上时，似乎和更严重的精神性疾病相关，例如精神分裂症或其他精神异状，而通常不会对失语症这个单独的症状加以治疗。

在电话中，我听见乔伊轻声的叹息声，那个微弱的声音表现出一种无奈。接着是一阵沉默。后来，她说："你不想去看看她吗？她住在奥克菲尔德康复中心，从医院过去只要经过三条街。我们只要和她沟通，只要让她了解，如果她想要独立生活的话，就必须合作。戴维认为，至少你会有些想法。"

那晚，我花了两个小时在附近大学图书馆寻找有关成年人不语症的资料。除了我已知的关于精神疾病引起的不语，以及少数几例因严重的阿兹海默症，或是未查明的脑部肿瘤，或是脑部畸形所引起的不语症外，没有找到其他资料。然而，乔伊的请求，一直在我的心头萦绕。最后，我终于决定在上班时顺道去看看葛达。并不是因为我具有任何资历，也不是因为我有任何的魔法；说真的，我想不出什么真正的好理由。但是，我脑中回响起十八岁时一位良师对我说的话，当时我以准备不足为由拒绝为一个严重障碍的孩子做治疗，这位良师于是对我说："当事情已经没有希望时，什么都不做只会让它更糟。所以，冒险一搏是值得的，只是试试看你的努力会不会让它有所好转。"

10

如鱼得水般的快乐

> 德雷克迷人的快乐是一种逃避的技巧。现在的问题是:他在逃避什么?

我走过康复中心的走廊,潮湿的空气中弥漫着消毒药水、麝香蒸气、医院食物,还有体液的味道。时间还早,早餐盘才刚刚清理干净。在某些房间里,护士们还在用汤匙给患者喂饭。

葛达的房间是右边倒数第二间。我走近时,知道自己很紧张。究竟我该对她做些什么?我无法打开智囊盒,再拿出玩偶或蜡笔。

她坐在床上,早餐盘刚被收走,不过可以收放的病床桌仍然摆放在她的面前,还没有收起来。

我不知道自己期待着什么,但是我看到的某些地方和我想象中不一样。她出乎意料的年轻,或者,我应该这么说更准确些:她看起来一点也"不老"。她的头发全白了,泛着金色的光泽,会让人误以为是浅色的金发,松松地披散在肩头;而且很长,比我的头发还要长。无疑,她通常都会梳成一个小发髻，那种发型让她看起来像个小欧巴桑，但现在这个发型——偏分、松散的长直发——让她看起来像是一座没有年龄的古老雕塑。她的皮肤更给人这种感觉。虽然已到了脆弱的晚年，但脸上皱纹很少，特别是她的额头，平滑得近乎苍白。她有着明显的北日耳曼人血统，淡色的眼瞳和清晰的轮廓。虽然她不是很胖，但骨骼很粗壮，像个高大壮硕的女人。

"哈啰，"我说，"我的名字是桃莉。乔伊·汉森要我来看看你。我帮助过许多有说话障碍的人。我并不是语言治疗师，因此我不会做什么治疗。准确地说，我的工作是帮助具有说话能力却不愿说话的人。"

我拉了一张放在墙角的椅子，并坐了下来。葛达看着我。她的目光很直接，但是眼光中的内涵却让人难以理解。我无法判断，看到一张新面孔是否令她感到高兴；或者她只是在打量我，或者——实际上——只是因为我在移动，所以吸引了她的注意。

"你来奥克菲尔德多久了？"我问。

她继续看着我。过了几秒钟，感觉上像是过了几分钟一样，她依然没有响应。

我想，这个问题或许不太适合，在这种年纪中风，又失去了日常生活的节奏，会让她很难想起来究竟自己在这里待了多久，于是我改口问道："早餐还好吃吗？"

她继续用令人难以理解的眼神看着我。

正是眼神中这个难以理解的部分让我觉得很棘手。我已经习惯于分析非语言的表情，但是来到这里，我也变得无能为力。我真的无法辨别她是拒绝开口说话，还是她不能说话，抑或是她没有完全听懂我在说什么。她的表情太空洞了,好像一间没有人住的空屋子,但更像是里面有人却没有打开灯。

"你早餐吃了些什么?"我问。

她转过脸去。动作很缓慢,给这个微弱的动作添加了一层伤感。

是食物太糟了吗?或者有她不喜欢吃的东西?还是她只是厌恶又多了一个陌生人在她房里,还要问些愚蠢的问题?

"你一定是对这所有的一切都感到厌烦,"我说,"我们来来去去的。将你纳入到我们的计划或是活动中。我在医院时,这也是我最讨厌的部分。我特别讨厌早晨,晚上睡得很不安稳,因为总是有很多灯光而且又有很多声音,最后终于精疲力竭,正要入睡时,他们又在六点半进来叫醒你。起来做什么呢?他们要你起床,只是让你在那里好好等着。我总是在想:'为什么他们就是不让我们安稳地睡个觉呢?'"

我说话时,她的目光又回到我身上,但这次目光中没有了戒备。我看得出,只有失望。

"所有的这些改变一定让你很困扰。有人跟你谈到这些吗?"我问。

葛达看了我好一会儿。那是一种意味深长、试探的眼神,然后她慢慢地摇摇头,又叹了口气,最后躺回床上,目光从我身上移开。

"这就是我来到这里的原因,"我说,"因为你经历了一个艰难、恐惧的过程。但是,假如我们能够谈一谈,或许可以将事情导向正确的方向。"

沉默。

更久的沉默。

这不是"动态的"沉默,在那种沉默中,我可以诱导对方勉强说出一些话。但这不是我的技巧可以应付的沉默,这是一种不可动摇的完全的沉默。

"你希望我如何称呼你?"我问,"我该称呼你为夏普太太吗?还是称呼你为葛达?"

没有回应。

"我的姑婆也叫葛达,"我说,"我从未见过她,因为她住在德国,但是我非常喜欢她。在我小时候,她总会在复活节时送我混凝纸蛋,里面包着小礼物。蛋里的礼物总会有个迷你木制兔子,穿着吊带花饰皮裤,弹奏乐器。每年复活节,都有不同造型的兔子演奏着不同的乐器。现在它们已经可以组成一个管弦乐团了,每只大约有两寸高。所以,当我听见你的名字时,让我想起了我的姑婆。我很在意她。假如你不介意的话,我想称呼你为葛达。"

我说话时,她转过身来看着我。

"葛达是德国名字。你的家人是德国的哪一省人?"

她没有回答。

"我的家人来自艾姆顿,位于海边,靠近荷兰边境。我的祖父就是在那里长大的。葛达是他的妹妹,她一直都住在艾姆顿。"

没有回应。

"你的家人来自德国北部吗?"

她点点头。

"哪一省?"

没有回答。

这样的对话真是费力。我该坚持下去吗?继续单方面的闲聊吗?

还是再多问些问题？对孩子们成效良好的方法现在一样有用吗？我的自信有了小小的危机。假如她不能说话呢？假如她的身体无法做到这些，我一再地坚持会不会让她倍感压力？我以什么身份坐在这里，竟然想诱导一位中风的患者开口说话？我知道我太高估自己了。

我默不作声地瞥了一下手表。时间快到了，我要在五分钟内回到儿童中心。

"我必须走了，因为我在医院上班，而且快赶不及下一个约诊个案了。"我说。

她已经不再看我了。

我后悔这么说了，因为好像我急着离开似的。因此我又加了一句："我会再来，好吗？"

她没有回答。

"好吧。"我代她说。

事实上，我的下一个约诊个案是德雷克，而我对他也一样没有太大的自信。我们上一次不成功的课程结束后，我心里一直在想着他的事。我并不想要和他建立一种非语言的沟通关系，因为这会更难打破不语症的循环；另一方面，我也不想加大我们负面的对立，让他在课堂中感到惧怕和不快乐。因为如果让他感到惧怕和不快乐，这种焦虑就会成为障碍。

其实，我一直都在考虑这段时间产生的焦虑，焦虑是许多孩子选择性不语症的根源。有些不语症是恐惧社交活动的表现，在这种情况下，孩子们通常具有极端害羞的人格倾向，在他们的家庭背景中，父母一方或是双方在童年时代也非常羞怯，这显示了其中有很大一部分是遗传的关系。而另一些孩子的焦虑似乎是一种阶段性的恐惧，害怕语言行为，也害怕失败。这些孩子的父母亲或许很有自信，并且很外向。因为担心羞怯会阻碍孩子的发展，所以他们常给孩子很大的压力，希望他们外向些，这反而让问题更严重。

第三类选择性不语症的孩子和焦虑没有关系。对这些孩子而言，开口说话是一种控制性行为，而不愿开口说话就类似于厌食症（anorexia）或是遗屎症（encopresis），是一种复杂的心理障碍的表征。这些孩子有坚强的意志、完美主义的人格，和他们的主要照顾者形成了强烈的共生关系，对那些照顾者他们会正常地说话。

然而，德雷克似乎都不符合上述状况。在我的经验中只剩下另一组：这些孩子的不语症是创伤所致。包括突发性的嘴部受伤，刚好发生在孩子开始学习说话的年龄时期。有一个跟我合作过的小男孩，曾在运动场上被秋千严重地撕裂了嘴部，意外的恐惧让他停止说话好几个月。后来，他只有在家里才开口说话。这群孩子中也包括看到严重的创伤性事件，而吓得说不出话来，例如，一个年幼的男孩亲眼看见妹妹被谋杀的过程。总之，不语症通常发生在受到严重暴力伤害、恐惧暴力伤害，以及被威胁不可以把伤害说出来的孩子身上。

我认为，德雷克一定受到了严重的虐待，因为在我的研究中，他那种不语症，对象甚至包括亲近的家庭成员，是家庭严重功能障碍的指针；当然，严重的功能障碍常与严重虐待息息相关。想到这里，我难过极了。他是这样快乐的小男孩——活泼、聪明、善于取悦人——我可以想象任何人都一定希望拥有这样的孩子。一想到他也许在人后过着另一种完全不同的生活，便令人心酸。想到要如何去揭露这一切，也令人心生畏惧。

如果前天跟我合作还让德雷克有些许的不安，他也没有表现出来。当我出现在休息室时，他和朋友正在看卡通，他张开嘴，露齿而笑，并跳了起来。

"今天我准备了一些好玩的东西。"当我们一同走向治疗室时，我说。

德雷克迷人地笑了。老实说，这孩子总是像我祖母过去常常说的：如鱼得水般的快乐。

因为前天的课程让他很不安，我决定选择完全不一样的活动。在治疗室里，我将桌子往后推，让我们可以坐在双向镜的前方地板上，以方便我之后能够仔细研究录像带所拍到的德雷克的行为。然后我拿起了一个瓶子。

"你知道这是什么吗？"我问，同时转开上方的瓶盖，"泡泡！"我举起小小的棒子，对它吹了一下，在我们身边许多泡泡飞舞起来。

德雷克高兴地拍着手。

我吹了许多泡泡。接着我把棒子和会起泡泡的水递给他。"来，你试试。"我说。

他高兴地对我笑着。

"来，像这样。"我轻轻地对着棒子吹，又有一些泡泡跑了出来，"你试试看。"

他又笑了。

我将棒子浸入水中，哄着他试一试。

他又笑了笑，却不愿意尝试。

我起身，拿了一个扁平的碟子和一个大棒子。我倒了一些液体到碟子里。"你知道如果我把大棒子放到泡泡的水中会发生什么事吗？"我拿起棒子，吹出一个色彩斑斓的大泡泡。

看到这么大的泡泡，德雷克兴奋地跳了起来。我转动了一下棒子，像篮球一样大的泡泡转动着向他飘去，他快乐地拍打着。

"这很简单的。来，你试试。"我说，并把棒子放回碟子里。

德雷克靠了过来，从液体中取出棒子。他第一次尝试没有成功，但是第二次，他吹出很多个像棒球一样大小的泡泡。有一个飞到了他朋友的头上，这让德雷克一阵狂喜。

有几分钟，他专注地用大棒子吹泡泡。当那些泡泡飘起来时，他无拘无束地玩了起来，追逐着它们，想用棒子打泡泡，踢着泡泡、拍打着它们。他不停地让泡泡飘到他朋友的身上，它们碰到填充玩具就破掉了。

他玩耍时，我观察着他。他的动作有一点不协调，那是在他平常活动中我没有注意到的。这引起了我的注意，但是很细微，所以我认为还算是正常的。

观察他对朋友的关心真的很有趣。他好像专注地在和朋友玩耍而不是在跟我玩。奇怪的是，在整个过程中，他没有发出任何声音。好像是在现实生活中，去掉了声音的因素，因为房间里唯一的声音就是他的运动鞋在地板上摩擦所发出的碰撞声。当时的气氛是如此的活跃，以至于显得相当不寻常。德雷克玩着泡泡，表面上看，他大笑着、玩乐着、快乐地欢呼着，但实际上他连呼吸的声音都没有。

"你看这里，"我说，手伸进智囊盒，"我有另一种吹泡泡的方法。这是个管子。看见了吗？你将它浸入碟子里，然后吹气。"我示范了一次。有许多小泡泡在我们面前滚动。

德雷克跟在它们后面舞动着,用手拍打泡泡。

"来,你试试。"

他对我露齿而笑。

我往管子里吸了一些液体:"来。"

他快乐地笑着,却不伸手接。

我对着管子轻轻地吹了一下,吹出很多泡泡,又把管子递给他:"你做做看。"

他快乐地笑着。他拍打着泡泡,但是对于我递给他的管子却毫不响应。

直到这时,我忽然明白了。假如你表现得很迷人,别人就不会将其意愿强加在你身上;特别是如果你又年幼可爱、天真无邪。德雷克迷人的快乐是一种逃避的技巧。现在的问题是:他在逃避什么?

翼手龙的游戏

> 扮演翼手龙的幻想让她更粗野了，不但没有平静下来，反而让她更生气。

正当我和德雷克在吹泡泡时，我听到从病房那头传来一阵恐怖的骚动声。一阵叫喊和哭闹之后，传来重重的脚步声，表示临时加派了工作人员去帮忙控制事态。我的第一个念头是吵闹声会吓到德雷克，因为那听起来相当可怕。在最短时间内，他停止了吹泡泡的快乐游戏，仔细听着；除此之外，他倒没有很在意。当然，我的第二个念头，就是好奇究竟发生了什么事。

不过，不用猜测太久，因为和德雷克的课程结束后，我回到休息室时，南西·安德森向我示意："假如你在找你的下一个案主，她在隔离室。"

是卡珊德拉。

"隔离"是中心的术语，当孩子完全失去控制时会被安置在一间孤立或是隔离的房间里。这是一种非常手段，通常会在孩子变得非常暴躁、对自己或其他人造成严重威胁时才会这样处理。隔离室是个小隔间——六英尺见方——没有家具的空房间，墙壁和地板上有一层薄薄的泡沫橡胶，上面覆以高密度的帆布类遮盖物。孩子会在还没伤害到自己时，在这里安全地平静下来，恢复理智。以前，我们都称这个房间为"四周铺着软垫的病房"。

南西说，卡珊德拉整个早上都很兴奋，蹦蹦跳跳的，大声喧哗，还挑衅其他的孩子，也考验着工作人员的耐性。接着，她开始玩"翼手龙的游戏"，就是站在休息室椅子的扶手上，大声尖叫，还把手臂张开，然后跳到经过的人身上，并假装要撕扯他们的衣服和皮肤。

卡珊德拉时常假装成一只凶猛的鸟或动物。不用说，这是一种让人厌倦的游戏，因为很吵闹、很粗野，而且具有相当的攻击性。在大部分时候，需要工作人员们一再地坚持，她才会停止这个游戏。不过今天早上，她"一醒来便莫名地兴奋"，就像南西说的，已经惹了好几次的麻烦。

我们注意到卡珊德拉有种倾向：她会对个性软弱或具依赖型人格的孩子特别注意，如果不被制止的话，她会不断地纠缠他们。今天早上，一个名叫海瑟的女孩引起卡珊德拉的注意。十多岁的海瑟又矮又胖，她有行为幼稚（infantile behavior）等问题。卡珊德拉不知怎么发现了海瑟怕鸟，或许这就是她选择翼手龙游戏的原因。不论原因是否真是这样，在早餐前，她一直都以尖叫声和拍打声骚扰海瑟。

在更早的时候，卡珊德拉的行为也令人感到烦扰，而且受到好几次警告，被要求停止，最后还受到计时隔离的处罚。卡珊德拉问工作人员，她不理解为什么不能继续玩，而且宣称自己可以妥善控制情绪，所以她继续玩着翼手龙的游戏。早晨的时光慢慢过去了，她的游戏愈来愈具有侵犯性。最后，她爬上休息室的椅背，无论谁经过，她都以非常危险的姿势猛扑到别人身上。当她要以这种方式重重地把海瑟撞到地上时，工作人员当场制止。卡珊德拉被要求计时隔离。她不理会他们，并完全失去控制，开始疯狂地破口大骂。工作人员抓住她，想让她服从。南西说，她已经"完全失控"，虽然卡珊德拉瘦小又纤细，却要动用五个大人才能够控制住她，并把她带到隔离室。

这个消息让我极为惊慌失措。事实上，卡珊德拉在中心的这段时间，她的行为每况愈下，非但没有好转，反而更加古怪刁钻。更糟糕的是，卡珊德拉极难相处，每个人都不喜欢她。她非常的情绪化，完全被情绪所左右，然后把这种情绪又投射到下一个人身上。对其他人的感觉、想法以及需求，她似乎都漠不关心。我们开始认识到她很聪明、很敏锐。不幸的是，她的能力都用来发现别人的弱点。她善于把握事物单纯的属性，或者说对轻重程度、外表、智力或技能水平都很敏感，而且她不需多大的努力就能完全了解，然后故意说出恶意中伤或是攻击性的语言，来得到她想要的效果。在日常生活中，她喜怒无常，在喧闹兴奋和沉默孤僻的两极之间摇摆，或者在友善关爱和恶毒无情之间徘徊。此外，卡珊德拉似乎对自己的举动毫无察觉。假如你和她对质她做的那些事，她的回应总是"我没有那么做"，或者是"那并不是我的错"，如果真的被逼急了，她还会说"我不记得了"。虽然我希望对卡珊德拉不要有任何的偏见，但是我不得不承认在我脑中不止一次浮现出"反社会人格（antisocial personality，编注：指不接受社会习惯与规范的限制，只是随时、任意地做自己心里想做的事）"和

"社会病态者（sociopath）"等字眼。

我劝止在护理站柜台后面的同事，并走到隔离室的门边。那里有个小玻璃观察窗，上面覆盖着铁丝网，或者我看上去觉得那像是铁丝网。我朝室内看去，卡珊德拉蜷缩在远处角落的地板上，当我出现在窗口时她刚好抬起头来。

我打开门走了进去，并关上门。我面对她，直到我能观察出卡珊德拉目前的状态，因为如果没有必要，我也不想被关在隔离室中。

"今天早上你过得不好？"我平静地问。

卡珊德拉没有回答，只是尖叫。那种大声又没有言语的叫声，好像是你被身后的人给吓着了所发出的叫声。当然，不同的是她知道我就在她面前。

我在铺了软垫的地板上坐下。

她再次尖锐地叫着。

"你仍然是一只翼手龙吗？"我大胆地问。

她点点头。

和一只翼手龙打交道并非我的专长，我停顿了一会儿试着要找出一个最佳方案。这个犹豫似乎惹恼了卡珊德拉，她正对着我大声尖叫。

"我觉得翼手龙好像是一种非常凶猛的生物，"最后，我说，"强壮而危险。它们想杀害其他生物。从同事口中，我知道，你今天早上好像特别生气。"

又是一阵翼手龙的尖叫声。事实上，这让卡珊德拉站起身来，她就像鸟张开翅膀一样伸开双臂。

"是什么事让翼手龙生气了？"我夸张地问，并没有看着她，"让我了解这点也许很有帮助。"

翼手龙再次尖叫，做出飞行的动作。到目前为止，卡珊德拉一直站在我进来时她所站的位置上，没有移动过；但是，现在她开始绕着隔离室尖叫，拍打着双手，脖子一下伸、一下缩，像是一只好斗的公鸡。

一开始她绕的圈圈很小，避开了我坐的位置，但她越来越嚣张。

刚开始我认为这还可以接受，她正在宣泄她的怒气，因此需要身体的活动来消耗这些怒气，直到她可以控制它们，然后离开隔离室。不过，观察了片刻之后，我改变主意。扮演翼手龙的幻想让她更粗野了，不但没有平静下来，反而让她更生气。她停止回答我的问题，只是绕着房间转圈圈，叫喊着，并拍打着双手。

圈圈越来越大，越来越靠近我。我意识到自己很快就要处于翼手龙的攻击范围内，而且这似乎也不应该是继续进行下去的正确方式，于是我脱口而出："不行！"

这突如其来的声音把卡珊德拉吓到了。她停了下来，手臂还伸展着。

"不行，"这回我的声音平静了一些，"要玩翼手龙的游戏可以，但去伤害人就是不对。如果你冲向我，你可能会伤害到我。"

这回，她似乎又不在我的控制之内。短暂停顿后，她又开始大声尖叫，并向铺着软垫的墙上撞去。

"不行！"我说。她"砰"地撞向我。

我不想在那么小的空间里和卡珊德拉有肢体上的冲突，但如果她冲向我，我就不得不有所行动，所以我取出一直戴在脖子上的项链。这是个圣克里斯多佛勋章，是男友送给我的，因为链子很长，而且我都将链子放在衣服里面，所以没有人可以看得到。"你看见这条链子了吗？"

她没有看。

"卡珊德拉？你看见这条链子了吗？看见这个勋章了吗？这是圣克里斯多佛勋章。我戴着它来保护自己。"

她尖叫着以示抗议。

"这是我的翼手龙保护章，"我说，"在房间里的其他地方翼手龙都能够飞，但当我取出我的勋章时，它就会保护我。我周围的这些区域是安全的。"

当然，卡珊德拉所做的第一件事就是直接冲向我。

我站了起来，并抓住她的双臂，强迫她把手臂垂下来："不，我所在之处是翼手龙不可以活动的范围。我已经出示了我的勋章。"接着我松开她的手，并缓缓地把她推到房间的另一头。"翼手龙可以待在这个房间里。它们可以在那里飞行，但是这里不行。这个空间是安全的。"

卡珊德拉绕着房间转圈圈，并回来再次攻击我。我再次抓住她的双臂，强迫她放下双手，我将她抓住，过了好一会儿才放开她，将她推到离我远一点的地方。

这个过程中发生的所有事情——卡珊德拉朝我飞奔过来；我抓着她的双臂；让她放下双臂；告诉她在房间的其他地方玩没有关系，只是不可以在这里——似乎让卡珊德拉很着迷。她并非真的要攻击我，她的双臂很容易放下来，我握着它们时，她也没有挣扎；然而，她不断地重复着，像是被催眠似的。这场"游戏"好像永远都不会停止。她一次次地重复着，没有减缓的迹象，更不要说停止了。

最后，当我又抓住她并放下她的双臂后，我没有让她走。相反，我说："你不会累吗？你为什么不靠着我坐下来呢？如果那样，勋章也会保护你的，保护我们免于翼手龙的侵害。"

她对此毫无反应。她挣脱了，再次绕着房间转圈圈。

翼手龙又来攻击我了。我再次建议她进入我圣克里斯多佛勋章的保护范围内。而她再次挣脱了。

一次。

一次。

又一次。

又进行了无数个回合，每次我都说着同样的话，而且每次她也同样地不予响应。

就这样持续了十几分钟。最后，她喘着气，声音也沙哑了，她停了下来，没有从我手中挣脱离去。

"来，坐下来吧。"我说。

卡珊德拉犹豫着。

"坐在我旁边吧。这里很安全。"我松开了她，坐在地板上，轻轻拍着我身旁的地板。

她坐下了。她一坐在我旁边，就伸出手。"我想看看那枚勋章。"她说。自从我进来之后，这是她说的第一句话。

我小心翼翼地从脖子上取下勋章递给她，但有一只手仍拿着链子，以防她猛地一下拉走。她用手指触摸着略微浮起的雕像。

"我不认为这真的有用。"她说。

"有，它有用，"我回答，"它有教宗的祝福。"

她惊讶得扬起了眉毛，看着我。"你是天主教徒吗？"她问。

"不是。"我说。

"那么它对你就不会有用了。"

"会的,当然有用。对每个一心向善的人来说,祝福都是有用的。"

她仍然用手指触摸着,安静了好一会儿。

"你看,它已经起作用了,"我说,"这里的翼手龙都不见了,不是吗?"

她微微地点点头。

又是一阵沉默,安静的、令人心烦的沉默。

"我想要坐在你的腿上。"最后,她说。

"好啊。"

她爬上我交叉着的双腿。抓着我的手腕,她要我的手环抱着她。"我希望你抱着我。"她说。

我就这样抱着她。

"我是你的宝宝,你抱着我就像我是你的宝宝那样。"

"你想有像宝宝一样的安全感和亲近感。"我说。

她点点头。

"觉得这样很安全,是吗?"我说。

卡珊德拉又点点头。"你是我的妈妈。你让我感到很安全。"

"你希望你的妈妈能给你安全。"

"妈妈本来就应该要保护她们宝宝的安全,不是吗?"她回答,"所以不会有任何不好的事发生在他们身上。"

接着是一阵长时间的沉默。

"有时候当不好的事发生在我们身上时,会让我们很生气,"我说,"特别是那些不该发生的事情,那些应该在我们安全范围外的事情。"

她没有回应。

"有时候我们感到很生气,就像在我们心中有个翼手龙一样。我们因为事情太不近情理而愤愤不平。虽然我们很生气,但是我们还是真的真的很渴望安全,当我们无法自我保护,就希望别人可以带给我们安全。"

"我是你的宝宝。我是从你小便的地方出来的。"

"有时候如果对话涉及一些可怕的内容时,我们会很快想到别的事情,才不会执着于我们并不想触及的事情。"

"我想要吸你的奶奶。"

"你想变成一个小宝宝,是吗?"我说,"一个母亲会细心照料小宝宝的。"

卡珊德拉点点头,将她的头藏到我下巴的下方。

接着是一段长时间的沉默,大约持续了六七分钟。我就这样抱着她。她一动也不动地待在我怀里。慢慢地,她的肌肉放松了。

"嗯,"我最后说,"我想我们的时间快要到了。"

卡珊德拉轻轻地点点头。

"我们回病房吧?"

"好。"

12

感觉的游戏

> 虽然这堂课很累,但是我第一次感觉到卡珊德拉在跟我合作,而不是作对。

翼手龙突然间成为我们的主题。在我们前往治疗室的路上,卡珊德拉就会说:"我想再玩翼手龙的游戏。"

刚开始时,我说:"怎么玩呢?"

"我要变成一只翼手龙。我会从这窗台上飞起来去寻找猎物。"她跳到桌上,"然后你从旁边走过去。你要假装看不见我,然后我向下猛扑攻击你。"

"我懂了。你能告诉我这游戏要怎样继续玩下去吗?"我问。

她向下猛扑,然后又跳回桌上,兴奋地展开双臂:"耶!我变大了。超大的!我展开的翅膀有上百英尺长!我是整个山谷中最大的翼手龙,甚至是陆地上最大的翼手龙。我挑战每种生物,而且我都是赢家。当你路过这里时,没有看见我。但你真的很害怕,因为,比方说,你是一只兔子好了。然后，我俯冲下去，猎杀你！"

虽然被翼手龙猛烈攻击的这个主意有点无聊，但这是卡珊德拉第一次让我扮演一个有意义的角色，这似乎是个适当的时机，可以让她开始表达明显且强烈的愤怒感觉。因此，我说："好吧，我来当兔子。"我走回治疗室的门口。

卡珊德拉急切地上下挥动着双臂，然后像翅膀一样交叉叠置在胸前。她发出尖锐的叫声。

我迈着小碎步向前走去，东张西望的："我想知道哪里可以找到一些新鲜的牧草吃。我好饿喔。"

卡珊德拉以超乎我预料的力量跳下桌子，我被翼手龙的利爪推倒在地，这可不是假装的。

"我要杀了你！我要把你碎尸万段，还要将你的眼睛挖出来。"她朝我的头部猛扑过来，她的手碰到我的眼睛，指尖擦过我的皮肤，但仅仅是演戏而已。"我要把你碎尸万段。现在到处都是血迹！到处都是鲜血和肠子！看看这些鲜血！我已经把你杀了，你要假装已经死了。"

她回去了。我"死"在地上，不能移动。卡珊德拉回到桌子上，再次张开她想象的翅膀，并且疯狂地尖叫着。接着她又向我俯冲下来。虽然已经把我杀了、肢解了，而且我依然"死"在地上，但她再次撕裂我的眼睛，肢解我的身体，还弄得四处都是血。在这个过程中，血似乎扮演着很重要的角色。

一次又一次，她重复地从桌上俯冲下来，"再杀你一次"，并且制造了"最惨不忍睹的血和肠子"。最后卡珊德拉说："好吧，现在你可以起来了。"

我坐起身。

"现在，你再来一次。从门那边过来。"

"我这次要扮演什么？"我问。

"你还是一只兔子，什么都不知道的兔子。兔子真的很笨，所以你觉得跑出来吃草是没有危险的。你甚至不用停下来担心有什么危险的事等着你。来，跳一下，表示你是只兔子。"

因此我又演起兔子来，几乎是完全一样的情境。翼手龙从峭壁高处俯冲下来袭击兔子，将它的眼睛挖出来，将它碎尸万段，血星四溅，然后留下死去的兔子扬长而去。和以前一样，兔子死了之后，翼手龙仍然不断地杀死兔子。

"好吧，"卡珊德拉说，"我们再来一遍吧。"

"我这次是扮演什么呢？"我问。

"你还是一只兔子。"

"为什么我是一只兔子？"我问。

"因为正像我说的，兔子真的很笨。"卡珊德拉回答。

"是什么原因让你觉得它们很笨呢？"我问。

"因为它们很弱小。"

"你怎么知道？"

"因为任何人都能对它们为所欲为，它们却不会回击，甚至不出声。"她说。然后我们用几乎相同的方式来重新表演这场戏。

又多次杀了我，并且把我碎尸万段后，卡珊德拉再次说："好吧，现在你起来，走回门边。"

"不，"我说，"已经够了。我要当人，我要坐在这里。"

"我还是可以杀了你。翼手龙也可以杀人。它们能够杀死任何生物，任何活着的东西。它们的翅膀展开后有二十英尺宽。"

她朝我飞奔过来。

"但我有勋章。你看见了吗？"我从衬衫中拉出圣克里斯多佛勋章，"这表示现在翼手龙不能侵犯这里，入侵我的四周。这代表我是安全的，而且不会被攻击。"

"不，你错了。翼手龙可以杀了任何人。"她展开双臂，全力朝我猛撞过来。这次可不是假装的袭击。

我紧紧抓住她，双臂环绕着她的身体，把她的手臂固定在她身体的两侧。"规则是，我不会让你伤害任何人。我不会让你伤害我，也不会让你伤害自己。你明白了吗？"

卡珊德拉立刻哭了起来。

我继续限制她，过了好一会儿，我尽全力与她沟通，并防止她会有更进一步的动作。接着，我慢慢松开手。卡珊德拉转过身来，双手抱着我的腰，脸埋到我的衣服里。有好几分钟，我紧紧地搂着她，直到她停止了哭泣。

"那很可怕，不是吗？这是一个很好玩的游戏，但我觉得那也是个非常危险的游戏。"我说，"在这里玩那么危险的游戏，是可以的，因为我会设限。例如，在这游戏中，当我拿出圣克里斯多佛勋章时，游戏就结束了。这个房间变为翼手龙无法侵犯的领域。假如翼手龙仍要攻击，我会制止的。"

卡珊德拉需要一些时间让自己冷静下来。接着我走到桌边，那里的东西都乱了——椅子倒扣着，纸张散落——我弯身扶起一张椅子，让她坐下。接着我将其他椅子摆正，将纸张收集在一起并将它们放在桌子上，之后拿出我的智囊盒。我将它打开，取出一个小布袋。我回到桌边，坐在卡珊德拉的对面。

"现在我们要来做点不一样的事。"我打开袋子，将里面的东西倒在桌上，"你知道这些是什么吗？"

卡珊德拉轻轻地点点头："是扑克筹码。"

"你知道扑克是什么吗？"

"是一种纸牌游戏。人们用它来赌博。"

"没错。筹码代表金钱。那也就是为什么会有四种颜色的缘故。白色、红色、绿色和蓝色，分别代表不同的价钱。"

卡珊德拉点点头。

"我们来玩个我们自己的游戏，不是扑克，但我们会使用到扑克筹码。"

当我说话时盯着卡珊德拉看。翼手龙游戏中的过度狂热不见了；嬉笑怒骂、扭曲的操纵性也消失了。她静静地坐着，专心地听我说。

"但在我们开始玩之前，我们要做一些准备工作。"我说。从桌子边缘的一叠纸中抽出一张，放在桌面上，打开笔盖，在纸上均匀地画了五条直线，分为六栏。"我要在这里写上不同种类的感觉。这一栏的上方是：快乐。这一栏的上方是：悲伤。这一栏……"我停下，抬头看着她，"你会想出另一种可以让我写在这里的感觉吗？"

"厌恶可以吗？"卡珊德拉不假思索地说。

"对，很好。我还没想到那一项。"我写下"厌恶"。

"害怕。"卡珊德拉主动说。

"好棒。让我们想出所有的感觉。"

"已经没有地方可以写了。"卡珊德拉说。

"没关系。我会画在另一张纸上。我们可以用许多纸，把我们想到的感觉都写下来。"我在另一张纸上画出字段。

"孤单。"

"不错。还有呢？"

"兴奋。"

"好。还有吗？"

"不快乐。"

"嗯，我已写出了'悲伤'，你觉得这和'不快乐'不一样吗？"

卡珊德拉沉思了一会儿："不一样。因为如果你的猫咪死了，你可能会很悲伤；当然，你失去了猫咪你也会不快乐。但有时你感到'悲伤'是没有理由的，你只是觉得很'伤感'。但如果你不快乐，你就永远都不会快乐了。"

虽然我不完全了解这个理由，但我能看得出她将它们视为两种不同的情感，所以我也将它们列为不同的情感。

"你还能想想其他的吗？"就在我写下"不快乐"之后，我问。

"嗯。"她的手指按在唇上，想了想说："我知道了！是困惑。"

"好。"

"喜悦。因为那和'快乐'是不一样的。'快乐'是种静态的感觉，而'喜悦'的感觉更强烈。"

我笑了："那真是很细微的区别。还有吗？"

"无聊。还有疲倦。"

"你认为'疲倦'是种感觉吗？"我问。

她点点头。

我写了下来。

"那么当某人感到真的真的很生气呢？"我提议道，"连生气都不足以表达这种感觉，就像在他们心里有一只翼手龙一样，那跟单纯的生气一样吗？"

"那也许是'恨'。"她停住了，"不。我知道恨，就像在学校里，但那不是超级生气。它们是不一样的。请你写下'超级生气'。"她又停住了，接着她眼睛一亮："噢，我知道了！在这里，在那一栏下方，写下'翼手龙'。那就是'翼手龙的感觉'。然后在'喜悦'那一栏的下方画一朵花，我们可以称之为'花的感觉'。"她又停顿了，快速地思考了一番："喜爱也是一种感觉。我们还没将它写下来。请你写下'喜爱'，然后在下面画一个婴儿，就称之为'婴儿的感觉'。"

她突然很投入，靠着桌子，抽了一张纸过去。"我想画一些画，可以吗？我们给每种不同的感觉一个名字。'婴儿的感觉'、'花的感觉'、'翼手龙的感觉'。"她打开装有不同颜色荧光笔的小盒子，并拿出一支修好的黑笔。"至于'孤单'，我们来画个外星人，并写下'外星人的感觉'。"她在下面写好后，又画了个形状有点像她第一天和我一起画的棒球形。"至于'无聊'，可以画成弯弯的曲线，就像这样，'曲线的感觉'。而'疲倦'可以当作是'躺在床上的感觉'。"卡珊德拉在床上方用线条画了一个人。"而'恨'，则是一种'蛇的感觉'。"

辨识各种不同的感觉，并不是计划中的一部分，但是我也没有干预。虽然这堂课很累，但是我第一次感觉到卡珊德拉在跟我合作，而不是作对。因此我坐回椅子上。这堂课的其余时间她都很用心，给她的感觉取名字、做诠释。

13

葛达开口了

> 这么久以来，中心的工作人员都没有人想到她是否戴着眼镜，如果她真戴眼镜的话，那么眼镜会在哪里呢？

下午，我坐着，再次观看和德雷克一起上课的录像带。不断重复播放某些片段，我仔细观察他对吹泡泡的反应。

最让我吃惊的是——而且也不是第一次了——他完全没有发出一点点的声音。即使是他的喘气和呼吸，都是静悄悄的。正如我之前就注意到的，这似乎不像他有目的的控制性行为。我注意到，并没有什么地方显示他正积极地控制自己，故意让自己不发声。事实上，像其他四岁大的孩子一样，他看来一点也不像是可以自我约束的样子。他的行为自在而无拘无束，完全是一个恣意玩耍中的小男孩。唯一的异状是他的沉默。尽管我专心看着录像带，还是无法看出任何之前尚未观察到的地方。

恐怕我观察最明显的地方就是，德雷克温和却坚持拒绝吹泡泡棒或泡泡管，这点是我先前没有发现的。在他开心参与吹泡泡的过程中，他只是从溶液中举起了棒子，他甚至都不想去试着吹泡泡。为什么？

我的本能反应是，他肢体上有些问题。德雷克并不是拒绝吹泡泡，事实上，他也不是拒绝说话。不知是什么原因，让他无法做到。这种感觉当时很强烈。

当然，这也是海伦第一次在观看录像带后脱口而出的观点。事实上，我第一次到昆顿去观察他时，我也清楚地有这种感觉，尽管我先前在教室中已经知道他在家里是会说话的。我们都得出同样的结论，虽然理由并不充分。

但是……他在家里说话又该怎么解释呢？说话的质量又如何？会不会因为身体上的某些障碍让他难以开口讲话，同样，这也让他在家庭以外的地方不愿说话呢？有可能因为说话缓慢或是口吃而被取笑、骚扰，所以现在完全拒绝说话吗？假若如此，为什么他的家人或学校相关人员都没有提过这些障碍呢？

嗯。

我把录像带倒带，倒到德雷克和朋友玩耍的画面那里，我又看了一遍他和填充老虎一起玩耍的情形。当时他似乎完全不受拘束，而且忘了我的存在，他专注于泡泡和朋友时，也没有声音。一点声音都没有。

我仔细观察到他的动作有些失调，在课堂中我已经注意到这一点了。但是并不严重。我认为，一个四岁大的孩子只是在控制大肌肉方面还不够成熟。有任何其他症状——包括肌肉协调方面——会抑制说话的机制吗？难道是因为脑性麻痹引起的？某种失语症吗？或是更直接的原因,如失聪?因为轻微的伤害,例如,幼儿耳朵感染而引起的失聪,使得他对在家庭之外的地方说话感到不自在,因为他无法清楚地听见自己的声音吗?

我想,德雷克一家人坚持让他住院治疗也有个好处。所有这些问题的相关信息就在这里,而且我可以随时去使用这些资源。因此我拿起电话,打到医院听力检查部门,为德雷克预约全面性的听力检查。

结束预约后,我又拨通了德雷克家的电话,是露西亚接听的。我们闲聊了一会儿,我告诉她德雷克适应得很好,也很努力,而且我发现他是个很快乐的孩子。后来我询问他说话的情形。

之前我和哈利·帕德都曾经问过露西亚关于德雷克说话的详情,而且德雷克来到中心时,接待的工作人员也问过同样的问题。不过,我现在想要知道其中的细节。我只字未提对德雷克身体上障碍日渐增加的怀疑,我只是想听听她的意见,而且希望她在电话里会轻松一些,因为她不需要跟我面对面,也不用担心她公公会突然出现。

露西亚似乎也显得比当面会谈更亲切、和善。她主动谈到她和德雷克的谈话。我问她,是否只要他们独处时,比方说,他们俩独自在公园或是在车上,他都会像在家里一样很自在地跟她交谈?她承认说,没有。甚至说到他的沉默是因为"他害怕隔墙有耳"。事实上,她说,即便是跟她交谈时,他也很害羞。大多是在快睡觉时,或是互相搂抱的甜蜜时光,他才会说一些话。

我问,你们都聊些什么?露西亚说,也只是些日常琐事而已;他会说,在幼儿园做了些什么,或者他们玩的有趣游戏。她又说,就像跟一个年幼孩子的普通对话。有时候他们一起唱歌,她又补充说。而在其他时候,她会念故事给他听,他会讨论一下插图的含意。

我问她是否曾偷听到他对"朋友"说话。她说,没有。她再次强调,他其实只会说一点点话,即使跟她在一起时也一样。因此我问她,为什么会这么想呢?他会正确地说出词语吗?我很怀疑这点。对他而言,说话是件困难的事情吗?

他很正常,她立刻回答。但是语调中不无恶意。她说,他只是很犹豫,羞于开口。

但是他的说话能力怎样?我执意问道。他表达得很清楚吗?他的发音正确吗?

她强调说,是的,他很正常。他说话很正常,只是不常说而已。接着她又说:"假如你需要的话,我可以让你听听他说话的声音。"

"什么?"我惊讶地说。

"我可以寄一卷有他说话声音的录音带给你。学校要我们这么做的。他们打算在学校播放录音带给德雷克听,并且跟他说:'你听听。这就是德雷克的声音哟。'他们也希望这样可以帮助他说话,不用在其他孩子面前感到害怕。"

我很高兴听见这个出乎意料的消息,因为如果我和听力部门的专业人士听见他说的话,对我们做出进一步的评估会很有帮助。"那真是太好了。"我说,"如果你能寄一份拷贝的录音带给我的话,我会非常有兴趣的。"

隔天早上上班途中,我再次在康复中心停下车,想去看看葛达。如同之前的早晨一样,葛达坐在床上,那头白色长发在她肩膀上披散开来。在她睡袍的外面,套着一件粉红色的宽松上衣,款式非常老旧,我只有在照片中见到四十年代妇幼医院里的女人穿过。

"哈啰。又是我,"我说,"今早你好吗?"

她有一双深蓝色的眼睛,颜色很深、很纯净,就像人们常常提到的中国蓝,我想,大概源于中国青花瓷器的蓝柳碟子吧。她那双眼睛快速地瞄了我一眼。她的表情中有某些东西我无法理解,好像有几分好奇,又混杂着几分落寞,仿佛她对于我出现在这里感到好奇,却同时又有一种"即使你来了又有什么用呢?"的感觉。这让我想到,也许专家们是对的,沮丧才是她主要的敌人。

我跟她四目相对时,她转过脸去。事实上,她看着墙壁,不再转过头来。

我拉出一张塑料椅子,坐了下来。将我的智囊盒放在地板上,打开盒子,拿出了一本过期的《读者文摘》杂志。我总会带着几份这样的杂志,因为杂志中的大部分故事,只需具有初级阅读程度的人便可阅读理解,所以当我要求有阅读困难的青少年读出成人杂志上的文章时,他们就不会感到不自在。此外,里面也有笑话和有趣的故事,这些通常会让一个不听话的大孩子或青少年更愿意合作。

我将仍未收走的早餐盘移到一旁,将杂志放在葛达的面前,并调整我的位置以便我也可以看清楚。

"我希望你能帮我做这件事。"我说。我将杂志翻到《增进你的说话能力》那一篇:"你之前曾经看过《读者文摘》吗?"

跟那些和我合作过的孩子相反,葛达根本拒绝看那本杂志。她的头继续转向另一边,看着床边的墙壁。

"我相当喜爱这篇文章。看到了吗?这里有单词,然后你来选择哪个是适合的释义。"

还是没有成功。

"葛达，这里。"我伸手过去并用手指摸着她的脸颊，试着要温和地改变她脸部的位置。

很明显，她没想到我会这么做，吓呆了。我可以轻易转动她的头。一刹那，我们的目光交会了。

"我很坚持，不会轻易放弃。"我笑着说，"你现在最好就了解这一点。一旦我决定了，你就会被我缠住。"

她没有将脸转过去，但视线移开了。

我拍着杂志："我们来试试，好吗？就当作是迁就我一次吧。我知道其他工作人员要你做什么时，你都会对他们有所响应；所以请你也响应我的要求，好吗？如果我们一直这样僵持，我就要走了。"

她目光垂下来看着杂志。

"第一个单词是 chortle（得意地笑），"我说，"现在，chortle（得意地笑）的意思是指以下的哪一种？ A：叫喊。B：轻声地呻吟。C：嘶哑地笑。D：咕哝声。"

葛达轻轻地回答："是 C。"

"答对了。回答正确。事实上，"我说，"你知道这个单词是由刘易斯·卡罗创造的吗？就是《爱丽丝梦游仙境》的作者。他创造了 chortle 和 snort 这两个单词。"

我说话时她看着我。

"下一题：雷达是用哪种方法来测量物体的位置的？ A：放射线。B：声波。C：地心引力。D：无线电波。"

她再次轻轻地说:"是 B。"她说话时带着模糊的德国口音。

"来。你能读下一题吗?"我将杂志推到她面前以便她看清楚。

她看着杂志,没有响应。

"来,就在这儿。我们来看第三题。"

她没有读出来,甚至没有兴趣尝试。

"你来试试?"我说。

沉默。我正想着下一步要怎么办时,葛达却轻声说:"我需要眼镜。"

噢。

我尴尬地看了一下:"抱歉,我没想到这点。你的眼镜在床边架子上吗?"

接着是一阵沉默。康复中心的喧闹声在我们四周起伏着,像是扑打着岩石的海浪一样。最后她摇摇头。

"不愿意试试吗?"我说,"你的眼镜在哪里?"

她摇摇头。

"你不知道吗?"

她摇摇头。

我在想,她中风后来到这里,已经快六个星期了,这么久以来,中心的工作人员都没有人想到她是否戴着眼镜,如果她真戴眼镜的话,那么眼镜会在哪里呢?

"好吧。"我说,合上杂志并放在膝盖上。

我停顿了一会儿,想着下一步该做什么。我有点沮丧。

我注视着那本杂志。

沉默。

"你猜，我会怎样做？"我最后说，"我来念给你听。来。你向后坐着。"我起身将餐盘桌收好，把它放到床角，免得工作人员忘了。"随意些。你想要个枕头吗？"然后，我又坐了下来，打开《读者文摘》。"我们该选哪个故事呢？"我问，"《兰花的故事》，一个关于种花人的故事；还是这篇《消失的河流》？或者《唱一首黑鸟之歌》？看起来像是与赏鸟及养鸟有关。"

葛达用一种不理解的眼神看着我。她皱起了眉头，额头也出现了皱纹，表情充满了疑问，好像我说的是外国话。

我等待她的响应，不管是言语的或是其他方式，但都没有。最后我只好说："嗯，今天由我来决定吧！我们就选《消失的河流》好了，那听起来好优美。"我坐回橙色的塑料椅上，开始读起来。

14

录音带中的德雷克会说话

> 这个孩子是如此的沉静,但从他的性格看来却没有丝毫的忧虑和孤僻。

在我和德雷克的下一堂课前,我都还没有收到那卷录有他说话声音的录音带,所以我在想着另一个新的教法。

"我们今天要玩一个游戏,"我们一进治疗室,我便对他说,"你看,我有糖果。"我打开一包 M&M,"你喜欢糖果吗?"

他热情地点点头。

"我想你一定会喜欢的。如果你不喜欢,那就奇怪了,不是吗?"

德雷克马上听懂了其中的含意,无声地笑了。

"我会把糖果放在桌上,然后把这个洋娃娃放在这里。"我倒了一小堆 M&M 糖果出来,然后拿出一个莎夏娃娃并将它直立在桌面上。"然后我们将你的朋友放在这里,好吗?我不是要把它拿走,只是让它坐在桌边的另一张椅子上。你知道为什么吗?你的朋友今天也要来帮我们忙噢！"

这让德雷克笑得开怀，他高兴地拍拍手。

"好，我们要开始了。"我说。我指着糖果问："这是什么？"

德雷克迷人地微笑着。

"大部分的人都是用言语来说出这些东西的。如果有人问我这是什么，我会告诉他们那是'糖果'。但你知道吗？还有另一种方式可以表达出这是什么东西。你知道吗？"

他摇摇头。

"就像这样。"然后我做了一个手势，那是美国手语中表示"糖果"的手势。"这些动作属于一种特殊的语言。你可以用手势来交谈，无须使用语言。在这种语言中，这个动作就是'糖果'的意思。"

德雷克的脸上闪过一种特殊表情，好像在犹豫，这是对我这番话直接的身体反应。然后他突然笑了。

"看上去似乎刚开始时，让你有些担心。"我说。

那个犹豫的表情消失了，他开心地露齿而笑。

"这种语言就叫作'手语'，而这个？"我示范了一下，"我们称之为一个手势，它就是'糖果'的意思。你能用手势来表达糖果吗？"

他没有尝试的意愿，只是继续坐着。我耐心地等着，他看看别处，又看看朋友，然后低下了头。

"来嘛，试试看。"我鼓励他。"这里，"我伸手去举起他的右手。"只要你对我做出'糖果'的手势，我就知道你想要一些糖果，我就会给你一颗。你觉得这样如何？"

当我松开他的手时，他没有这么做，相反，他将手放回桌上。

我站起身来，绕过桌子走到他朋友的身边。靠着玩具老虎，我举起了它的前爪，并尽我所能让它做出"糖果"的手势。

"你看，"我说，"你的朋友想要糖果，所以它做出这个手势。"我伸手拿了一颗 M&M 放在他的朋友面前，然后我让他的朋友再次做出这个手势。

巨大填充老虎的滑稽手势——其实真的不太像——突然触动了我，我"咯咯"地笑了起来，并愈笑愈大声，实际上，我笑到无法控制。

这让德雷克也很高兴，他开始大笑起来。

"这真的很有趣，不是吗？你朋友的手势真的不太像，对吗？因为它没有手指头！"我边笑边说。

德雷克露齿而笑，并且摇着头。

"来，你试试。过来这里，看看你是不是比我厉害，让你的朋友做出更像的手势。"

德雷克从椅子上起身，走了过来。他做的比我更糟，但我们都觉得非常有趣。

"不，不，是这样。"我说，然后做了一个手势。

德雷克开始跟着模仿起来。

"没错。就像那样。"我给了他一颗 M&M 糖果。

正在这时，他意识到自己做了什么。他做了糖果的手势，笑容立刻消失。他非常的犹豫，然后又露出一种奇怪的、近乎期待的表情。

"你可以再做一次吗？"我问。

停了好长时间，然后他非常快速地做出了手势，快到几乎让人察觉不到。

"很好！做得好！来！"我给了他第二颗 M&M 糖果。

我回到椅子上并坐了下来。我坐下后，德雷克伸手拍着我的手臂。我看着他，他立即再次做出"糖果"的手势。我笑着给了他另一颗糖果。

"现在，这是一个新的手势。你认为这是什么？"我从眼睛后方向前伸出双手的食指和中指。

德雷克皱着眉，想了一会儿，然后摇摇头。

"是一只动物。什么动物像这样，在眼睛上方长有横的纹路？"

德雷克还是猜不出来。

"这房间里就有一只这样的动物。就在这里！"我说。

德雷克欣喜若狂，他从椅子上跳起来，快速绕过桌子，紧紧抱住他朋友的脖子。

"没错！这就是'老虎'的手势。我们这里就有一只老虎了，不是吗？你可以再做一次'老虎'的手势吗？"

德雷克立刻顺从地做了。

"但是，我们不想只是称它为'老虎'，对吗？就像我称你为'男孩'一样。我们都用它的名字'朋友'来称呼它。这是表示'朋友'的手势。你看，手指头都靠在一起，就像这样，因为朋友们喜欢聚在一起。"

德雷克模仿着我的手势。

"没错！你在这方面好厉害噢！你可以很快学会这些手势，对吗？如果能说出它的名字不是更好吗？现在假如我问：'你的老虎叫什么名字？'你就可以告诉我了，对吗？所有的一切都可以靠你自己搞定！"

德雷克显然很高兴，他跳上跳下的，那头长发也跟着快速地在肩膀上飘动着。他一边跳着,一边比出填充老虎"朋友"的手势。

这堂课让人感到非常愉快。我教他"洋娃娃"的手势,他很快就会了;然后我又教他如何表示"向上"、"向下",及"下方"。这堂课的其他时间我们都用手势来玩游戏,并且热情地互相沟通着。

快要下课时,德雷克紧紧抓住朋友的脖子往门外飞奔,老虎被拖在他的身后。接着,他在走廊中间停了下来。他转身向我跑来,抱住我的腿。

我蹲到和他一样高的位置,德雷克把手举到他的唇边,做了个"亲吻"的手势。

我站在治疗室外面的走廊上,目送德雷克和他的朋友走向休息室,我觉得很欣慰又很困惑。他轻而易举地学会了手语,而且直接就会使用它来沟通,如果他是因为心理上的因素造成了沟通的抑制,我想,他也会相当排斥用手语来表达。虽然德雷克一开始也会退缩,但一旦克服了刚开始时的障碍,就能热情地用手势来表达。这一方面表示,他不是因为心理上的因素引起的沟通抑制;另一方面,也表示他排斥的是说话本身,而不是广义的沟通。其中最让人惊讶的是,德雷克用手势来表示"亲吻"。我并没有教他这个手势。

所以呢?到底发生过什么事?直觉告诉我,一定有其他人教过德雷克手语。假若如此,又会是谁呢?为什么没有人提到这一点?假如他知道那些手语,为什么德雷克从未尝试使用手语来跟我们沟通?这让我明白,对所有的一切都必须更深入地去加以了解。美国手语非常依赖直觉,从动作就很容易联想到言语的意义。"亲吻"的手势就是用指尖接触唇,这可能是他和他母亲之间自发的一种手势动作。手势的

第二部分要触摸脸颊，这点我倒不觉得是他自己想出来的手势；当然，也可能是我过度重视这个手势。也许只是个意外巧合的动作罢了。

下午稍晚时，我跟哈利·帕德碰了面，我请他看一下我和德雷克的课程。我拿了两卷录像带，在其中特殊部分还特别加以标注，以便他特别关注，并且能给我一些建议。我们花了大约四十五分钟的时间一起讨论这个案例。

我问哈利，是否认为，德雷克缺乏说话能力可能只是单纯的身体因素造成的。原发性的失语症，是大脑的损坏造成神经性障碍，使相关信息无法传达给和说话相关的肢体。我在德雷克身上看不出有任何神经性的问题，除了他的某些动作有轻微的抽动之外。另一方面，以前我也遇过许多表面看来是选择性不语症的孩子，后来证实是"失语症（aphasia，编注：是指因脑部病变或创伤而导致的语言／沟通障碍）"。而在这些案例中，都有可以被判断成大脑有损伤的征象，不管是透过孩子的病史或是他们表现出来的行为。此外，在我教书的那段时间，我也偶然见过某些轻微的失语症案例，但这些从未被诊断为选择性不语症；不过也有些误诊了许多年，最后导致他们在表达上出现缺失。

哈利说："我们还有其他的问题。梅森·斯隆今早打电话来。他急于知道事情的进展如何。我告诉他，我们已经为德雷克安排到听力部门做进一步的检查。不过，这让他很不高兴。"哈利睁大眼睛，生动地说，"他变得很生气，而且指责我们都是为了钱。他说，我们以为他们是笨蛋吗？难道我们认为假如德雷克聋了的话，他的家人都没有注意到吗？当然，他们早在很久以前就检查过了。事实上，他说，在两年前，德雷克曾在明尼苏达州的梅约医学中心做过检查。当时的检查非常彻底，以查明他不能正常说话的原因。最后证实绝对没有身体上的问题。"

"天啊。"我吃惊地说。这孩子身上不断有令人惊讶的新发现，我们都没有料到这点。我觉得不需要特别提醒，若一开始时这家人就能和我们分享所有的信息，将会对我们有很大的帮助；而且，我们的机构不是为了钱而运作，我们是真诚地想帮助这些孩子；如果我们不知道曾经发生过什么而重复同样的工作，那恐怕就不是我们的错了。

"嗯，总之，我问他，我们可以看看那份报告吗，"哈利说，接着他顽皮地露齿而笑，"当我说他们为什么开始时没有提到这点时，你知道那个混蛋回我什么话吗？他说：'你们不需要那份报告，你们只需要完成你们的任务。'那就是他的原话。好像治疗结果是他们买来的商品。他说：'你们那个治疗师只需要像那篇文章里说的那样去做就好了！'"

隔天，我收到了露西亚寄来的录音带。我很好奇地听着，不只是因为我想听见德雷克的声音，我也想要听听他说话的质量：说话的流利程度、遣词造句的能力、使用的词汇和文法、说话的风格。这能帮助我决定该如何处理目前的问题，包括判断究竟是因为身体上的缺陷、神经方面的问题，还是心理上的障碍造成的不语。

我立刻将录音带放入录音机，并在我的书桌旁坐下。录音带沙沙作响，好像已被重复播放过好几遍，但还是可以听清楚。首先出现的是露西亚的声音，轻柔又母性的声音，是人们逗弄孩子时会发出的奶声奶气的音调。她是用英语说话，但是言语中少了份自信。她的音调中带着些微紧张，让我更加确定她不常和德雷克说英语。录音带刚开始前两三分钟,都是听她在讲述动物以及动物发出的声音。露西亚模仿了许多动物的声音。我听得出来房间里有另一个人存在,但他却没有说话。接着是一阵等待。这段时间很长,除了静电干扰外,我什么也听不到。

接着露西亚开始背诵儿歌:

> 黑科特,皮科特,我的黑色母鸡,
> 它为一个男子孵蛋。
> 有时候是九颗蛋,
> 有时候是十颗蛋,
> 黑科特,皮科特,我的黑色母鸡。

一会儿,一个小小的声音加了进来。

德雷克开始和她齐声说话,我很难听出他在说些什么。他们继续一起重复着儿歌,背诵了三到四次。

"现在,"露西亚说,"背《跳个舞给爸爸看》。这个你会吗?"

然后有个小小声音,独自说道:

> 跳个舞给爸爸看,
> 我的小宝宝;
> 跳个舞给爸爸看,
> 我的小羔羊。
> 你的小盘子里

会有鱼儿一条；

船儿回来时，

你就会有鱼儿一条。

露西亚高兴地回应着："你背得好好啊！乖孩子！你可以用唱的吗？你知道旋律的。来，我跟你一起唱。"

这首儿歌我不熟悉，我之前也从未听过他们唱的旋律。露西亚和德雷克一起唱着歌，然后她说："你现在能自己唱给我听吗？"

他便独自唱了起来。他那小小的声音充满了感情，好像真的期待儿歌中的鱼儿。真没想到一个年幼的孩子可以唱得这么好。他的音调很准，而且吐字清晰。

录音带就这样结束了。

录音带的内容就是这样。只说了一段儿歌，然后独唱了一次。没有对话。除了一起唱歌和要求他独自唱最后一首儿歌外，毫无互动。

嗯。

我从录音带中可以确认的是，他真的会说话。他的声音听起来既清楚又响亮，说话时还带着一种美国口音。他能清晰地发音，并且似乎完全理解字句的含义。这意味着，和"泛自闭症障碍（autistic spectrum disorder）"的儿童不一样，他不但能理解文字的意义，而且能准确使用那些文字。不过，录音带没有告诉我太多的其他事项。

我再次播放录音带。

一次。

又一次。

我试着尽可能从中找出些许的线索，我不断重复播放着，直到那些旋律停留在我脑海中一整天。

他的确会说话，这点确实非常重要。不仅如此，他说话很清晰，没有口吃或双语发音的现象。他能说话，也完全理解其中的含义。听起来他一点也不害羞。虽然他没有主动开口说话，直到被要求这么做；而且一旦要求他说话，他也完全不迟疑，立刻顺从地做了，没有不适当的停顿或迟疑。

尽管如此，我还是觉得录音带非常的不完整。可能是因为我猜想录音带内会是一段对话，那会给我提供更多的信息；又或者是因为录音带给我的疑问多于答案。假如德雷克这么会说话，为什么他不自发地说话呢？即使是在录音带中跟露西亚对话，也不是自发地说话。为什么？这个孩子是如此的沉静，但从他的性格来看却没有丝毫的忧虑和孤僻——这往往和沉静的外表相关联。德雷克的其他方面都非常可爱。他总是高兴地和中心里其他孩子、工作人员，还有我做朋友，不错过任何机会。因此到底发生了什么事？如果他的母亲要求他时，他会毫不迟疑地说话，为什么他会拒绝对我、对学校的老师，甚至对其他的家庭成员发出最微弱的声音？为什么他一方面是个热情又率真的孩子，热衷于和人互动，另一方面又是完全的沉静，甚至都不会发出一声笑声呢？这其中必有蹊跷。

卡珊德拉尿湿了裤子

感觉上好像每当我加了一块拼图到她的特殊图案中,就会变得跟之前预测的完全不一样。

在准备我们的下一堂课时,我已经把卡珊德拉仔细完成的感觉纸摆放在桌上。但是,卡珊德拉一进来就说:"我不想做这个。"她用手拍着桌子以示拒绝。

我拉出了一张椅子,坐下。

"我想玩翼手龙的游戏,"她说,"就像我们上次玩的那样。"在我还没开口说话前,她已经跳上了桌子,还故意在我的手指附近跺着脚。

"好吧。"我说,收起纸张,把它们放到安全的地方,"但请你记住这里的规矩:我不会让你伤害我或是你自己。当我拿出这个勋章时,我周围的区域都会变成翼手龙不可侵犯的地方。"

"好,好。"卡珊德拉不假思索地说。

"不,我要你听好,卡珊德拉。我不希望你等一下说,'我忘了。'"

"我听到了，"她回答，"你看不出来吗？我正看着你呢。我的耳朵也在听你说话。我已经专心到极点了。"她扮了个鬼脸。"你总是这样拘谨严厉，每件事都要照你的意思来完成。"

"那我们要怎么玩呢？"我问，"我要做什么？"

当我说到规则时，卡珊德拉已经转过身去了。有一会儿，她往桌子下方看着，但是现在她用眼角的余光看着我，没有转过头来。

"你已经破坏气氛了，"她说，"我现在不想玩任何游戏了。我不喜欢你，你知道吗？我不想跟你合作。你真的很愚蠢！"

"是因为我提醒你要遵守规则而打断了你的计划，让你感到生气吗？"

"为什么你会认为我想玩扮家家酒的游戏？只有小孩子才喜欢那些事情。你不能强迫我玩那些游戏。"

我的直觉就是要反驳她说的话。我当然不想让她玩翼手龙的游戏。但是，我没有说出口。这个简单的混淆可能归因于重要的心理技巧。我们似乎很快就交换了立场，而我竟然不确定这是如何发生的。

我们沉默了一会儿。

"嗯，"我最后说，"如果你不想玩那个游戏，那我们来做这些好了。"我又拿出那些写上了各种感觉的纸张。

"我不要在这里做任何事，你不能强迫我，你不能强迫我待在这里，假如我不想的话。我可以报警叫警察来抓你。"

"卡珊德拉，你今天似乎很烦躁。能告诉我原因吗？"

"我不要待在这里。"

"你不要待在这里。我听你说过了。你今天对要和我待在一起很反感。你希望自己可以离开。你想离开，甚至希望能够报警来抓我，那样我会不得不让你离开。我已经听到你说的话了。但是你能让我了解为什么你会有这种感觉吗？因为现在的问题是：这段时间是你我要共处的时间。即使你对留在这里很反感，你仍然必须留在这里。"

"你想把我关在这里！"

"你能告诉我，现在到底是什么让你感到这样心烦意乱吗？"

她大声喊叫起来，这是一种狂暴的发泄，她紧握拳头，真正被激怒了；但是她依然站在原来的地方。她好像扎了根的树，因为紧张而让身上所有肌肉都紧绷在骨骼上。

我困惑地看着她。

过了一会儿，我不确定具体的时间是多久。我知道只有一下子，但感觉上过了很久。

然后，她站在那里撒起尿来。

这完全出乎我的意料，我一下子没有反应过来。

卡珊德拉看着自己的下半身。她没有任何难堪的表现，也没有对发生的事感到惊讶，甚至都没有想要停止这个行为。相反，她将腿分开，继续把尿撒在她的衣服上。

我首先想到的是她可能病了，也许是她尿道感染，或者在儿童病房感染到了讨厌的流行性感冒。这不仅会弄湿她自己，还会让她的心情更不好。

我走过去，把手臂放在她的肩膀上。"你还好吗？"我问。

她看着我，脸上闪过一种奇怪且无法理解的表情。"发作"这个字眼从我的脑中一闪而过。我以前教书时，曾遇到过孩子在癫痫大发作

（grand mal seizure，编注：指癫痫患者发作时，突然倒地四肢抽搐、口吐白沫）时，大小便失禁的状况。很明显，卡珊德拉并没有癫痫大发作，但她刹那间空洞的表情使人联想起那种大发作时才有的古怪、错愕的神态。

"你还好吗？"我又问了一遍。

卡珊德拉的意识很快恢复了。她用一种小女生的声音说："宝宝是从你小便的地方出来的。"

我完全没有想到她会这么说，这孩子又让我茫然失措了。这时，换作我的意识一片空白了。

卡珊德拉又说："宝宝是从你小便的地方出来的。"

"宝宝是从很特别的地方出来的，"我说，"虽然这个特殊的地方是在女人大腿间的下方，但和尿尿出来的地方不一样。"

"尿尿？我说的是'小便'。我们，我们都会生小孩。"她粗鲁地指着我和她自己。

"我想，我们需要拿些衣服并且将这里清理干净，"我回答，"小便不能留在地板上。有人可能会因此滑倒。"

"你可能会滑倒。你可能会被我的尿滑倒，然后摔死。你认为我们需要拿些衣服。我认为你可能要有个宝宝，并且会从你尿尿的地方出来。"

说实在的，那个瞬间，我真正的想法是，也许精神病院是更适合卡珊德拉的地方。

我很担心带卡珊德拉到中心外面去帮忙找衣服和水桶，因为她的举动常常出人意料。我也不确定让她帮我清理这混乱的一切是否合适,因为我很担心这会过度刺激她,就像弄湿了她自己会让她联想到性一样。但是,我觉得这是一个现实生活中活生生的教训,必须让她知道要对自己的行为负责。因此我们走出了中心。

这里是医院,所以跟我以前待过的学校不一样,这里没有拖把和水桶那种日常用品。这里的任何脏东西都会由全职的清洁工人用抗菌消毒的特殊设备来擦洗。所以我们费了好大的工夫来寻找我们所需的日常清洁用品,并带回治疗室。

卡珊德拉非常顺从。我们在中心外面时,她一句话也没说,只是顺从地跟着,按照我的命令行事。我先让她回房间换衣服,之后她跟着我到休息室,她拿了干净的衣物,带着抹布和消毒剂,而我则找出乳胶手套和水桶。然后我们回到了治疗室。

"这些是你清理地板时会用到的东西。"我说。

我原本以为她会反抗,至少会消极无礼地发些牢骚。但是,她没有。卡珊德拉戴上手套,拿着抹布跪下来,直接清理地板上的尿液。

清理好了后,她站起身来,并且"砰"地一声把抹布丢进水桶里。她看着水桶中的水,头也没抬地说:"你喜欢我吗?"

"是的,我喜欢你。"我说。

"你真的喜欢我吗?"她抬起头,看着我的眼睛。

"是的,我真的喜欢你。"我回答。

"那为什么你要让我做这些?"

"因为小便是不可以弄到地板上的。有人可能会因此而滑倒并受伤。所以如果你不能及时到洗手间去,而弄湿了你的裤子,你就必须清理干净。"

她皱着眉。"我没有弄湿我的裤子。"她的声音单纯而清晰，没有反抗的意思。

我注视着她。

"而且如果地上有小便的话，"她说，"我会告诉我的妈妈。你要我去摸它，她会报警叫警察抓你，因为那很脏。你不应该要孩子去摸那么脏的东西。"

"不，卡珊德拉，你的确尿湿了你的裤子。我不知道发生了什么，而让你觉得自己没有做过任何事，但我人也在现场。而且是真的，你的确弄湿了你的裤子。"

卡珊德拉往下看着自己。因为她已换过衣服，所以她的裤子是干的。她又抬起头用怀疑的眼神看着我，就好像这一切都是我编造的。事实上，那时候每件事都让我感到古怪离奇，仿佛她的见解才是对的，仿佛我们不经意地走进了一个魔界。

"卡珊德拉，我现在很不高兴，因为我不了解到底发生了什么事。就在二十分钟前，你真的弄湿了你的裤子。然后我们走出中心到外面去，我们也到了你的房间，你换过衣服，所以你现在的衣服是干的。我们拿了清洁工具又回到这里将地板擦干净。我不知道是否因为你把发生的事给搞混了，还是你忘了发生过什么事，或者你只是因为生我的气，所以想跟我吵架。但是，如果我们一直这样僵持着，我们的误解会愈来愈深。"

她开始哭了，她的失望多于愤怒。"你不喜欢我，"她呜咽地说，"没有人喜欢我。这里好可怕。你对我很不好，我好想回家。"

这堂课最后给我的感觉不仅仅是疑惑。一方面，卡珊德拉过去都有操控性的表现，有时候是病理性的原因造成的。所以刚刚发生的一切只是她精心策划的、想要逃避责任、把对她行为的谴责转嫁到我头上的巧妙谎言而已，这样的解释是公平合理的。另一方面，把它解释成一种社会病态行为也不为过，她试图用这个事件来控制我，把我变成一个危险的、羞耻的受辱者，并让我去理解和接受这件事。

但……这一会儿我也说不清"但是什么"。因为有些事真是太奇怪了，就是无法连贯在一起。通常跟孩子上完课后，我离开时总是带着许多没有解答的问题，总是想在我知道该怎么做之前，再多了解他们一些。但是，这种不了解是"正常"的，在这种状况下，我知道我需要的就是更多的信息、更多的时间，或者是更深的体悟。这种情况就像是在玩拼图游戏，我不知道最后拼出来的将会是什么。这种不确定从一开始我就知道，而且我也知道，如果没有找到足够的图片先拼出一部分来，就想知道最后的答案，是不现实的期待。因此那种"不了解"是正常的。

这回却不一样，因为太不寻常了，和卡珊德拉合作就像是爱丽丝梦游仙境一样。感觉上好像每当我加了一块拼图到她的特殊图案中，就会变得跟之前预测的完全不一样。

课程结束之后，我没有时间多加思考这方面的事，因为我必须参加工作人员会议，然后必须在午后出去做两个个案的评估。

当我回到中心时已是五点多了，所以戴维·梅诺蒂已经回去了。我也不想这么晚再和他讨论卡珊德拉。在那种状况下，甚至连我自己都不想再去触及这件事。但是，我走进办公室时，意外看到那一堂课的录像带竟放在我的书桌上。卡珊德拉自己尿湿了，我们闹哄哄地忙着清理，我忘了去观察室把录像带从录像机中取出来。很可能是有人想要录下治疗室里的另一堂课时，发现我的录像带还在录像机里，他取了出来，并且放在我的书桌上。

我冲动地把录像带放入办公室的录像机中，打开屏幕，我想再看一些重要部分，然后在回家路上仔细地思考一番。很快，我被录像带的内容吸引住了，我把整卷录像带都看了一遍。

一个奇怪的地方引起了我的注意。

就在卡珊德拉尿湿了自己时，她对我说："宝宝是从你小便（wee）的地方出来的。"接着，当我使用了尿（urine）这个单词时，她回答说，"我说的是'小便（wee）'。我们，我们都会生小孩。"

然而，在课程最后，当卡珊德拉拒绝为弄湿自己负责时，她说："而且如果地上有小便（pee）的话，我会告诉我的妈妈，你要我去摸它。"

为什么她有时候用 wee，有时候又用 pee 呢？从语言学上说，孩子改变常用名词是很不寻常的。就像每个成人童年时的经验一样，他们显然知道许多有关身体功能的语言，他们常以了解其中完整的含意而引以为荣。一方面这是一种娱乐，另一方面他们也让人吃惊地了解这些字眼隐含的性暗示。在平常的沟通对话中，当人们习惯于某些单词或词组时，通常都不会轻易地变动。

有可能当她和她父亲在一起时用 wee 这个字，而那也是为什么它另有性暗示的含意，而 pee 也许是她母亲常用的字眼，那么，卡珊德拉事实上用这两个单词来表达两种不同的对象。或者，也可能，她已经习惯了使用两种不同方式来表达同一个行为，因为她的父母使用不同语言的关系。但是，在同一段对话中，她如此自然地变换习惯用语，还是让我很奇怪，我觉得，好像是两个孩子说的话。

这种想法让一切豁然开朗。

如果真是两个孩子呢？就像多重人格一样。如果那时不止一个卡珊德拉在场呢？如果她是在说实话，只是第二个女孩真的不知道第一个女孩已经尿湿了自己的裤子呢？

德雷克会比手语

> 我们并不需要主动教导孩子阅读,也不需要借由专家们的帮助来界定阅读的问题,人际互动比任何方法都更重要。

事实证明,葛达一点也不比卡珊德拉或德雷克更容易开口说话。每天早上上班前,我都会先在康复中心停留一下,花半小时至四十五分钟的时间陪她。然而,她完全没有表示出任何主动和我讲话的意愿。事实上,她对于说话总是缺乏兴趣,甚至最直接的问题得到的也只是最轻微的嘟哝。

经过几天乏味的努力尝试后,我只好采用对她朗读的方式,对她不再有任何的要求,不要她回话,不要她出声,甚至不要她有任何的反应。我只是进来读篇文章而已。

要说我这么做有一套切实可行的系统方案,可能有些言过其实,但是我脑中自有想法。我最早关于选择性不语症的经验是——事实上也就是特殊教育的最早经验——当我还是个大学生时,在一项弱势儿童的学前教育计划中担任兼职助理的经历。当时我被指派去负责照顾一个四岁大、名叫玛莉的女孩，她不会说话。她大部分时间都躲藏在钢琴下，我刚开始时就和她一起躺在钢琴下面。很长一段时间，我都单方面地独自说话，她只是看着我。当我的独白结束后，我开始读些文章给她听。几个月过去后，我跟她建立起友情，也让她再次开口说话。这真的发生了，之前我长时间的朗读并没有白费。

事实上，在我念特殊教育研究所的那几年，一个偶然的机会，我曾拟定了一个有关学习障碍的小型研究计划。当时是七十年代，学习障碍正是一个热门话题。普遍使用的性向测试是用来判断孩子学习模式的最佳方法，但是在解释孩子为什么会有学习障碍上则没有丝毫帮助。例如，一个人或许擅长视觉记忆，因此他会是个良好的视觉学习者，但也许对于听力的辨识能力较差，因此这个人不善于使用声音来学习阅读。所有这类知识在当时皆处于发展初期；而这似乎是人类的通病，就是当开始接触到一个新东西时，我们都以为已经完全了解它了。因此，进行性向测试就变得广为流行，然后当我们准确地了解到一个孩子为什么不愿意学习之后——因为他／她有各种视觉、听觉或运动方面的障碍——只要矫正那些问题，就能让小孩子全面发展。当然，理论上听起来很不错，实际上却不是这样。但当时我们还不知道。

从一开始，我对可能会影响结果的细微因素就很好奇。在我的毕业论文中，我设计了一个小型的研究计划，将已经确认为学习障碍与阅读障碍的孩子分为三组。第一组的孩子，搭配一位训练有素的辅导老师，使用最新的以学习性向为基础而建立的系统方法来帮助他们提高阅读能力；第二组的孩子，搭配一位尚未受过训练的大学生，来为他们朗读书籍、杂志及漫画书；而第三组则为控制组，并没有特别的介入。这些老师或大学生会每周与孩子们会面两次，每次半小时，而且这个计划试行了六个月。第一个月，前两组的阅读成绩都获得了改善，当然，第一组的进步更大。然而，六个月后，并非如此。在这两组中，孩子们在阅读能力上都有显著的进步，而且，有搭配受过训练的辅导老师的第一组，分数略高。但是，就统计数据而言，差距不大。不管是主动接受教导的还是只是聆听大人阅读的孩子们，阅读能力都有了提高。

从中我得出的结论是，我们并不需要主动教导孩子阅读，也不需要借由专家们的帮助来界定阅读的问题，人际互动比任何方法都更重要。对我来说，这个研究结果说明，有人愿意花些时间陪我们是多么重要，只要人们正面的关心就足以让我们的问题获得改善。

因此，每天花半个小时的时间念书给葛达听，对我来说似乎不是一种浪费，而是一种可行的介入。

然而，我发现，一个名叫詹米逊博士的男人却不这么认为。

"你到底是谁？"隔天早晨当我从葛达房间出来的时候，他问。

我告诉他我的名字，并简短说明我是因为乔伊·汉森的邀请来到这里的，因为我有心因性语言障碍方面的经验。

"你是她的亲戚吗？"

我想，我一定是没有说清楚，我又解释了一遍。

"你是儿童心理学家？"这是一种不容置疑的口气，显然他是个犀利的男人，因此他接着问："那么你究竟在这里做什么呢？"

我第三次解释，我会在这里是因为乔伊·汉森要我对葛达·夏普提供一些建议。因为我在心因性语言障碍方面有经验。

"那跟这里有什么关系呢？"他问。

"因为，"我用缓慢、平和的语气像对一个迟钝的孩子一样说着，"因为乔伊·汉森想了解葛达的不语症。"

"她并非沉默不语，"他以同样缓慢、平和的语气回答，"她患有严重的半身偏瘫性中风。中风造成了脑部伤害，从而影响了语言中枢。那就是她沉默的原因。"

我觉得奇怪的是，这样短暂的交谈就让我们彼此讨厌对方，同时我也觉得很难过，因为这些对葛达一点帮助也没有。

"我来这里看看她没关系吧？"我问，因为我感觉到这是一个专业领域的问题，并不是治疗方式的差异。

"这里没什么值得你研究的。"他回答。这时他停顿了一下，稍微退后了一点，放松了肩膀，说道："我的意思是说，我很感谢汉森太太的努力，但她只是个社工，她的职责也仅止于此。我也感谢你的努力。但是想想你的工作，现实一点，你能做的微乎其微。这和你以往工作的领域是完全不同的。在你那里，每个案主都是新的生命，站在起点上，不断地成长；而在我这里，只有衰退和死亡。因此治疗的方法也截然不同。不管你多努力，这些案主们都不会有奇迹发生。夏普太太八十二岁了，患过严重的中风。无论是谁，无论做些什么，她都不能回到从前了。"

"我来这里看看她没关系吧？"我再次问。

他停顿了一下，看着我，然后点点头说："随你便。"

这种碰面真是令人沮丧。通常我知道心胸狭隘的人,他们的思考不够深入、没有创意、故步自封,这次碰面的确让我更瞧不起他们,挑战自我向他们提出更好的方案。不过,当我走过一间又一间体弱年老的病房时,我必须承认詹米逊博士的死亡边缘的现实想法。我们的确是站在问题的两极,而且真的,我的工作范围就是成长中的孩子。那是一种潜在的希望,是开创生命中的无限可能。我的思考是习惯于这样的。我来到这里,就是要挑战让葛达回到她以前的生活中,那里有棉花田和她的猫咪,还有她习惯的乡村生活。

这有可能吗?

在我后方有个阿兹海默症老人,我闻着他身上所散发出的消毒药水臭味,听着语无伦次的问好声,他跟着我走过走廊。我到底在这里做什么?我想给葛达一个机会,只有盲目乐观的人才会看到如此渺茫的机会。我不是魔术师。我不仅过去没有成功治愈不语症老人的经验,而且就算葛达和我有任何的进展,最终,衰老和死亡仍然会威胁着她。这就是现实。

新的一天这样开始真是让人有些不悦。

我打开盒子,拿出一包 M&M。它是旋转密封的,所以我小心地拧开盖子,倒出六颗颜色鲜艳的 M&M 糖果放在治疗室的桌上。"昨天的事你还记得吗?"

德雷克马上做出"糖果"的手势。

"对,正确。"我做手势示意道。

不经提示,德雷克又比出"老虎—朋友"的手势,并且拍着朋友的头。

我笑了。

"朋友也要吃糖果。"德雷克比着手势,并且淘气地拿起一颗糖果,先放在老虎玩偶的嘴唇上,然后又放入自己的嘴里。他无声地笑着。

"嘿,好聪明啊!'朋友也要吃糖果',那就是你手势表达的意思,对吗?"

德雷克点点头,咧嘴而笑。而且,又做了一遍,很快地比着手势,喂老虎玩偶吃了另一颗 M&M 糖果。

"你很擅长用手势来说话。我看得出来,你喜欢用这种方式来交谈。"

他伸手抓住朋友的爪子,让老虎玩偶比出"糖果"的手势。

"你和你的朋友都喜欢这个点子,是吗?做个手势来换糖果?"

他调皮地对我微笑着。

"但是你知道吗?我觉得你这么快学会是因为你隐藏了一个秘密。我想你早就学过手语了。"

他的笑容出乎意料地不见了。德雷克将手直直地放在他身体的两侧。

"我这么说似乎让你很担心。"我说。

他迷人地微笑着,我现在意识到这是一种让步的姿态。

"我不是说,不可以使用其他手语。"我说,"我认为,你能够做出我没有教过你的那些手势是很棒的。但是你知道吗?没有人告诉过我,你会比手语。这才是让我觉得奇怪的地方。"

德雷克的态度完全改变了。他低着头,眼睛看着别的地方。

"怎么了?"

德雷克紧紧地抱着他的朋友,脸贴在柔软的绒毛中。

"我看到一个沮丧的小男孩,"我说,"但我不知道他为什么沮丧。你可以告诉我是怎么了吗?"

他摇摇头。

"我并不是对你生气,德雷克。你认为,我是因为你知道一些我没有教过你的事情而生气吗?或是因为我说了'隐藏'这两个字吗?还是我说你有秘密呢?是这些让你感到沮丧吗?"

他举起右手,并做出"哭泣"的手语。

"你想哭吗?"

他又比了一次手势,然后紧抱着朋友,不再看我。

我哄了他好一会儿,都没有用。不管我说什么或做什么,他就是很焦虑和不开心。继续给他压力只会让情况变得更糟。因此我倾身向前,去拿我的盒子。

"好吧,现在我们来做点别的事情吧。我们一起读书好吗?"我拿起了一本《鹅妈妈童谣》。

我这课堂的目的就是小心地让德雷克面对他和他母亲对话的录音带。我希望如果他知道我了解了他会跟母亲说话这件事,而且听到自己和母亲熟悉的声音,就可以让他重新开始。我准备了这本童谣书,也抱着这样的希望——那就是或许我可以用露西亚在录音带中的引导方式,让他说话,让他跟我一起背童谣。由于没料到他会感到沮丧,我也知道现在不是最佳时机,因此,我让他和他的朋友过来坐在我的腿上,我念童谣给他们听。

德雷克热情地倾听着古老又熟悉的童谣。我念着:

咩，咩，黑绵羊，你有羊毛吗？

有的，先生，有的，先生，已装满了三个袋子。

"你能听到其中的韵律吗？"我问。德雷克仍坐在我的腿上，他的背靠在我的胸前。我的两只手分别握住他的两只手。我拍拍他的双手，重复着韵律，并且强调着押韵的部分。"咩，咩，黑绵羊，你有羊毛吗？有的，先生，有的，先生，已装满了三个袋子。"

我站起身，将他的朋友放在空椅子上，我把德雷克也拉起来。我握着他的双手，并依着韵律节奏做出夸张的动作，拉着他随着节奏而律动，像拉着一个真人大小的玩偶一样。那都只是一些没有特殊意义的动作，但我希望他全身都能够感受到这种韵律的节奏。

德雷克喜欢这样。他又无声地笑了起来。

因此，我继续念着：

跳个舞给爸爸看，我的小宝宝。
跳个舞给爸爸看，我的小羔羊。

用夸张的动作来表演时，这个韵律很简单。我愈跳愈自然。首先我们跳起了玩偶舞，我拉着德雷克的手臂让他前后跳动。然后我将他的手臂交叉在他的胸前，好像在摇着小宝宝。再次跳舞时，我将他拉下来，直到他的手放到地板上，好像是一只四只脚的小羊。

你的小盘子里，会有鱼儿一条。

这时我几乎是唱的。这卷录音带我已经听了好几次，在我心里，它更像是一首歌而不只是童谣。我带着德雷克做这些动作。

"你会唱那首歌，是吗？"我说。我在跳玩偶舞时，一直站在他身后，现在我向他靠了过去，我的脸和他的脸靠得很近。"跳个舞给爸爸看，我的小宝宝。"我唱着。"你也会唱这首歌的。"

德雷克点点头微笑着。

我把他的身体转过来，让他面向我。我唱完了整首歌。

"你也会唱吗？"我问。

他张开嘴巴。有一刻——非常短暂的瞬间——我心想，啊哈！奇迹就要发生了！他要开口唱歌了。

但是没有。

他又闭上了嘴巴。

我再次将他的身子转了过去，让他背朝向我，然后我抓住他的双手，再一次像木偶一样。"让我们唱给你的朋友听，好吗？朋友想听这首歌。"

因此，我又唱了一遍：

> 跳个舞给爸爸看，
> 我的小宝宝。

不幸的是，他没有唱。

"嘿，你也唱嘛。"我说，靠着他，看着他的脸。"你会唱这首歌的。我们再唱一次。我们来唱给朋友听。"

这次，依然只有我的声音。

我承认那时真的很失望、很有挫败感。为什么这个孩子就是不合作呢？尽管课程刚刚开始时他有些情绪，但是德雷克恢复得很好啊。他又跳又笑，他喜欢和朋友一起玩，他也对这首歌很熟。当时的气氛很轻松。他并不需要面对我，他甚至不需要自己开口说别的话，只是重复他已经熟悉的话语。我觉得一切都已经就绪了，奇迹一定会发生。但为什么他仍不开口说话呢？

我失望极了，从架子上拿了录音机并将它放在桌上。"就像这样。"我说，并且开始播放录音带。

房间里传来露西亚的声音。

德雷克动也不动，他的眼睛睁得大大的。

我亲切地笑着："那是谁呢？"

他没有回答。

"那是你的妈妈，不是吗？你听，她在说什么呢？"

我起身去拿录音机，而他却仍然站在小房间的另一边，他朋友坐在他旁边的地板上。德雷克仍然一动也不动，他的表情我无法理解。

"你的妈妈正在唱童谣，对吗？跟我们刚刚唱的一样。"

录音带继续播放着。德雷克待在屋子的那头，他的目光茫然地凝视着我们之间的空白，紧抱着朋友，听着录音带。

接着一个小小的声音出现了。

"那是谁？"我温和地问。我的挫败感已经没有那么强烈了，我也想让他放松一些。我能感觉他不太想继续听下去。

德雷克依然看着我们之间的某个位置,心不在焉地抓着朋友的软毛,没有回应。

"谁在说话呢?是德雷克,对吗?"

他摇摇头。

"是德雷克。德雷克可爱的童音在唱歌。那就是你。"

他开始哭了。

17

让人心动的沉默

如果老师的职业曾经教会我什么,那便是在开始之前,最重要的就是设立界线和建立权威,因为这样才可以保障安全性。

"我今天想跟你谈谈。"卡珊德拉和我走进治疗室时,我说。

"我不想跟你谈,"她回答,"我想玩翼手龙的游戏。"

"今天我们可能要晚点才能玩翼手龙的游戏,因为我要先谈些事情。"

"我想玩感觉纸的游戏,还有彩色扑克牌的那一袋东西,"卡珊德拉说,"那些东西在哪里?你把它放到哪里去了?"

"也许待会儿我们可以去找找,但现在我想要先和你谈一谈。"

"那些东西在哪里?"卡珊德拉推开我,走到架子边。当然,因为我也希望最后进行那项活动,所以东西就在那里,她找到了。她拿起了先前课程中写好的感觉纸,放在桌上,并将扑克筹码放在旁边。接着,她打开我智囊盒的盖子,找到装有荧光笔和蜡笔的小盒子,才坐了下来。

"我知道你想成为决定一切的主宰者,"我说,"我知道,你希望所有事都按照你的计划来进行。但是,我们现在不玩感觉纸的游戏。"

"我要,"她漫不经心地说,"我们来看看。'婴儿的感觉','花的感觉','翼手龙的感觉'。全部这些都是我完成的。现在我要画一张……什么样的图呢?"她将纸张分开,看着那些我们一一列举出来的感觉表。"厌恶。我要画一张'厌恶'的图画,让人厌恶的感觉。'作呕的感觉'。不,是狗的呕吐物。这样够恶心了吧。我要画一张狗的呕吐物放在这种感觉的下方。'狗的呕吐物的感觉'。"

对卡珊德拉来说,操控性并不是很严重,可是她思考的内容和方向变换得如此之快,以至于很难追赶到她前面去阻止她。形式上和本质上都是如此。当然,这本身就是一种操控性行为,因为速度确保她能控制整个局面,让我感到惊讶的是,我很难追上她的脚步。九岁的她,思路似乎和我一样敏捷。

我在桌子对面坐下,并将手掌平放在她准备要画画的纸上:"不,我们现在不进行那个游戏。"

"在这里,我应该可以做我想做的事。我跟布朗博士在一起时都这样,那也是我好转的原因。"

"我不是布朗博士,卡珊德拉。"我回答。

"你不知道要怎样让我好起来。"

"这不是我们现在要做的,我们不要进行感觉纸的游戏,我们也不要谈布朗博士。"我看着她,"相反,我们要来谈谈其他的事情。"

她的目光遇上了我的。我们俩都将手臂搭在桌上,面对面望着,就像人们要开始比腕力时的样子。

"你不知道怎样才能让我好起来。"她再次说,语气冷峻且刻薄。

"是你害怕让我尝试。"我回答。

如果有什么字眼可以形容她现在的表情,那就是憎恨。她瞪着我,一动也不动。

因为在那一瞬间,她全部精力都集中在我身上,我把握时机,迅速移开了扑克筹码和感觉纸。她意识到发生了什么之后,当那些纸张从她手臂下方滑过时,她伸手去抓那些纸张,但动作没有我快。我把它们放在我椅子旁边的地板上。

接着,我很快地从我的智囊盒里取出一本着色本。这本是基础级,里面都是简单的线条,最适合幼儿园孩子学习使用。我打开那本着色本,放在她面前:"今天,我们要从着色开始。"

"着色?为什么要着色?你没提到着色的事。你说,我们要谈一谈。就是现在,就在我们进来的时候。这不是谈话,这是哄小孩的玩意儿!我不要画!"她真的生气了。她迅速从桌上拿起着色本丢到地上。

我倾身向前,拿起着色本,再次将它打开,并将它放在她面前。"不,卡珊德拉,你会画的。因为我们就要从这里开始。"

她再次把着色本丢到桌子下。

我看着她:"当然,我们可以整堂课都把本子丢到地上,然后再捡起来,那会很无聊的。但是我们还是要重头来过,因为我们就是要从那里开始。"

"是你这么想。"

"是的,没有错。我的确是那样想的。因为是我决定我们要从那里开始的。在这里我是个成人,我的工作就是要帮助你,而我就是要从这里开始帮助你。"

"是你这么想。"

"我知道你害怕——"

"我不害怕。"

"我知道你害怕我会在这里控制局面,而不是由你来控制——"

"我不害怕。"

"我知道你害怕我会在这里控制局面,而不是由你来控制,因为这样一来,你就会担心也许会发生一些可怕的事情。也许我会让你做某件很恐怖的事,或许你会开始体验某些你不想体验的感觉,而你又无法阻止它们。我知道要你相信我,的确会让你感到害怕。甚至只要一想到这点,就会让你感到害怕。但我的工作就是要帮助你,让你好转。假如我们让你好转了,你就可以离开这里回家去,那么你就可以回到学校,交到许多朋友,快乐地长大,所以我们要从'努力学会信任'开始。第一步就是从现在开始,从这里开始,从这本着色本开始。"我伸出手,捡起着色本,打开,放在她面前。

她盯着我看,牙齿轧轧作响。"我不害怕,"她很小声地说,"而且我恨你。"她没有开始着色,再次将着色本摔到地板上。

"你恨我没关系。感觉到强烈的感觉也没关系,因为我绝不会让它们无限地膨胀。不过,你还是必须这样做。"我将着色本翻到有布娃娃图案的那一页。接着,我从盒子里拿出一支红色蜡笔。"今天的功课就是要把这幅图画涂上颜色。从先把洋娃娃的裙子涂成红色开始。"

"我不要做这个。"她"咔嚓"一声将蜡笔折成两截。

"嗯,不管花多长时间都没关系,我们还是要来做这件事,因为我们就是要从这里开始,"我回答,"所以,如果你不想用长的蜡笔,这里就有一支短的蜡笔。"我又把折断的一截红蜡笔递给她。

"我不想做这个。"她拒绝把蜡笔接过去,"而且你也不能强迫我做。"

如果我是个优秀的心理学家,也许我会遵循某人仔细研究出来的周密理论——那就是好的治疗方式,一定不会强迫孩子去做什么。当然,我的专业训练也从不要求孩子一定要照我说的去做,但是我现在想到的却是一个老师的职责。如果老师的职业曾经教会我什么,那便是在开始之前,最重要的就是设立界线和建立权威,因为这样才可以保障安全性。安全性是最重要的前提,如果没有了安全,就不会有成长的空间。没有了安全的环境,所有的力气就都要花在防守上。

在传统的治疗体系中,建立信任关系所花费的时间通常是不予限制的。在这样的体系中,卡珊德拉或许要花上几个星期,甚至几个月的时间,来建立起必需的信任。如此一来,我才能使她得到相当程度的改善。我也很想给她那种温和的互动关系。不幸的是,这里是医院,一个孩子住院的成本——包括人事和财务的成本——都相当高,所以我们必须加快节奏。

我坐回椅子上。

"我不要做这个。"她说。

我没有说话。

"我不要做这个。"

我坐着。

"我不要做这个!听我说,你这个老巫婆。我不要做这个。"卡珊德拉抓起了一小截蜡笔朝我丢过来。接着,她又生气地把着色本推到桌子底下。

我捡起小蜡笔，放回桌上。接着，我又捡起着色本，将它放回她面前。再次将着色本翻到有布娃娃的那一页。

"我不要做这个！"卡珊德拉大吼着。她再次推开着色本，并从椅子上起身要离开。

但我的动作比她还快，我起身抓住她的肩膀，阻止她走出门去。这时，她猛烈地挣扎，生气地反击。我仍然抓着她不放。

最后，我终于设法让她回到桌边，并坐回椅子上。这时，卡珊德拉开始哭了，而且哭得很伤心。

我回到她对面的位置坐下。

"为什么你要这样对我？"她大哭起来。

"因为这是我们的起点。"

"但是为什么？为什么我非得这么做不可？"

"因为我来到这里是要帮助你，但光靠我自己无法完成这项工作。你也必须合作。而且这是我们合作的开始。"

"但是我不想这么做，"她叫喊着，声音变得尖锐而高亢，"我想要回家。我要我的妈妈。"

我非常了解此刻对卡珊德拉而言，是多么的恐怖，因为她怎么知道我跟对她施虐的人是不同的？或者是强制性住院和她的诱拐遭遇有什么不同？为了取得进展而实行的严格管控，和变本加厉的创伤之间，只有一线之隔。说实话，在这个敏感的时刻，我也同样感到困扰。

"卡珊德拉，我希望你替这张图画着色。就是这张。"我将一截红蜡笔放在她面前。

"我不想这样。"她再次抗议。

"就是这里。"

最后她拿起蜡笔，生气地在图画上乱涂。

"好吧。"我从盒子里挑出一支绿色蜡笔。"现在，请你把洋娃娃的上身涂上绿色。"

她突然将蜡笔折成两截。

"我知道你不喜欢长蜡笔。"

"我不喜欢你！"

"请你将洋娃娃的上身涂成绿色。"

她在画面上用绿色蜡笔随便地涂着。

"好吧。"我拿出一支黑色蜡笔，"请你把洋娃娃的头发涂上黑色。"

她愤怒地用黑色蜡笔涂着。事实上，这次她的心情好一些了，因为她画着画着，把画面都涂成黑色时，蜡笔愈来愈尖，好像一把刀一样。

嗯，最后她总算没有折断黑色蜡笔。

我从盒子里挑出一支黄色蜡笔。"来。请你把洋娃娃的鞋子涂成黄色。"这个要求有些滑稽可笑，因为卡珊德拉用黑色线条盖住了整个页面，布娃娃的外形轮廓已经消失不见了。

她拿起黄色蜡笔，在画面下方涂画着，因为鞋子的位置大概在那里。

"好吧。"我说，"我想这页我们已经完成了。"

"我讨厌你。"她说。

"现在，你可以选择我们下一步要做什么。"

"我想走了。"

"现在还不是回去的时候。你有看到时钟吗？还有十几分钟。"

"我不管。我现在想走了。"她回答。

"好吧。"我说，并坐回椅子上，"如果那是你的选择，你现在可以走了。我们先做我安排的活动，然后现在由你来决定我们要做什么。所以，你可以走了。"

她盯着我看。她的表情难以理解。我分辨不出来，是否我的让步解除了她的戒心，所以她充满困惑地看着我？还是她在估算着对我进行下一个挑战？不管怎样，她没有从椅子上站起身来。

过了一会儿，卡珊德拉的肩膀轻轻地垂了下来，她低头看着着色本，仍然翻开摆放在她面前的桌子上。她似乎疲倦了。这可以理解，我也有些倦意。

紧张的气氛褪去。卡珊德拉继续看着着色本，没有要离开的意思，但是依然沉默不语。

最后她说："色彩画得并不是很好。"她的声音很温柔，不过倒是说了实话。

我没有回答。

"你会觉得这是个小孩子画的，一个五岁大的孩子画的，就像我们这里的那个小男孩画的。"她说，"人们如果看到这幅画，一定不会想到这是我画的。"

"在我们的内心深处，通常会有个部分仍然带着孩子气，"我说，"即使我们的身体已经是个成人了。"

"我可以画得更好。"她回答。

一阵让人心动的沉默。

"如果我想画的话。"她补充道。

"我想，这是你心中五岁大的那个部分着的色。那也许就是为什么当我看到那图画时，它看起来像是一个恐惧和生气的人所画出来的。"

"或者就是五岁大，"卡珊德拉说，"也许当你五岁时，你看到的事物就是这样。"

"也许。"我说。

她从椅子上站起身："我现在要走了。"

"好吧。明天见。再见。"

"再见。"

德雷克在冰淇淋店

> 他生活的世界是多么无奈啊,要努力取悦所有的大人,而他们却传递着这样矛盾的信息给他。

下午,我要出去办一些事,要离开医院一会儿,因此我决定办手续带着德雷克和我一块儿出去。对于让一个这样年幼的孩子接受住院治疗,我依然感到忧心,而且现在看来,他无法在一周内返家。我也担心我们的课程会给他太大的压力。有机会带他出去做一些和善且有趣的活动,用一种没有压力的方式和他互动,对我来说是个好主意。

德雷克很高兴。当然,他的朋友也要一起来,此时,他的朋友在病房中已有自己的"粉丝俱乐部"。我帮德雷克穿上外套时,一位年轻助理跑来,在他朋友的脖子上披上围巾,"可以御寒"。

其实并不是很冷。现在已是晚冬了,而且外面又有充足、明亮的阳光,预示着寒冬将尽。在车子里,其实真的有点热。

我把德雷克安置在从病房借来的安全座椅上。他喜欢我们在一起做的每件事，挥着手、做出的手语，在停车场，他的头也不断地转来转去。我对于户外景致的手语知道得不多，但是我知道"车子"的手语，就比划起来。

德雷克观察我的手势然后看着我。这是一个奇妙的时刻，因为我知道"观察"的含意，他不了解这个动作。但是在这一刻，他看着我，注视着我的目光，用观察来接纳我的思想。

"你在担心做手势，是吗？"

他看着我，表情很凝重。

"有人告诉你比手势是不对的吗？"突然间我想到了梅森·斯隆。也许幼儿园的教职员工或其他场所的人曾试着教德雷克手语，来帮助他沟通，但德雷克的家人却不赞成。他是否曾因为手语而遭受惩罚呢？

德雷克并没有以什么方式来表达，但是从他突然间变得严肃的表情，让我确定答案是肯定的。接着真相就大白了。那就是：他知道怎样比手势，但是当我提醒他使用手语时，他会变得很不安，即使我的评语是正面的，但对他而言，我是在教他做坏事。

后来我渐渐明白，自己的行为一定让这个可怜的小男孩觉得非常困惑。一方面，我在教他手势，然后，积极地表示这么做是正确的；但是我也让他意识到一个事实：那就是他早已学会了手势，而且那给他惹来了麻烦。他生活的世界是多么无奈啊，要努力取悦所有的大人，而他们却传送着这样矛盾的信息给他。

我到附近的诊所送了些通知，又取回一些影印的资料。然后，我到了另一家医疗中心，我们以前的一位病人曾转诊到这里，我提交了一些档案资料。接着，我在一间冰淇淋店门前停了车，想请德雷克吃个冰淇淋。当然，不能让德雷克的朋友独自留在车上，因此打开安全带，忙上忙下，最后我们三个终于走进了店里。

巴斯金——罗宾斯冰淇淋店有三十一种不同口味的冰淇淋，但是店面很小，又长又窄的营业厅跟治疗室差不多大。因为现在是一般人都在工作的下午时段，所以除了我们和一位服务小姐外，并无其他客人。

德雷克热情地在柜台边跳上跳下，看着各种不同的冰淇淋。他也举起了他的朋友让它看，并且指着不同的冰淇淋。在柜台后的女孩被他的兴奋感染，不断地把他点到的口味用小汤匙装给他，让德雷克试吃不同口味的冰淇淋。

"好了，我们不能待太久，"我说，"所以快点选择吧。你要在蛋卷筒里装哪种口味的冰淇淋？"

他又花了几分钟时间看着展示的口味。最后他指着绿色、白色及橙色的冰淇淋。

"好。就来一个那样的甜筒，"我对女孩说，"只要一个就好，谢谢。"

她从展示架上拿出一个甜筒。突然间，德雷克变得很激动，他抓着我的手臂并试着用手势大概比出女孩子的动作。他沿着柜台跑到她面前，又跑回我这里，再次比着手势。

"你想要什么？"我问。

他再次比着手势。

"很抱歉，我不知道你在说什么。"我说。

这次他又激烈地比着手势。

"这就是语言的重要，"我说，"因为我真的很想了解你要说什么，但德雷克，我恐怕无法了解，真抱歉。"

女孩身体前倾，把他要的冰淇淋甜筒递给他。"这是你的。"她说。

他没有伸手去接，只是摇了摇头。

"怎么了？"我问，"那不是你要的口味吗？"

德雷克快要哭了。他嘟着嘴巴，对着柜台。

我弯下身说："亲爱的，我很抱歉。我真的不知道你到底在说什么。是口味不对吗？假如是这样，没有关系，我可以吃你的冰淇淋甜筒，你再选你要的口味。让我看看你想要什么口味。"

他指着。似乎不是口味的问题，他只是指着女孩的方向。

我有些失望，又试着安慰他。女孩从柜台里探出头来，想帮忙。她安慰说，我们都不需要勉强接受这种口味，她把它放在一边就好了。

德雷克还是坚持不要冰淇淋甜筒，他苦着脸，眼泪也流了出来。

我站起身，不知道还能做些什么。我打开皮包，将冰淇淋的钱付给那女孩，自己拿着冰淇淋甜筒。但这真是一个不完美的结局。现在我手上拿着一个自己不喜欢的冰淇淋甜筒，而德雷克却什么也没有。原本是要请他吃，又不是要请我自己。

我舔着冰淇淋。它的味道有点怪，绝对不是我会选择的口味。我安静地等待德雷克恢复平静。柜台后面的女孩，奇怪地看着我们两个。

"好吧，甜心。"他不再流泪了，只是啜泣着。我温和地问："你能再试一次给我看吗？告诉我们你想要什么？"

他迟疑了一会儿，思考着。我想，不知道我需要用多少耐心来等待他突破开口说话的压力。接着，他再次走到柜台最后方的收款机旁，然后指着。

我顺着他手指的方向看去,上面并没有冰淇淋。我看着凌乱堆放在柜台上方的一堆东西——吸管、餐巾纸、塑料汤匙、小纸杯——后方就是锥形蛋卷筒。

"你想要纸巾吗?"我问他。一个四岁大的男孩因为纸巾而小题大做似乎有点过分,但是我不曾在进餐时间观察过德雷克,也许他有某种程度的洁癖,我却不知道。

他摇摇头,继续指着。

"是吸管吗?"那似乎更不可能,因为我们并没有点饮料。

因为我无法了解,他的嘴巴又向下撇着。

"是锥形蛋卷筒吗?你想要一个与普通甜筒不一样的蛋筒吗?"我问。"那个吗?你想要格子状的冰淇淋甜筒吗?"

他又哭了。

女孩沿着柜台上方找去。"这个吗?"她试着轻轻拍着吸管。"这个吗?"——她拍着纸巾。"这个吗?"——她敲着吸管。"还是这个?"——她轻敲着个别摆放的纸杯,纸杯都口朝下叠放着。

就是那个。我们终于理解德雷克的意思了,他感动得几乎快要哭了,一直点着头。

"是纸杯吗?你不想要甜筒?你想要这种口味的冰淇淋,但是要放在纸杯里?"我问。

他仍然使劲地点着头。

所以,我们终于成功了。

我仍然觉得巴斯金——罗宾斯店里的那一幕耐人寻味。一个快乐有礼又很合作的小男孩,为什么这样坚持要纸杯?而不用锥形蛋卷筒呢？我从未遇到过无法接受冰淇淋甜筒的小孩子。

然而这也显示了，让这个孩子能和自己周遭的事物有效沟通，有多重要。不仅仅是对德雷克，对柜台后面的女孩和我，这都是个意外又令人不快的小插曲。事实上，德雷克也许还有更重要的事情需要沟通，远超过用纸杯还是用甜筒来吃冰淇淋。

也许更重要的是，这个事件也清楚显示了，我对于选择性不语症所使用的介入方式失败了。我所使用的方式，其基础是对一个之前都不曾开口说过话的新进人员进行介入（intervene），但现在已经不是这样的情况了。我也为了理解他而放弃使用言语表达的方式。如果我一直坚持自己的原则，我就会不给他冰淇淋，除非他愿意为了他想要的付出相当的努力。相反，我沉迷于了解他所想的，而放弃了自己的原则。

这是第一次在我脑海中闪过"操控性"的念头。德雷克快乐的笑容、迷人的风格，看起来不像是个操控性的孩子；另一方面，这正是控制局面的最完美方式。他迷住了每一个人。因为谁会拒绝一个可爱、笑容可掬的孩子的要求呢？这有可能吗？他也想欺骗我吗？

回到中心前，我还要去一个地方。乔伊·汉森曾向我索取更多关于选择性不语症的资料，早上我去康复中心看葛达时，有意留下一些阅读资料，但是我把资料忘在车上了。因为中心离医院很近，所以我想再次把资料送去给她；而且反正我一定要去康复中心，就顺便去看看葛达，看看在其他时间她在做什么。

"我们会在这里停留片刻，"我替德雷克解开安全座椅的带子时对他说，"我们是要去看一位说话有障碍的女士，就像你一样。她的年纪相当大了。她过去会说话，但现在不会了。所以我来这里看看她，就像我去看你一样。"

德雷克一踏进康复中心的正门大厅就成了焦点。许多坐在椅子上的上了年纪的老人都和他打招呼。因为他飘逸的长发和天使般的脸庞，让他们都以为他是个女孩。但德雷克就是德雷克，他依然很有教养地响应他们，向坐在窗户旁边的老先生、老太太们挥着手。

的确，在这个老人之家，每个看见我们的人都变得年轻。"嗯，看看谁来这儿了！"我们经过时，每个人都这么说。

我们来到大厅时，一位护士停了下来："这是你女儿吗？她好漂亮啊！"当然，我就得详细地解释道：他不仅不是我的女儿，而且他是个男孩子。

当我和护士说话时，一位年长的女士停了下来。她向前弯腰，抚摸着德雷克的脸。他没有因为害羞而躲开那双干枯的手，他还回以快乐的微笑。

"你好可爱啊，我好想把你吃了！"老妇人说，我怕这样会吓到一个四岁的孩子，但德雷克只是继续笑着。

葛达躺在她的病房里。我们进去时，她转过头来，我第一次看见她的笑容。

"这是德雷克。"我说，"他是在医院里跟我合作的孩子。今天下午他跟我一起出来。我们刚刚吃了冰淇淋，现在经过这里停下来看看你在做什么。"

葛达努力想坐起身来，因此我靠过去，帮她调整好坐姿。她朝德雷克伸出手。很难确定她是想要和其他老妇人一样抚摸他，还是要比出什么手势来。德雷克微笑着，但是他站得太远了，所以无法触摸到。

因为德雷克在房里，所以葛达比我之前看到时更紧张，也更活泼了。这是她第一次似乎想要沟通什么，因为她接着对我比起手势来。我没有马上理解她的意思，但是她随即朝床边的柜子伸出手去，不过她够不到。我以为她想在柜子里找什么东西，于是我打开了抽屉。抽屉里有一包红白相间的薄荷糖果，一颗颗包起来。她热情地点点头，所以我拿起糖果并递给她。

葛达打开袋子并拿出一颗糖果。这对她而言非常费力，让我意识到中风造成的伤害有多严重。我很想帮忙，不过我没有这么做。我们只是等待。当她最后终于拿出来时，她把糖果递给德雷克。

德雷克脸上浮现出迷人的笑容，他接过糖果并打开包装纸，迅速地将糖果塞进嘴巴里。此刻，在沉默的孩子与沉默的大人间，都有一种强烈的欲望，试图用沟通突破彼此间的鸿沟。

"德雷克很难开口说话，"我说，眼光朝下，看着他，"你能用手势比出'谢谢'吗？就像这样？"我示范给他看。

德雷克模仿着比出手势。

"现在，你能用手势对夏普太太说谢谢吗？你能告诉她说：谢谢你的糖果吗？"

德雷克比了个"谢谢"的手势，接着又比了个"糖果"的手势。他开心地笑了。

葛达也笑了。

19

卡珊德拉被关进了隔离室

> 我鼓起勇气,听她说另一个恶心的谎言。

卡珊德拉的治疗课程要如何进行下去呢?

假如我回顾一下我们上课的情形,那真是一片混乱。我周详的思考、连贯一致的教学计划,在课程结束时都破碎不堪了,而卡珊德拉的表现也是前后矛盾。在典型的治疗课程中,课堂活动一方面由治疗师的经验,以及针对特殊问题的相关知识来引导,或是由案主的需求来引导。但在我们的案例中,课程一直受到每天都不一样的随机事件的影响,我只有疲于"应付",根本谈不上"指导"。我不知道是因为卡珊德拉的案例中有这么多的冲突,所以至今还没有出现任何的周期性规律;还是她害怕触及更深的问题,于是主动隐藏起会显露出那些规律的线索。

适度的信任是个关键,而我也没能达到这个目标。让一个孩子按照我的要求为布娃娃着色,对我而言远非我所期待的信任关系。甚至对先前的课程我也很不满意。身为老师的我，只能对卡珊德拉反复想控制局面的举动做出让步。但下课之后，我不相信那是一个心理治疗师会做出的适当响应。也许这是一种必然的冲突，特别是我并不希望到了一定的时间她还留在医院治疗中心，但是我也不想再重复过去的经历，我更不想让由谁支配课程成为课程的重点。我希望课程更符合我们真实的角色，就是让她能探索和面对自己过去的创伤，因为我很坚强，所以可以确保她在这个过程中的安全。

在中心时，卡珊德拉仍然说些离谱的谎话而不断地惹麻烦。大部分都是写实的性虐待过程，通常这些谎言都很荒唐，不是很可笑就是很恶心。假如我们的值班工作人员不小心，别人就会把卡珊德拉说的谎话信以为真。因此，为了我们自身的安全，谁都不能和卡珊德拉单独相处。我们总是选择在公共场所、找同伴合作，或者是用录像机录下我们上课的过程，最好是三头并进。

接着，莎玛来到了中心。她八岁，有严重的障碍，包括听幻觉（auditory hallucination）和把握现实的能力。这表示莎玛常常听见虚幻的声音。在中心待了一两天之后，莎玛变得越来越激动。突然间，虚幻的声音开始对她说出诸如："南西护士把她的手指放在你的屁眼里。你昨晚睡觉时，我听见她说她想要摸你。"这当然让莎玛感到很痛苦，因为她根本无法分辨这种事情是否真的发生过；当然，这让我们的工作人员更加困扰，因为有个小孩捏造性虐待的谎言已经够伤脑筋了，而现在我们有两个这样的孩子。

我们大家都知道莎玛的焦躁是由卡珊德拉造成的，因为在莎玛来到中心病房前，她的幻觉中不包含性的内容。不仅如此，莎玛的话几乎是逐字逐句全部抄录卡珊德拉对每个人说过的话。然而，到现在为止，卡珊德拉对莎玛灌输了这么多信息，却没有人逮到她。

这一天，上课之前，当我找卡珊德拉时，她被关在隔离室里。

对于这样严重的违纪，通常是让孩子继续留在隔离室里，并重新安排时间上治疗课程或是其他课程。由于卡珊德拉恶意的谎言和持续挑衅的行为，让她在病房里变得颇不受欢迎，工作人员和孩子都不喜欢她。所以，他们希望她继续待在隔离室。但是我要为卡珊德拉上课。因为，我真的不想白白浪费一堂课，而且我之后没有时间可以为她补课。利用这个机会来正面处理事情似乎也是个好办法。

我对卡珊德拉说可以跟我一起上课时，卡珊德拉一点也不高兴，好像很生气。她很不情愿地站起身，踢着隔离室的门框，当她离开时，也没有表现出高兴的样子。甚至，我们走到治疗室时，她依旧是往常的她。但是，我们一进到室内时，她就完全不一样了。

"今天我想画画。"她说。

"恐怕要晚一点了。首先，你要告诉我，刚刚发生了什么事。"我说。

"哪里发生的事啊？"

"就在那里。就在病房里。我很想听听你的说法。"

"我不记得了。"

"卡珊德拉，我们刚从隔离室出来。为什么你会在隔离室呢？"我问。

她耸耸肩膀，并且夸张地转动着眼睛。

"为什么你会在隔离室呢？"我再次问。

"因为他们讨厌我。"她这么说的时候，一本正经的模样，好像那是一个显而易见的事实。

"同事告诉我,你一直对莎玛说些让她感到害怕的事,这就是你被关限时惩罚的原因。接着,你变得非常烦躁,所以才被锁进隔离室的。"

卡珊德拉耸耸肩。

"你的看法呢?"

"司利—威利、匹迪—扑迪、比得利—保得利、叮咚、尼龙。"她这样回答,还笑着。

接着是一阵沉默。

我看着她。

她回望着我,目光很尖锐。

"为什么会这样呢?"我问,"为什么当我问你的时候,你不实话实说呢?"

她耸耸肩,说:"我不知道。"

"你认为那些事为什么会发生?"

"我不知道。"

"好吧,也许你不知道,但为什么你会这么认为呢?你猜想自己为什么要这么做呢?"

她再次夸张地耸起肩膀。这次没有那么滑稽了,却也一样让人觉得她有些玩世不恭。

"卡珊德拉,事情现在变得相当严重。你留在医院里,不能去上学,不能和你的姐妹们玩耍,你也没有亲人在这里,你不能看你想看的电视节目,不能玩电脑、熬夜,或享用你喜欢的特殊食物。你见不到你的妈妈或朋友,或者是去你想去的地方。生活真的是一团糟。我想要帮助你离开这里,但是为了方便我帮你离开,你必须要先帮助我。你需要跟我交谈,说真话,而不是谎话,也不要编造故事。不要对每件事都说'我不知道'或者'我不记得了'。"

沉默。

"你了解我在说什么吗?"我问。

她的目光移开了,并轻轻地点点头。

"那么你认为,为什么会发生这些事呢?"我问。

"什么事?"

"就是让你被关在隔离室的事啊。说谎,愚蠢的答案,在病房里惹出的麻烦,每一件事,所有的这些事。"

"我不知道。"她回答。

我看着她。

她也看着我:"我不知道。"

"我相信你。但你有想过吗,"我问,"你有想过为什么这些会发生在你身上吗?你会好奇为什么你会这么健忘吗?"

一阵停顿。她的目光变得内省,停顿的时间也变得更长了。她开始非常轻微地摇摇头,很难确定她是在回答我的问题,还是针对她内心的想法而做出的响应。

"卡珊德拉,"我问,"有没有人说,你在违背自己的意愿做这些事?"

她立刻点点头。她抬起眼睛,看着我,这回不带任何的挑战。一切痴愚的表情都消失了。"是的,"她说,"一直都是。"

"那你对此有何想法?"我问。

"我告诉他们实话。"她的声音变得很温柔,"我说,我不记得我做过什么了。"

"有时候……你知道吗,你做过的事在感觉上好像不是你自己做的,就像是你正看着自己在做那些事,跟你看着别人在做那些事一样的感觉?"

她点点头。

"比方说是什么时候?你能举个例子给我听吗?你能告诉我你最近一次这样的感觉是什么时候吗?"

"我昨晚在洗澡时,南西护士进来了。她将她的手放进我的身体里,她想要摸我,但我将她推开了。"

"我真的不相信你说的,卡珊德拉。首先,在孩子洗澡的时候,南西护士并不值班。"

"嗯,我错了。那不是南西护士。是莱尔,他上晚班。"

"有时候,当我们不想去想某件事时,"我说,"我们会将其他事情放在我们的心上取而代之。"

"我没有。"卡珊德拉回答,她想要说些别的话,却又停了下来。这是一种预兆。她坐在椅子上身体前倾,仿佛想继续说下去。我可以感受到这份期待。但是这一刻过去了,她在椅子上向后靠着,放松了心情,又沉默了。

"你想要再继续你刚刚说的事吗?"

"不。"

沉默。

"说说嘛。"

沉默了更久。

"不。"

再一次沉默。我静静地看着她。

"好吧。我……"她打破了沉默，眯起眼睛看着我，好像我们的距离很远，她说："我可以告诉你一件事吗？"

我点点头。

"但不要告诉我的妈妈好吗？不要告诉她我跟你说过这件事，因为她说绝对不能跟任何人说。"

我鼓起勇气，听她说另一个恶心的谎言。

她迟疑了好长一段时间。卡珊德拉张开嘴，却没有说话，就这样停留了几秒钟的时间，最后她又把嘴巴给闭上。过了更长的一段时间，然后她又试了一遍。"这些话会让人觉得我很疯狂，"她轻轻地说，"那也就是为什么我妈妈说，绝对不能说出去。"

"我确定你的妈妈说得很有道理，但是有时候人们的告诫不完全正确。这可能就是其中的一例了。"

"她想保护我。她说，假如我疯了，他们就会把我带走，他们会把我关起来。"

我没有挑明事实已经是这样了，因此说与不说都没什么不同。或者卡珊德拉也考虑到这一点了。她看着我，目光不再像往常一般傲慢无礼。她的眼神带着一种内省，好像从某种角度来说，她在看着我；而从另一个角度来说，她正在思考、权衡……

一阵停顿。

"我不能说出来的是……"她温柔地说，"是在我的脑袋里，有很多人在说话。就像莎玛一样。像莎玛一样，我也听见人们在对我说话，我快疯了。而我总是无法分辨出他们说的是真的还是假的。"

"是哪些人呢？"

"我不知道。通常我只听见他们的声音，我看不见他们。有时候他们跟我说话，有时候他们彼此交谈。就像是蛇牧师，他也是其中之一。他的名字就叫蛇牧师。当我坐在隔离室时，蛇牧师会说，'你现在必须要祈祷。你做了一件坏事。你吸了他的生殖器，你真坏。'而蛇牛仔，他喜欢那种音乐。你知道的，就是那种听起来就像有人在哀嚎的牛仔音乐，那种哎唷—哎唷—哎唷—哎唷的声音。"她颤抖着模仿起老式乡村音乐中常出现的约德尔调（yodeling，编注：指一种用真假嗓音反复变化的歌唱法），"而当蛇牧师说话时，蛇牛仔就唱得很大声，所以我听不清蛇牧师在说什么。"

"我记得你之前提过蛇牛仔和蛇牧师，而且还有其他的蛇，不是吗？"

卡珊德拉点点头："蛇仙女。她很小，大约三岁，而且她真的很漂亮。我很照顾她。我不会让他们伤害她，因为她还很小。"

"他们也有声音吗？你在脑袋里听见他们的声音了吗？"

卡珊德拉点点头。

"你会认为，那些都是假想的吗？只是你想象中的一部分吗？"

"我不知道，"她说，又停了一下，"他们是朋友，我的朋友。他们都在我的心里面，但他们都是真实的。嗯，我的意思是说，有点真实，另一种形式的真实。大部分人都认为真实只有一种，但事实上，真实有很多种。这便是另一种真实，因为他们存在你的脑袋里，所以你无法触及。但他们也是真实的。"

我点点头："是的，我了解你的意思。我了解那种真实。"

她看着我。这是一种温柔的眼神,第一次,她看来似乎没有了戒备。

"对我来说,了解你的朋友是很重要的,"我说,"我很高兴你告诉我这些,因为了解他们才可以让我找到帮助你的方法。"

"我妈妈说永远都不能说出去。假如你知道的话,我想她一定会很生气的。"

"我不这么认为。你妈妈会关心你,她只是不晓得该怎么办才好。"

"她是在尽力照顾我。"卡珊德拉严肃地说。

我点点头。

过了一阵短暂的停顿之后,卡珊德拉噘起嘴巴:"我妈妈没有把我照顾好,她让我爸爸把我带走了。"

"尽管我们都尽力了,但有时候还是会发生不好的事。然而,发生在你身上的事是很恐怖的,对吗?"

卡珊德拉点点头。

接着又是一阵长时间的沉默。卡珊德拉的目光看来很茫然,好像迷失在沉思中。房间里变得很安静,以至于我能听见单面镜那头录像机传来的轻微转动声。

最后,她叹了口长气,低下头,说:"我累了。"

"我明白。"

"我现在能回病房了吗?我不能再想这件事了。"

"好吧。"

20
德雷克听录音带仍不开口

> 我听见他喘着气,又吸着气。就是这样吗?我们的努力快成功了吗?

隔天,哈利·帕德到我办公室来,手上拿着一叠纸。他伸出手,温和地将那叠纸放在我的桌上。"嗯,看看你能发现什么。"他说。

我探头向前望去,那是梅约医学中心对德雷克的评估报告。

"这数据看来似乎很完整。听力检查以及耳鼻喉科检查,都正常。神经学、脑电波、磁共振造影,也很正常。"哈利说,"所以,我想我能了解这家人不希望我们再替这男孩做全面检查。但……这个烫手山芋丢给我们了。"

我看着他。

"而且留给我们一些难题。像是:为什么这个男孩不说话?他究竟哪里不对?为什么我们都没有进展呢?"

我看着桌上的那叠纸。

"这个星期四他们会过来，"哈利说，"我们需要向他们报告一些事情。例如，告诉他们，我们发现了什么，或是我们目前正在进行哪些项目……"他扮了个鬼脸，"总要说些什么。"

* * *

哈利离开之后，我把报告摊在书桌上研究。这是一份正式的评估报告复印件，非常详尽：

> 这个三岁九个月大的孩子第一次到儿童发展中心做评估，由潘尼博士和贝雷蒂博士合作。由于他不说话，先前曾向小儿科医师理查·戴维思博士求诊过。

这份报告描述了德雷克的听力医疗团队所检查的听力系统、儿童神经科，以及精神评估医疗团队的综合检查结果。在所有项目中，德雷克都被确诊为健康并且发育正常。非语言的智力测验 IQ 分数是一百三十分，是处于正常值偏高的范围。

我仔细阅读。研究报告让我意识到自己是多么固执，我一直认为德雷克不能说话是生理上的因素造成的。除了我们在冰淇淋店时，我曾经一度担心他有操控性行为外，我的整体看法是：德雷克对我们完全没有保留，他真的不会说话。我一直这么认为，虽然我不知道原因。

现在白纸黑字，明白无误。假如梅约医学中心的权威都没有发现影响说话能力的身体上的原因，那么我也不可能发现其他的。因此，这已经明确指出心理层面的问题是主要因素。

我意识到自己需要调整一下心态。如果因为我从未看过像德雷克这种类型的选择性不语症,就判断他患的不是选择性不语症,那就太武断了。不仅如此,我还必须接受严酷的事实:"成功的介入"这个责任完全落在我身上。

* * *

从头到尾完整地研究完梅约医学中心的报告后,我到治疗室为德雷克上课,这次我的目标很明确。我让他和朋友紧挨着坐在桌子同一边的椅子上。我将录音机放到桌子上,走到他对面坐了下来。

"现在我们要来讨论一些严肃的话题,"我愉快地说,但是语气很坚定,"我们一起合作时彼此都很努力。我知道你快要回去了,是吗?你的妈妈和爸爸这个星期四会过来,而我们希望你可以跟他们一块儿回家,对吧?"

德雷克点点头。

"那么,我们今天就来真正地努力一次,好吗?我们就处理最大的问题吧。"

他再次点点头。

我播放了露西亚和德雷克背诵儿歌的录音带。

德雷克突然哭了。

"哎哟,不会吧。别难过,"我说,"我知道这很难。我知道这会让你感到恐惧,但我们一定要面对问题,才能解决问题。让我帮你。"

德雷克将他的朋友拉过来,把脸埋在朋友的软毛中。

我起身,绕到他的桌子那边。站在他身后,轻轻地把他从朋友中拉起来。我握着他的双手,说:"我将这卷录音带做了一些剪辑,将某些部分拷贝了多次,所以我们可以播放带子,只练习儿歌的部分。你可以听听我的杰作。我开始播放录音带,我们就跟着背。你、我、你的妈妈、录音带上的你,就像我们四个人在这里合唱一样,好吗?"

我已经重新录制了露西亚寄来的录音带,因此《黑科特,皮科特》的儿歌会重复不断地播放,而且我没有留下空白间隔,所以三十分钟内录音带会一直回放。

  黑科特,皮科特,我的黑色母鸡
  它为一个男人孵蛋……

我随着录音带的声音开始复诵。我站在德雷克后面,握着他的手,帮他随着节奏拍手。

德雷克大声地哭着,样子很有趣。他没有挣脱我的手,但是他也无法停止哭泣。

  黑科特,皮科特,我的黑色母鸡
  它为一个男人孵蛋……

"你也一起跟着念啊。来,我们都希望经历这个过程,对吧?来摆脱这个沉重的负担吧。我知道,开始是很难的,但是只要开始了第一次……之后一切都将变得简单多了。万事开头难……"

  黑科特,皮科特,我的黑色母鸡
  它为一个男人孵蛋……

德雷克啜泣着。

我不想停下来。而且，我坚信不能就此停下来。现在事情对我来说已经很清楚了——那就是德雷克依靠迷人的行为来得到他想要的，而用楚楚可怜的行为来拒绝他所不要的。这种强硬的方式是很糟糕的，但我们需要打破沉默的藩篱。

"我很抱歉让你感到不安，但是我们必须这么做。就像你在录音带中做的一样，就像和你妈妈相处时一样。因为我们希望你星期四时能跟你的妈妈一块儿回家，所以我们来完成它是很重要的。"

> 黑科特，皮科特，我的黑色母鸡
> 它为一个男人孵蛋……

德雷克开始挣扎。我看得出来他需要朋友陪伴他，所以我举起了老虎并放在他的膝盖上。

"来，你的朋友也可以帮助我们。你握着朋友的手，握着它的双手一起打拍子；我会握着你的手，然后我们一起跟着儿歌的旋律拍手。"当一只三尺高的老虎坐在一个还不如它高的孩子膝上时，要这么做还真不容易。特别是这个孩子只想将他的脸埋进老虎的背上。

> 黑科特，皮科特，我的黑色母鸡
> 它为一个男人孵蛋……

德雷克不愿合作，他继续哭着。

我停了下来，在椅子旁俯下身来，拿出纸巾为他擦脸。这堂课他一直在哭，因此脸湿了，眼眶红了，他那女孩子般的长发黏在脸上，有些跑到嘴巴里。

"来。我们休息一下。"我温和地说。拿出另一张纸巾，继续擦拭他的眼泪。"我知道这很难，会让你感到害怕。我对你的要求太多了，是吗？"

德雷克热切地点点头。

"但是我知道你可以做到的。如果你真的很努力的话，就像跟你妈妈在录音带中一样。我也想要听见你的声音，像录音带中的声音一样。"

这让他又哭了起来。

"不。不。我知道你很不安。哭出来没关系，但我们还是要做事。我会帮你的。我们一起来，你跟我，我知道我们可以的。"

我又等了一会儿，帮德雷克擤鼻涕，擦干他的眼泪，然后我们又开始了。我像之前一样，站到他的椅子后面，用我的双手握着他和他朋友的手，随着儿歌的节奏拍手。这似乎是一种最切实可行的方案，因为这样我们就不会有眼神的交流，也让他处于朋友所给与的安全感之中，而且这个动作也缓和了某种紧张的气氛。

> 黑科特，皮科特，我的黑色母鸡
> 它为一个男人孵蛋……
> 黑科特，皮科特，我的黑色母鸡

它为一个男人孵蛋……

黑科特，皮科特，我的黑色母鸡

它为一个男人孵蛋……

我跟着节奏一遍又一遍拍着他和朋友的手，希望节奏、动作、不断的重复能提供一种平和的氛围，诱导他开口说话。来吧，我想。其实我几乎在心里请求他。来吧，来吧，来吧。你可以做到的。来啊。

黑科特，皮科特，我的黑色母鸡

它为一个男人孵蛋……

他又哭了。他几乎没有完全停止过，但现在已经是疲惫而无望地哭泣了。

黑科特，皮科特，我的黑色母鸡

它为一个男人孵蛋……

来吧。一起说。开口说话呀，德雷克。来呀。拜托你。

黑科特，皮科特，我的黑色母鸡

它为一个男人孵蛋……

我听见他喘着气，又吸着气。就是这样吗？我们的努力快成功了吗？

> 黑科特，皮科特，我的黑色母鸡
>
> 它为一个男人孵蛋……

相反，他吐了。他午餐吃的罐装意大利面全都吐了出来，吐在他的面前，吐在朋友身上，流到地上。

我倒退了几步，任由他呕吐。

录音带继续放着：

> 黑科特，皮科特，我的黑色母鸡
>
> 它为一个男人孵蛋……

愤怒的我，扔着桌子上的东西。

这好像是一堂启智课。把德雷克清理干净，将治疗室打扫完毕，又将可怜的朋友擦干净，待这些烦琐的事务完成后，我送德雷克回病房，然后躲回我的办公室，跌坐在书桌旁的椅子里，用双手遮着眼睛。

海伦在那里，她一眼就看穿了我的苦恼。"要我跟你一起看这卷带子吗？"她提议说。

不。我不想让别人看这卷录像带。我自己都不想看这卷录像带。我太过火了。我太逼迫他了。对这个小男孩，我的要求太过了。甚至在我这么做的时候，我就明白这一点，但是急于成功让我无视这一切。这是一卷不值得一看的录像带。让别人看到这卷录像带会令我感到羞愧。因此我婉拒了她的请求，呆呆地坐着。

我们要怎么办呢？我们不能让德雷克在中心待了一周又一周。他太小了，说实话，跟家人分离和长期留在中心，只会增加更多心理上的问题，更不用说像我们今天这样的课程所带来的压力。但是，很明显，他本身也有严重的障碍。那会是什么呢？为什么这样年幼的孩子会有这样顽固的不语症呢？为什么？是什么原因让他拒绝合作呢？为什么呢？

如果我可以诚实地面对自己，那么每日密集的疗程，不但没有让德雷克有所进展，而且和我第一次见到他时比较起来，我对他的病因也没有进一步的了解。这种念头很可怕，不单单是花了这么多时间却对他没有更深入的了解，而且说明整个疗程的重点似乎也都没有对症下药。因为我对这份工作很有信心，所以很少给予这个男孩子任何发挥的余地。我已经把治疗的过程机械化，好像在修理一部出故障的汽车引擎。

当然也不是这般无情。我这么做是因为我想让德雷克尽快出院，因为我不想打扰他的生活，除非万不得已。而且我知道即使他需要长期治疗，也应该是在别的医疗机构而不是在这里，也应该是由别的专家而不是由我来主导；因此事实上，我的工作就是机械地帮助他开口说话，所以才发生了这些事情。

当然……有一刹那，我的思绪又回到某些似乎跟德雷克没有关联的事情中去。假如不语症是如此顽固，那么很大可能就是家庭中存在着某种严重的问题。我们一定要弄清楚这一点。直到此刻，我仍然希望，或许德雷克可以开口说话，而这些可能的儿童暴力，或是其他严重的家庭功能障碍，都有办法予以查明；德雷克在中心的行为或许会暴露出这些问题的蛛丝马迹，这样一来，我们的治疗之道也就有迹可循。但事实是，他仍然没有开口说话，而且他在中心里活泼、合作、社交关系良好，没有任何不良的行为。所以我还是寄望于从了解家庭功能障碍着手，但是我不知道问题出在哪里。是谁导致了这样的问题？又是怎样影响了德雷克？要知道他们还住在两百里外的地方。

21

葛达能自发性说话了

> 葛达说的话不着边际，或许，在她小小世界里那些话是有意义的，但在康复中心里，却一点意义也没有。

我到达的时候，葛达房间里的早餐盘已经清理干净，她又躺了下去，背对着门。对我的出现她并没有马上做出响应。我的感觉是，她以为是康复中心的工作人员，所以不予理会。当我叫着她的名字时，她快速地转过头来，接着又费力地转过身来。

"你需要我帮你坐起来吗？"我问。

她伸出手，比着手势，我没有马上理解手势的意思。好像她在床边拍着一只不存在的狗。她看着我，再次拍着空白的空间。

"噢。那个小男孩吗？你在问我那天跟我一起来的那个小男孩吗？"

她点点头。

"他是我服务的中心里的一个案主。那次是因为我正好要处理一些事情，所以就请他出来吃个东西。"

她皱着眉头，表情好像在对我说："再多讲讲他。"或许是："他为什么会在这里？"

"他之所以住在医院，是因为他不说话。他只有在家里对他的母亲说话，不跟其他人说话，甚至他的父亲。当然，这就是他的问题所在。所以我在努力帮他。"

停顿。

"可惜的是，我好像没有完成这个任务。他还是不说话。"

葛达的脸上闪过一丝伤感和同情。

她这样关心孩子让我好感动，特别是之前的几次访谈中，她都没有显露出丝毫的情感。我在床边的椅子上坐了下来。

"我想我告诉过你，他叫德雷克。而且我为他感到很难过，他才四岁大。他的家人对他的期望很高。他家是地方上的望族。他的爷爷是个十足的大家长——苛刻、专横、统驭着每个人。德雷克的某些'缺失'让他很不安。如果不是他，这个男孩也许有些机会去发展自我……"

葛达微微地点点头。

接着是一阵短暂的沉默。我知道我不该跟她谈论德雷克的状况，尽管葛达可能不会接受任何的信息。但这是不道德的，因此我寻找着另一个话题来代替现在这段对话。

"微光中的孩子，"她轻柔地说，"微光中的孩子，微光中的孩子。"

我惊讶地看着她，因为这正是我努力寻找的自发性谈话。

不幸的是，那些话像诗句一样，所以对我并没有多大的意义。她蓝色的眼睛紧紧地盯着我看，但是脸上的表情仍然难以理解。

我慢慢地点点头，希望这是个恰当的回应。

葛达的目光看着别处，似乎正在研究着床边墙壁上的空白，然后又回过头来，平静地说："提姆是从西部拉着篷车过来的，所以它有几分像纯种马。它应该套上马鞍的，但爸爸却硬要让它运货。"

我几乎不知道我们在说些什么，我们是如何从德雷克的话题转换到篷车和提姆的，我想后者应该是一匹马吧。

"沿途不断寻找野樱。妈妈把所有的容器和野餐食品都放在运货的马车上。爸爸把提姆套上车，他们都走了。路易莎和我，我们总是留在家里，男孩子们都可以去。'女孩子不可以去。'妈妈总是这么说。'妈妈，男孩子们不擅长摘野樱，让我和路易莎去吧。'妈妈说，'你会在路上弄脏你的洋装。'

"等男孩子们回到家时，他们的手指、嘴唇、舌头，甚至牙齿，都沾上红色的野樱汁。野樱你可以吃到饱，因为没有人能够吃下太多。你的喉咙会因为果汁的甘甜而感到窒息。喝口水后，你又忍不住狼吞虎咽。"

我仍然对于这一大堆突如其来的话语感到困惑。不过，当葛达说话时，我也回想起我童年时的蒙大拿乡下，那里长满了山艾树、野牛草、初秋时便果实累累的灰绿色野樱树。和许多家庭一样，把摘野樱当作秋天的一大盛事，我们大概是最后一代了。每年和家人及朋友在温暖的秋阳下郊游，那种滋味就像苦涩的樱桃，还有随之而来的饱足感，都让我记忆犹新。许多年来，野樱常常萦绕在我的心头。

"我小时候也常常去采野樱，"我对葛达说，"我奶奶曾将它做成果汁来配薄煎饼。我觉得它比枫糖好吃。"

"我哥哥威利，有一次闯入母牛的牧场。公牛开始追逐他，他匆匆跑到河边的苹果树边，公牛追了过来，对着他的脸舔着。威利在果树边哀嚎的声音很大，在楼上缝补衣服的我和路易莎都听见了。他心想，他一定会被吃掉，说：'妈妈！那公牛已经咬了我一口。'然后他就哭了。亚佛烈德觉得这很有趣。当妈妈在栅栏外逮到我时，我被狠狠地揍了一顿。她说：'女孩子哪里都不能去。'真是不公平。威利比我们还要小呢。而且我喜欢母牛，也不害怕公牛咬我。"

葛达说的话不着边际，或许，在她小小的世界里那些话是有意义的，但在康复中心里，却一点意义也没有。我猜想，她是在叙述她的回忆，但方式却是杂乱的，而且也不像大多数人在回忆时以对话的方式进行。事实上，即使我想参与，葛达也不会对我有所回应。她继续随意地说着，准确地说，也不像是当我根本不存在的样子，因为我感觉得到她在对我说话；但她的话又不像是对话那样有彼此的交流，因此我也不知道要如何参与谈话。不过，我离开康复中心时还是很开心，因为她能自发性地说话了。

我想和戴维·梅诺蒂就卡珊德拉的状况深谈一次。除了媒体上常见的解离症（dissociative disorder，编注：解离症患者通常是基于某些因素，会借由失忆、痴呆、幻觉、歇斯底里等等症状，"故意"突显自己有病的假象）外，还有较少被人了解的特殊多重人格障碍（multiple personality disorder，编注：为解离症之一。指一个人同时拥有不同人格，而这些人格会在不同时间表现出来），但很少有孩子会罹患此症。在我早期的职业生涯中，甚至认为多重人格障碍不会发生在孩子身上，或是发生的概率很低，因此我从没碰到过这种案例。但二十世纪八十年代，多重人格障碍突然成为一个主题，尽管这种病状神秘又吓人，但是医生做出这样的诊断似乎是一种流行。甚至，每个人或多或少都有些类似的症状。不过此病出现在孩子身上仍然很少见，我过去合作过的孩子中也有少数这种病例，他们现在都已经长大成人。我的几个同事也有这种病例。

过度曝光终于让多重人格障碍从大众媒体中消失了。重要的研究正在进行中，建立在客观数据上的学术体系取代了感性的传奇故事。结果证实，这种疾病并不如二十世纪七十年代所认为的那样罕见，但也并非无所不在。它仍然是一种复杂又难以理解的心理障碍。

解离性，其本身是一个行为的范畴，每个人都在这个范畴之中，只有轻重之分。解离是正常的，每个人都有解离的时候。当我们专注于某种特定行为，而忽略了周遭的存在时，便是解离。大多数成人在开车时都经历过解离的状态——他们在想着自己的晚餐、工作，或者是家人，甚至是某些琐事，例如到杂货店该买些什么——不自觉地开着车。他们并不是失控地驾驶着，只是停止看路面和周围的环境，专注于脑中想的事情。他们可以"自动驾驶"得很好，而且当"需要多加注意路面"的微弱信号出现时，会马上回到现实中来，否则就"迷失在幻想中"。这是一种正常的行为，每个人都这样。和其他行为一样，"正常"的范围也很宽。有些人很少出现解离的情况，有些人则很容易出现，而且是经常性的。但他们都是正常的。

在有压力的情况下解离，试着"想些别的事情"来转移痛苦的感受和负面的环境也是很正常的。事实上，这还被视为是件好事：有些鼓励自我成长的书籍也教读者怎样有效地转移痛苦；父母亲常会鼓励孩子以这种方式来处世；具有这种能力者通常被认为有创意、有智慧、适应性良好。因此问题不在于你有没有解离的现象，或者你解离的程度如何，而是，在这个连续的范围中，区分有帮助的良性解离和破坏性的恶性解离之界限在哪里？这是一个很难回答的问题，不仅因为这个界限因人而异，而且所有的解离，甚至是最极端的状况，并非都是有害的。

儿童的多重人格障碍是种更复杂的问题。因为正常想象力的发挥，很多孩子很容易解离，而且是完全地解离，扮演着不同的角色，例如警察、航天员、牛仔、父母亲。同样，许多健康、适应性良好的孩子有个想象的朋友，"他"有着与这个孩子不同的人格。有些人所编造的想象世界充满了各式不同个性的角色。这个想象的世界可以持续整个童年、青少年，甚至到成人的阶段，而且不会造成任何心理上的影响。另一方面，有些与器质性因素完全没有关联，毒品、过敏症、生理上的疾病——也会导致类似解离症的戏剧性行为变化，例如，无法记住最近发生的事、注意力集中的时间忽然变短，或是情绪上的"多愁善感"。因此多重人格障碍不是那么容易诊断的。

所以，我非常需要戴维·梅诺蒂的协助，因为我的背景不足以做这样的诊断。他上周绝大部分时间都不在，否则我早该在第一次有此怀疑时就让他看那卷录像带。现在，随着我最近和卡珊德拉进行课程的增多，我更确定自己需要他的建议。

戴维颇有兴趣地看着录像带。那是一个阴郁的下午，因为是阴天，又下着冰冷的小雨，天色比平常更暗。我们的录像机只能够拍摄出黑白的影像，而录这堂课程的录像带也已经老旧、重复使用了很多遍，所以布满了雪花。这让气氛更加诡谲而荒凉。

戴维双手交叉放在腹部，专注地看着，不自觉地抿着下嘴唇。当卡珊德拉讲到蛇牧师和蛇牛仔时，他皱起了眉头。

"即使一个孩子患有多重人格障碍，但能清楚明确地自我分身也是很不寻常的现象。"戴维说，"这种情形比较多出现在成年人身上。患者长大之后，这些分身也变得更加丰富而有个性。我也不确定是什么原因，也许是成长的过程形成了抽象思维的能力，或许是这种行为本身也获得了发展。然而，在我的经验里，这种分身在大多数孩子身上是相当模糊的，甚至不是自我的'人格'。这使得他们难以追踪和辨识，同样也使他们更加容易重新整合到主要人格中去，因为他们还没有完全分离出来。"他叹了一口很长的气，"但是，我确定这就是症结所在。"

"多重人格障碍和严重创伤之间有高度的相关性，是吗？"我问。

戴维点点头："不仅仅是严重的创伤，这通常暗示严重创伤的重复出现。那种创伤对孩子的生命造成威胁，而孩子躲也躲不过。这样持续不断地发生，甚至没有疗愈的机会。对呀，我想大概百分之九十几——百分之九十六或九十八患有多重人格障碍的孩子，都遭受过那种严重的虐待。"

他叹息着："所以就算卡珊德拉不曾透露她在绑架期间发生过什么，我们仍然可以假定她曾经遭受了严重且持续的虐待。"

22

卡珊德拉的感觉游戏

> 我抓起一袋白色筹码并将其倒在桌子上,这也泄露了我原本应该隐藏起来的恼怒。

这种对卡珊德拉令人困惑行为的深入剖析,是一种诊断上的突破,可惜的是,这种突破是针对我们对她的了解而言,却不是针对她的治疗而言。我希望我跟她最终能形成一种正面的关系,也就是我们可以平静地对话,让我对现有状况的深入了解变成最适当的帮助,让我们的治疗可以更进一步。事实上,并非如此。卡珊德拉的行为更有争议,非常不讨人喜欢。

这几天天天如此,当我来接她上课时,她都被关在隔离室里。这次又是因为莎玛而起。莎玛容易受伤害的弱点使她成为卡珊德拉的目标,而对卡珊德拉来说,一方面,她似乎很喜欢这个年幼的小女孩;另一方面,又无法停止去欺侮她。事实上莎玛也不聪明,因此很容易上当,她把听到的每件事都信以为真。易受欺骗的特性吸引着卡珊德拉,使她编造的谎言更加离谱，以便在莎玛大声吓止她之前，尽其所能地胡说一番。

更让卡珊德拉着迷的是，莎玛的幻觉。我很确定卡珊德拉认为，莎玛的幻觉和自己幻听的蛇牧师或蛇牛仔的声音是一样的，而且还认为，莎玛明显的精神病症状证明了：有幻听的人就是精神病患者，因此，自己也和她一样。

其实，莎玛的幻觉属于一些非自然界的东西，主要是恶魔、吸血鬼、幽灵，及其他妖魔鬼怪，她的四周就像是"魔法奇兵"的世界。莎玛真的看到并且听见这些东西。此外，还有种声音持续对她低语，说我们这些人都是恶魔或吸血鬼假扮的。结果，莎玛不断地进行宗教仪式，以确保个人世界的安全，免于我们这些秘密邪魔的入侵。莎玛说的话、做的事，都不超出那个超自然的范围。这使得她成为所有对话中最不协调的伙伴，因为她拒绝任何要把吸血鬼或女巫等投射到俗世的推论。

直到在病房中遇见了卡珊德拉，莎玛的吸血鬼们并没有特殊的性内涵。因此，开始的时候很容易辨认哪些影像是卡珊德拉置入的，因为莎玛只是机械地模仿卡珊德拉暴力和性侵害的情节，只是把其中的人名换成"幽灵"或"吸血鬼"。但是，事情很快就变得更恐怖了。意识到性骚扰真的是很讨厌的事情，莎玛开始将它并入到幽灵和吸血鬼的普通观念中，即使她不知道"恐怖事情"的真实意义是什么。因此，现在吸血鬼朝你跳了出来，咬你，让你变成鬼之后，它们还会强暴你，或者是"把你吸得很爽"。莎玛开始在任何场合对每个人说起这类事情。

可以理解的是，莎玛的父母对这种新症状很不高兴。他们认为，这都是我们的过失才让莎玛暴露于这种环境中。他们也和中心的工作人员一样感到烦恼，害怕不明就里的人会把莎玛的话当真，会无事生非，以性虐待来控告某个无辜的成年人。

所以中心一片混乱。卡珊德拉被严厉禁止和莎玛有所接触，并且尽最大可能地将她俩分开，让卡珊德拉没有违规的机会。这很不容易，因为中心并不大，为了维持这种隔离的状态，卡珊德拉的行动必须受到严格管控。由于她不断地指控性侵害，我们于是对她进行"成对管理"，那意味着每个互动都需要有两个成年人一起参与。

所有这些限制，使得中心的任何人和卡珊德拉都不可能有正常的接触。每件事都必须有所防范。我们给她的制止远胜于给她的治疗，但除此之外，也不知道有什么更好的办法。这也大大阻碍了我对她的心理治疗。虽然我现在有了一些治疗的架构——她显示出多重人格障碍的早期征兆——不过这还是很难在疗程中连续进行，因为我每天和她会面时，都会出现新的危机，光是解决危机，就占用了我们大部分时间。

那天早晨，我们会面时也是一样。卡珊德拉又被关进了隔离室，因为她被发现出现在莎玛的房间里，而且正在欺侮莎玛。

我在隔离室外站了一分钟。门上有一扇小窗户，我透过它往里面看。卡珊德拉盘着腿，背对着门，坐在地板上。我打开门，走了进去。

她没有转过身来。

"如果治疗课程时间，你是在病房而不是在隔离室里，会有很大帮助的。"

她沮丧地坐着，没有回答。

"我并不想浪费我们相处的时间,而且每次工作人员都把你关在隔离室里,而我来把你接出去,这样也真的很不好。"

"这不是我的错,"她嘟囔着,"我什么都没有做。这里快要闷死人了,我讨厌这里。"

"嗯,来吧。"

她兴致索然地站起身,然后我们离开了。

就如同以往的治疗课程一样,等我关上治疗室的门时,卡珊德拉已经恢复了精神。"我想做那些感觉游戏,"她讲得很开心,好像什么事情都没有发生过一样,"你还记得我们帮各种感觉取名字的那些纸吗?你带来这里了?它们在哪里?"

"来到这里似乎让你很高兴,"我说,"在中心的时候,你总是很生气。只要我们一来这里,我就觉得你似乎忘了所有的事。"

"嗯,对啊。难道你不是吗?"她武断地问,并且到架子上四处翻找着感觉纸。"隔离室里闷死了。我当然很高兴出来啊。"

"我觉得当我非常生气或沮丧的时候,我无法因为走进另一个房间而完全忘了那些感觉。"

"我可以。"

"为什么?"我问。

她耸耸肩:"我不知道。我只知道我就是可以。"

"在隔离室时,你在想些什么?"

她再次耸耸肩。她背对着我,仍然在架子上的纸堆中翻找着,她的耸肩只显示了她的轻率无礼。

"在隔离室时,你在想些什么?"我再次问。

"我不知道。"

"卡珊德拉,请你转过身来。过来这里坐下。"

"我要做感觉游戏。我找不到那些纸。"

"我也想做那个游戏,"我说,"我们待会儿再做。但我想要你先做这件事。请转过身来,坐下。"

"我想做感觉游戏。"

"好吧,那没关系。我将它放在盒子里。但是先请你坐下。"

她马上转过身,并伸过手来拿我的盒子。

我把手压在盒子上:"请你坐下。"

她迟疑了很长时间,才颓然坐在我对面的椅子上。

我打开盒子,拿出她命名而且画了图画的感觉纸。当我将它放在桌子上时,我的一只手一直按着它,因为很明显,她想要将它拿走。

"好吧,我来示范我们要怎么玩这个游戏。"我说。

"我不想玩任何游戏。我想画画。我想要为其他感觉取名字。我们原本就应该要这样做的。那就是正宗的心理学,是吗?"

她的话语几乎让我笑出声来。但是,她没有去拿纸张,并且恼怒地说:"所以,给我吧。"

"不。"

"我想画画。"

"不,那不是我们今天要做的。我们要做点不一样的。我们今天要用这张感觉清单来列表,而不是做美工。你还记得扑克筹码吗?在这里。"我将一叠红色的筹码堆在桌上。

"我想画画。"

为什么，为什么我们不能做点正事呢？我厌倦了每件事都这样跟她对抗。"好了，这里是感觉的列表，"我说。一共有三张纸，每张纸上都划分为五栏，十五栏中各包含一种感觉——生气、爱、厌恶……等等——大部分她都已经画了图案，并且取了像"婴儿的感觉"、"狗的呕吐物的感觉"之类的名字。我把那些纸一张张排好，然后，我用右手压住纸的上方，因此她无法移动它们。"好吧，这次我先示范给你看要怎么玩。"我说，"我的表哥要来看我，我已经很久很久没见到他了。事实上，自从他十二岁、我十一岁之后，我们就没有见过面。"

"现在就要告诉你游戏该怎么玩了。我要把扑克筹码放在不同字段的下面，以表示我对表哥来访的感受。例如，他的来访让我很开心，因为尽管很久没见面了，但我们最后一次见面时，我们玩得很开心，而且我很喜欢表哥。所以我要把一些筹码放在'快乐的感觉'上。也许是五个。但同时，我也很担心，因为我们分开很久了，也许他已经变成我不喜欢的样子了。不过我也不是很担心，所以就把三个筹码放在'担心的感觉'上。"

"那么'兴奋的感觉'呢？"卡珊德拉说，"我打赌你对于他要来也会感到兴奋的，因为也许你们会一起做些令人兴奋的事。"

很高兴看见卡珊德拉清楚了解了这个游戏，并且参与其中，我高兴地认同了，并且将筹码放在"兴奋的感觉"上。

"对啊，因为他要来和你做爱。"她补充说，并且大笑起来。

我不理会她说的话："好吧，那么现在轮到你了。请你用这种方式让我看看你在隔离室里有什么感觉。"

卡珊德拉看着表格："我没有看到'讨厌'那一栏。"

"我也没看到。你看这里。"我快速地在空白字段的上方写下"讨厌"。

"好吧,筹码在哪里?"她问,"因为讨厌的程度很高,嗯?"

她还有些概念。这时,我还真怀疑是否有人曾经跟她玩过类似的游戏。我拿起一袋蓝色筹码(编注:美国赌场内的筹码,由大至小排列,依序为蓝色筹码、红色筹码、白色筹码。),并将它们倒出来。

"那些白色筹码呢?"她问。

"那些白色筹码代表的价码较低,而非更高。"

"对。但我也需要它们。"

我再次看见这个游戏变成一个控制性与操纵性的练习。我抓起一袋白色筹码并将其倒在桌上,这也泄露了我原本应该隐藏起来的恼怒。

"好。所有的筹码都在这儿了,所有的感觉也都在这里了。现在把你在隔离室的感觉表现给我看。"

她握起了整把的蓝色筹码——价码最高的,把它们都堆放在"讨厌"的字段下。

"好讨厌噢。"我说。

"对啊。我是非常讨厌。"

"还有别的吗?"

"没有,"她说,并且摇摇头,"就这些了。"

"因为通常我们都会一次有许多种感觉。其中的某一种特殊感觉也许是最强烈的,这让我们觉得好像我们只有那一种感觉一样,但其实也有其他的感觉存在。"

"不。是讨厌。我就是讨厌这个地方。我讨厌这里的每个人。我非常讨厌他们,真想干他们,想干这整间医院。"

"好吧，"我说，"这就很清楚了。"

卡珊德拉伸手过去，拿了更多的蓝色筹码，将蓝色筹码加到"讨厌"的字段下。这时，那堆蓝色筹码已有两寸高了。

"好，我了解你在隔离室时的感受了。"我说。

"即使我有更多的筹码，都不足以表达我的厌恶。"她回答。

"是的，我看得出来。"

现在我担心的是她要试着以这种方式来控制这个游戏，纸上已经堆积了很多蓝色筹码，她坚持把所有的蓝色筹码都堆在纸上。控制、控制、再控制。不论我们做了什么，主要议题就是控制权的争夺。

"所以，你除了讨厌之外便没有任何感觉了，"我说，"让我们再做一次。我们这次这样问：那么蛇牧师呢？蛇牧师在隔离室里的感觉是什么？"

她眯起了眼睛，看着我。

"昨天你说，蛇牧师在隔离室里跟你说话。今天在隔离室时，你能感觉到蛇牧师吗？蛇牧师也在那里吗？"

她犹豫了，眼睛仍然眯着，仍然用猜疑的眼神看着我。她在猜疑什么呢？我很好奇。当她谈到蛇牧师和其他蛇时，向我泄露了她的秘密吗？我也能接受其他分身们的看法吗？还是她只是估量着这个有效的操控新技巧，以此来打败我？我无从得知。

"你能为蛇牧师做同样的事吗？"我问，"你能用这些筹码表达出蛇牧师的感觉吗？"

她非常缓慢地点点头，然后说："但还有另一种感觉，没有写在这里。这个表格不是非常完整。"

"没关系。我们可以在活动过程中陆续加上去。一次想到所有的感觉是很难的。有哪些感觉漏掉了呢?"

"羞耻。因为蛇牧师对我所做的感到羞耻,而且快气疯了,还有……"她还有某些要补充的感觉,但并没有写出来。

我倾身靠了过去,并在纸上写下"羞耻"。我不用像写"讨厌"时那样局促了,因为她不会强夺纸张去画画或是为这些感觉取名,而将活动的重点转移。我好奇的是,我们何时开始正式引见这些"朋友"——就是她人格的分身,卡珊德拉忽然安静下来。她停止了想控制一切的惊人努力,认真投入我们正在进行的活动中。

"那么,筹码呢?"我说,"蛇牧师的筹码。"

她放了一个蓝色筹码在"羞耻"下方,又放了一张红色筹码在"疯狂"的下方。接着,她选了一个白色筹码,花了一些时间研究表格,最后将它放在"讨厌"的下方。她拿起第二张白色筹码并将它放在"讨厌"的字段上,就在那一堆蓝色筹码下方。她放了第三张白色筹码在"讨厌"的下方。"那是因为他讨厌我,"她平静地说,"当我表现出那种行为时他会讨厌我。"

"那么,蛇牛仔呢?你能把蛇牛仔在隔离室里的感觉表现给我看吗?"

卡珊德拉开始推开那些摆放在纸上的筹码,但我举起了她的一只手。"你可以把它们保留在那里。我们可以同时将每个人的感觉都表现在纸上。"

"不,我想要重来一遍。"

"好吧。"

她拿起三张蓝色筹码,并将它们放在"担心"的下方,又拿了一个蓝色筹码摆在"悲伤"的下方,另一个放在"孤单"的下方,另外有两个则放在"害怕"的下方。

"他的感觉还蛮丰富的。"我说,"而且我注意到他用的都是蓝色筹码,所以他的感觉很强烈,是吗?"

她点点头。"他是个感性的人。"她回答。这句话把我逗乐了,不仅因为对一个九岁的孩子来说,这句话太早熟了些,也显示出了她出人意料的干练。

"那么,蛇仙女呢?"我问道,"她在隔离室的感觉呢?"

"她不在那里。她还太小。"

"我懂了。"

"因为她很害怕。那就是她的感觉。如果她待在隔离室,她真的会很害怕,因为她不明白究竟发生了什么事。她还很小,我也会照顾她的。我不会让任何不好的事情发生在她身上。所以她不在那里。"

我点点头。"还有别人吗?"我平静地问,"除了你、蛇牧师、蛇牛仔,及蛇仙女之外?"

"还有蛇姐妹,她们是双胞胎,十三岁了,但她们并不在那里。她们名叫贝姬和碧姬。但大部分时候她们都不在附近,她们必须去上学才能够毕业。"

"我懂了。那么,还有别人吗?"

"没有了,"她温和地说,"就只有我们几个。"

23
德雷克被带出了治疗中心

> 这对德雷克来说太可怕了——被封锁在无声的世界中，和一个无法认同手语的男人关在一起，而且那个男人无法忍受任何形式的不完美。

周一有个关于德雷克进展的会议，他的母亲和祖父都会来参加。只是，这次他父亲又缺席了。这么久以来，我们都没有人见过他父亲。

自从昆顿幼儿园的会面后，这是和露西亚以及梅森·斯隆的第二次会面。我对于这次的会面很担心，因为我对德雷克的状况毫无帮助，而且我也很清楚梅森·斯隆对此很不高兴。我错在对德雷克过于苛责，太过执着于我工作上的目标导向并以此要求他；而梅森·斯隆却显然觉得我的目标导向还不够明确。事实上，我觉得自己有点怕斯隆。我也曾期待自己可以完美地处理德雷克的个案。撇开斯隆的压力，连我都觉得自己把事情搞砸了，而这更加重了我的恐惧感。

这次和昆顿那次会面的最大区别在于，我不必独自一人面对他们。

事实上，哈利决定由他亲自主持会议，虽然德雷克心理治疗的部分由我负责。因为知道攻击行为（aggressive behavior，编注：指有意地伤害他人的行为）从某种程度上来说只是一种权力上的较量，所以哈利希望斯隆在面对一个较高职位的权威者时会合作一些。

哈利解释了我们对德雷克所做的一切，包括评估测试、智商测试，以及各种医学检查，唯独没有提到我心理治疗的部分。他说，每项测试都显示德雷克是一个聪明、适应力佳、协调能力良好的孩子。唯一例外的是他的语言表达能力。

"这真是不可思议。"哈利说。他把斯隆转给我们的梅约医学中心的报告放到其他文件上，然后坐回座位。"我很希望可以对你说，我们在治疗德雷克时的进展顺利。"他说，"这真是很特殊的个案。小小年纪遇到了这么棘手的问题。而另一方面，他是个情绪稳定、判断力良好的孩子……，我很想给你一个明确的诊断，甚至更重要的，一个切实可行的方案，但是事实却是，在目前阶段……"哈利再次举起了梅约医学中心的报告，"我非常尊重这所医院。虽然不能认定它是最好的，在全国也不算是第一流的，但它很具权威性。我也很赞赏你寻求这样的专业方式来帮助德雷克。我也看到他们的结论很详实。但是……最大的问题在于，他们的陈述和我们观察到的实情不相符。这个男孩和这些结论不相符。所以在拟定下一步方案之前，我希望建立我们自己的数据，包括选择医院来协助我们找到可行的方法。这意味着如果必要，要重复部分梅约医学中心做过的检查。"

梅森·斯隆的反应迅速且强烈。"所有的医生都一样。"他抱怨，"你们想到的就是赚钱。测试、测试、再测试，不断重复你们自己的那套把戏，重复其他医生做过的事。告诉我们做这些测试有多重要，然后说，你们不会采信其他医院的数据。你们对我的孙子一点帮助也没有！"

他就这样无休止地抱怨着。

梅森·斯隆红着脸开始慷慨陈词，说，他已经告诉过我们德雷克没有心理上的问题。他很清楚这一点。我们有没有想过斯隆家族已经取得的成就：和拓荒者一同西进，坐着篷车穿越大草原，在那里建立最强大的银行财团，看在上帝的分上，重建了昆顿，如果没有斯隆家族强健的血统，昆顿如何成为区域性的重要城市？我们怎么可以暗示他们的血统中竟有心因性的失聪？看在基督的分上，他的孙子不会有精神方面的疾病。他本人是第一名的资优生，他的儿子也是第一名的资优生。事实上，他儿子曾就读于哈佛商学院，并以顶尖的成绩毕业。难道我们认为他儿子的儿子会逊色多少吗？

这个过程中，哈利迅速简短地瞄了我一眼，这个极短暂的目光交会传递了很多感触。

斯隆的吼叫并没有让哈利改变主意。他从容且冷静，像对一个天资鲁钝的孩子说话似的，用缓慢且平静的语调说，他一点也不怀疑德雷克的精神状况，他担心的是潜在的身体上的因素。为了使他的观点更明确一点，哈利提到我在上周和德雷克使用美国手语的情形，德雷克在学习手语和用手语表达时，反应都很积极。哈利继续解释：心因性的不语症通常排斥各种形式的表达，但是德雷克却相反，他似乎热衷于表达。这暗示他有身体上的原因。当然，我们排除神经方面的表达障碍，这种判断对家人来说有些残酷；另一方面，梅约医学中心的检查报告遗忘了这部分也是很不近常理的，最糟糕的是，这使得德雷克的治疗无法对症下药。

倾听由同事来表述而不用自己来解释个案的优点之一，便是让我从个案中抽离，从而可以更客观地审视状况。结果我发现，哈利提到恐惧症（phobia，编注：指患者对特定的不具伤害性的事物所具有的强烈恐惧，虽然明白这种恐惧是不必要的，但无法控制自己而对恐惧的事物或情境极力回避）。真正的恐惧症以生理学的观念来看，是指排斥使用语言来描述日常行为。那么德雷克有可能是恐惧自己的声音吗？还是他发声的感觉？或者是他说出的言语？我了解创伤——包括身体上嘴部的创伤、心理上强大的创伤——和选择性不语症之间的关联。事实上，我们常把选择性不语症称为"恐惧说话"。但是真有这种恐惧的感觉让身体器官发声的行为困扰着德雷克，使他无法发声的同时，却可以平静地以其他方式来沟通吗？在我的工作经验中还未遇到过这样极端的个案，但这并非不可能。我也知道恐惧会造成最异常的状态，有些患者几乎是完全的呆滞。

我的头脑从纷乱思绪中回到眼前，仔细思考正在进行的会议。我想到了"脱敏疗法（desensitization，编注：指治疗师应用各种技巧与过程，帮助案主借着反复的练习和指定的家庭作业，达到掌控恐惧的目的）"以及用于治疗恐惧症的其他常用方法。如果是这样，我要怎样才能使德雷克对自己的声音不那么敏感呢？当然，这又让我想到了他和他母亲的那卷录音带。

我在想，他对她说过话啊。如果他因为恐惧而拒绝对我们发出最微弱的声音，为什么在家里说话时就不会呢？这和我所了解的恐惧症不一样。真正的恐惧症，无论环境或人多么友好，患者会始终如故地不发出任何声音。

就当我这样胡乱猜测时，无意中瞄到了露西亚，忽然思绪一下子集中到她身上。惊讶中，我看着她，坐在会议室里，藏在斯隆的身影后，全然的安静。双手环抱着，她从桌边微微退后一些。她坐的位置让人觉得她是在梅森·斯隆的后方，虽然并不是这样。我又仔细打量了一番，真的，她竟然在离桌子约十二至十五厘米的地方坐着。另外，让人产生她坐在斯隆后面的原因是，斯隆身体前倾、侃侃而谈，而她不由得退缩到他的身后，身体略向他倾斜。我吃惊地发现，她是个非常漂亮的女人。及肩的长发修剪得很时髦，眼睛又大又黑，像鹿的眼睛一样深情款款——这句旧谚语用在这里形容她还真贴切——因为这种动物即便是在轻松自在时，眼底也潜藏着警觉。

我可以确定露西亚患有厌食症（anorexic，编注：是一种常发生在女性身上的疾病，患者常拒绝维持最低正常体重，或是极度害怕变胖）。她超乎寻常的瘦削。日光灯下皮肤苍白的她，憔悴而脆弱，像是照片上看到的某个无名集中营里的战犯。因为没有注意到我正在看她，因此她毫无戒备，脸上茫然若失的表情也像极了战犯的神态。

我的思绪被打断了，因为梅森·斯隆又发飙了。

"手语？"他用可怕的音调尖叫着，好像哈利说，我们为了治疗而对德雷克用可卡因或是脚镣一样："我拒绝让这个孩子学习手语。他又不是聋子。我不允许你们这样戏弄他，学习演哑剧。他到这里来不是要你们教他像残障人士一样的行为举止。"

我想，这就是为什么德雷克在使用手语时会害怕的原因。我可以想象德雷克从幼儿园回到家里,做了几个手势之后,换来的是祖父看到孙子像残障人士一样的动作而产生的震怒。

斯隆厌恶手语只是表面行为,因为令他怒吼的是哈利暗示德雷克大脑有缺失,"神经学上的表达障碍"就是这个意思,不是吗?梅森·斯隆无法容忍他们受人尊重的家族名誉受到这样的污辱。

接下来的时间,两个男人不愉快地对峙着,温和有礼的哈利也不是个能够轻易击败的对手。他指出,把德雷克送来这里是要我们替他做评估和介入,在这个过程中,身为专业人士的我们的任务,就是做对德雷克有帮助的事情。这包括评估他身体上以及心理上的沟通能力。疏忽其中一个,就代表我们不够仔细。如果确实存在神经上的障碍,那么当今世上所有的心理学成就都帮不上忙。

这些当然完全不是梅森·斯隆期待的,他称呼我们为"受他雇用的人",所以他做出了我一直预料他会做出的事。

"砰!砰!"他敲击着桌上所有的文件,站起身来,粗暴地推开椅子,命令露西亚跟着他,愤然地走了出去。

哈利、我,还有同组的成员依旧坐在桌旁,交换着懊恼的眼神。

南西·安德森摇着头,露出一丝苦笑。"德雷克的妈妈一定很困惑。没有人可以像德雷克一样得了那个傻瓜的遗传,还可以这样优秀。"

但是更糟的事情发生了。我们的会面是在会议室进行的,那可是一个高高在上的"天堂",而医院的其他院区,包括精神科医师的办公室都在楼下。等我和南西回到楼下时,发现那里每个人都处于混乱之中。梅森·斯隆愤怒地从会议室直接下来,宣称,他不会让他的孙子再多待一秒钟,并坚持让德雷克立即出院。因为德雷克是自愿入院的,而且露西亚也在场，梅森·斯隆有权要求这些。当我和南西到达现场时，德雷克已经走了。

我不敢相信。站在空旷的休息室里，我失望地叹了口气。他怎么可以这样？事情怎么变成这样？我们应该透过某些方式阻止他的，要求他继续让德雷克接受治疗。这对德雷克来说太可怕了——被封锁在无声的世界中，和一个无法认同手语的男人关在一起，而且那个男人无法忍受任何形式的不完美。

其他同事和我一样烦恼和失望，我们几个人聚在护理站，发泄我们的怨气，努力寻找解决方案。后来，我们的谈话只能悲观地收尾。因为，孩子是属于他的父母的。斯隆对德雷克治疗的决定让我们很不以为然，但是我们所能做的，就是把这些记录在他的档案中。德雷克虽然不能说话，但是他是个适应力极好的孩子。我们有理由证明，离开这里对他更好，因为在那里没有我们给他的严苛训练。事实上，不久之前，我也曾站在另一个角度，试图让他离开医院，并且告诉每个人，待在家里对他最好。

他妈的。

回到办公室，我的情绪还没有转好。今天海伦不在，所以只有我一个人。关上身后的门，我把东西都放在桌子上，然后跌坐在椅子上。看着公告栏上罗列的琐事，任思绪飞扬。

我还没有准备好要结束德雷克的案子。整件事情不是我的介入方法失败了，而是我根本就不了解我要介入的对象。这是一个聪明、外向的孩子，所有报告都显示他很正常，身体健康、适应性良好，不过他就是不说话，这就不正常了。他究竟是哪里出了错？没有人会无缘无故变成这样。

但他在家里会和他的母亲交谈。所以在哈利的观察报告或是他的测试中，德雷克的适应性表现得那么完好，但是德雷克的行为就是适应不良。他在那里说话，在这里却不说话，在学校也从不说话，甚至不对他的父亲讲一句话，但是他对母亲说。可怜的露西亚，无能又软弱。他对她说话，是因为她是唯一给他安全感的人吗？她和他像是个孤岛一样漂在那个机能不健全的家里，而这个家正是他不语的起因？了解了梅森·斯隆，又观察了露西亚，不难想到这种可能性。

除此之外，便没有什么其他想法了。这个虐待或是不健全的家庭反复出现在我面前，因为那是我熟知的模式，也正是这种模式产生了诸多后遗症。但是因为德雷克不能说话，也就没有其他方式来完整地了解它们，而我的推断也就无从证实。

我黯然地坐在桌子边，想到德雷克的离开，想到那个关起门来什么事都会发生的家庭，面对这些，我们却无法给他任何哪怕是最细微的帮助——以便在将来的某个时刻可以带给他一线生机。

24

最难堪的场面

卡珊德拉在隔离室像一头受伤的野兽一般,尖叫着,呼喊着,怒吼着,用身体冲撞铺了软垫的墙壁和门。

"我失去了那个小男孩,"我说,"上次和我一起来的小男孩。"

葛达皱起了眉头。

"完美的家庭有太多压力。他不能说话,而他们希望我可以像打开开关似的让他开始说话,便可了结这桩心事。当我们提出事情比他们想象的严重时,他们变得很不安,生气地带着他离开了。"我看着她,叹了口气,"对此我好难过。"

葛达伸出手臂对着空中拍打,好像在拍一个隐形小孩的头。她的眉头皱得更紧了。

我点点头:"是啊,真是可怕。他是出了问题,但是没有人愿意听。没有人问他为什么会出现这样的问题。"

我停顿了一下,重新思考了一番:"也不像我说的那么糟。我不是暗示他们忽略他的问题,因为他们也为他费心费力。只是他们太自我,他们太在意外界的看法,对他们来说,那才是最重要的。斯隆是受人尊重的人,所以他们要在世人面前表现出完美的那一面。没有人愿意从德雷克的角度来看为什么会发生这些事,以及这些事会给他带来怎样的影响,我们该做些什么来帮助他。"

"我希望圣诞节的礼物是冰刀。"她轻声说。

我看着她。

她盯着墙壁:"可以配上我的溜冰鞋,我左脚的冰刀裂开了。那年我十四岁。路易莎和我每天晚上都去溜冰,在做完我们一天的工作后,在半明半暗中出去。因为每年的那个季节天都黑得特别早。好冷啊,河水都结成冰了。像丝带一样挂在山间。当我穿上冰鞋,就变得像小鸟一样自由。在冰上快速滑行,沿着河道,穿越山谷。轻快得像只燕子。但是我左脚的冰刀裂开了一条缝,让我无法溜得太快。我说:'我希望圣诞节的礼物是冰刀。'"

她停顿了一下。"冰刀并不贵。"她轻声说,声音小到几乎听不到,"卡尔在石磨上就可以为我做一副冰刀。我好期待噢。冰刀上的裂缝让我无法快速滑行,还会不时将我绊倒。那年我十四岁,我很在意速度。"

葛达转过脸来,和我的目光相遇。她看了我一会儿,就把目光移开了。

"圣诞节快要到了,我看到了我的狭长礼物。我知道一定是冰刀。看到树下的礼物,我觉得好开心。那几天都很开心。

"圣诞节那天,我把它打开……"她叹了口气,停顿了一下,又叹了口气。

"香水。装在一个好精致的瓶子里。漂亮的玻璃瓶长长的，有这么高。"她用手比画着，"还有一个尖尖的瓶塞。不是冰刀，而是装在漂亮瓶子里的香水。"

"妈妈直直地瞪着我。'你以为那是冰刀，对吗？'她说。然后就生气了，因为我丝毫没有感恩的意思。我破坏了大家的圣诞节。因为一场争吵，大家的好心情都被我破坏了。他们说，你怎么了。香水是从城里买来的漂亮礼物，好特别。像你这般年纪的女孩子都会期待的。爸爸妈妈花了好多心思为你选购。"

葛达又停顿了一下。

"但是他们为什么要送我香水呢？"她说。事隔这么多年，她的语气中还是充满了疑问。"我问路易莎。我说，既然妈妈知道我期待冰刀，她看我的眼神就会明白，她为什么还要送我香水呢？香水比冰刀贵多了，为什么他们要花钱买一个我不想要的礼物呢？他们一直知道我想要的是什么，为什么还这样？为什么不送我冰刀？

"路易莎说，我不该把大家的圣诞节都搞砸了。妈妈和爸爸很用心地为我选购礼物。那是每个女孩都会喜欢的。我应该心存感激。"

对那些高控制性的患者，如卡珊德拉，进行治疗最具挑战性的部分，是他们影响到工作人员对自我的感觉。大部分前来看心理科、精神科医师或是其他协助性专家的患者，都期望能够减轻一些外界给与他们的压力，帮助他们找到一种快乐的生活方式。但当他们在寻求协助后却不见好转，于是他们的不快乐也会传递给帮助他们的人——他们可能是治疗师、老师、医师、助理人员、药物学顾问，或是其他人。你会开始觉得和这样的患者工作令你忧虑，或是无助。失望和挫败感让你很难喜欢这个患者，不愿一再陷入同样的情境中；但另一方面，如果你不继续进行，又会产生更强烈的忧虑，很容易想到可怕且真实的场面，如住院治疗、监狱、自杀。如果你失败了，这些都会变成现实，也会觉得如果这些不幸发生的话，都是你造成的。

控制性患者通常会给帮助者一种复杂的感觉，使他们觉得自己是一个特殊的人物。患者的言行使你开始觉得，只有你可以帮助他。你是站在最前线，唯一清楚看到事情严重性的人；而且在患者和严重后果间，你是唯一也是全部的联系通道。有时候，这种特殊感类似于使命感，让你开始相信如果你再努力一些，就会成功。而所谓的"再努力一些"，常常意味着超越之前设定的界限——时间、接触程度、角色定位等等——当你做这些时，便向患者显示了你帮助他们的诚意；会向他们表现出你愿意待在那里，因为这种有意义的行为会改变他们的状况。你相信只要你多付出一些，你和患者终究会相互理解，而他／她终究会好转的。

这是一个正常的照看反应，没有什么不健康的地方。但是如果是和正常的、健康个体的关系，这种照看反应——也就是如果不帮助他们就会觉得担心或是有罪恶感，或是愿意超出某种极限——就另当别论了。对于急需帮助的患者，在这种照看下他们的状况会好转。这就是重要的区别。

对于高度控制性的个体又有不同的反应。他／她非但没有改变现状，反而利用这种反应促成一个破坏性的行为循环；事实上，正是真实地控制别人刺激他们完成了这个循环。因此，正常的照看反应对这些精神病患者产生了相反的作用，不但没有缓解，反而加重了他们的问题。

在许多实例中，这种控制模式对大部分精神病患者的成效不明显，他们无法用预定的方式来控制他人。在许多实例中，他们依旧困在重复过去的危险关系之循环中，并且也以过去关系中的模式来做出反应，而不知道用他们的控制行为来接受现实生活中的人物。

因为控制行为的特殊性会给寻求帮助的患者带来完全不同的感受，在精神分析领域有种"反移情（countertransference，编注：指治疗师在与案主相处时，治疗师把自己隐藏的对别人的情感转移到案主身上）"现象，也就是和控制性患者工作时必须很清醒，不但要了解他／她外在的行为，更要了解他们内在的动机。这是避免卡在他们反应之中的唯一办法，也是最终唯一能让患者认识到正在发生的事情，从而打破他们的破坏性循环的办法。

对于幼童，当然不能这么直接。处于发育中的孩童，还比较以自我为中心，无法像青少年或成人一样客观地看待自己。此外，在卡珊德拉的个案中，多重人格使得问题更加复杂。在病房以及治疗的开始阶段，她具有操控性，想要控制别人，而在其他时候，她看上去又很诚恳。我们应该把她的交替性人格视为非控制性的呢，抑或是这个多重人格就在她的控制之下？以卡珊德拉的年纪，这不可能；如果是这样，就显示了一个程度严重的病症；不过虽然如此，也不能完全排除这种可能性。所以，我必须非常的清醒，并且不带任何偏见。多重人格可能提供了一个让我有效了解卡珊德拉的方法；否则，多重人格就控制了我。

当我去找卡珊德拉的时候，她仍然在隔离室里。我打开隔离室的门，走了进去。我在卡珊德拉旁边的垫子上坐下。她没有看我。

"你知道吗，最近我每次来看你，你都被关在隔离室里。"

"那是因为他们恨我。"她小声抱怨着。

"不，我想是因为你违反了规则。"

她用脚跟使劲地踢着垫子，没有回答我的话。

"有些事是我和其他工作人员都不允许你做的。"我说，"我们很遗憾你必须待在隔离室里，但是你违反了规则，这就是后果。"

"这不公平！"

"只是你觉得不公平。"我说。

"不。因为我没办法。"她小声抱怨着。

"你对自己的行为没有办法控制吗？"

"不。难道是因为我做了什么才待在这里的吗？别傻了。"她又踢了一下垫子，"我还不如去死了算了。"

"你真的很生气噢。"

"我恨你。你一点也不好，都不帮我。"

"如果你不被关在隔离室的话，我会比较容易帮你，不是吗？"

"布朗博士过去对我的帮助比较多。我见到她的时候，她不会像你一样定下一堆的规则，她甚至都没有隔离室。我和她在一起感觉比较好。"

"你希望我是布朗博士，并且希望以你的方式来行事。可惜的是，有时这是不行的，因为我们不能让你伤害自己或是别人。"

"是啊。但是，你却用你的方式来行事，每件事都依照你的意思。这不公平。"卡珊德拉说。

"我比较年长，经验也比较丰富。我学过很多东西，所以变得比较聪明。当我要求你用我的方式行事时，是因为我知道这样可以帮助像你这样的孩子。"我回答。

"布朗博士知道的比你多。"她轻蔑地说。

"卡珊德拉，我知道你喜欢布朗博士——"

"我不喜欢布朗博士，我也是迫于无奈才去她那里的。但是她清楚自己在做什么。"

"好吧。我想说，总是在谈话中提到布朗博士也没用啊，她又不在这里。所以，我不再讲她了。如果从现在开始，你再提到她，我就不再参与谈话。"

"我希望她在这里。"

我站起身来。

卡珊德拉转过头看着我。

"我要走了。"我说。

"啊？"

我向隔离室的门口走去。

卡珊德拉跳起来："喂，等等。这是你为我上课的时间。"

"是的，我知道。但是，你在隔离室，很抱歉。"

"我虽然在隔离室，但是你的工作就是给我上课。每天这段时间我都是和你待在一起的。"卡珊德拉喊叫着。

"我知道。但是你今天还没有准备好。"

"我准备好了。我没说我没准备好，不是吗？你为什么总是这样难搞啊？"

"你还没准备好，因为你还在隔离中。为什么你会被关在隔离室？"

卡珊德拉耸耸肩："我不知道。"

我用锐利的目光看着她。

"我不记得了。"

"好，这个我倒可以帮你回想起来，"我说，"第一，是你又去了莎玛的房间；第二，是当一个工作人员要求你出来时你还是不出来，虽然你知道你是不允许进去那里的；第三，是因为当赖瑞设法让你出来时，你挥舞着拳头吵闹；第四，是因为你叫嚷着赖瑞色眯眯地抚摸你，而事实上并不是这样。这就是你为什么会在这里的原因。当人们被关到隔离室时，就必须待到他们比较能够自制时才可以出去。"

"我现在可以控制自己了。"卡珊德拉说。

"你口头上这么说，行为上却不是这样。这四天来，在我替你上课的时间，你都在隔离室。每次我都让你和我一起出来，可是到了第二天早上，你又回到了隔离室。这意味着同样的事情一直不断地重复，而不是你慢慢地让状况好转。当我看到你不断地一错再错时，我想，在我们的上课时间让你离开隔离室对你没有任何帮助。所以，从今天开始，你想上我的课，就必须在病房里，而不是在隔离室。如果你在这里，你就必须待到你可以出来为止；如果因此而错过了我们的治疗课程，我很抱歉，但是我无能为力。"

"不公平！"她愤怒地大喊着。事实上，她因为很生气，所以脸都涨红了。"不公平。你单方面地制定了规则！并且想以此来控制我！"

"我很抱歉让你产生这种感觉。不过我的工作是改善你的状况，这样你就可以回家了，当我发现对你没有帮助时，我就会改变先前的做法。"

"不公平！你恨我！你不想帮我！你不想让我好起来！"

我走出去，关上了身后的门。

卡珊德拉在隔离室像一头受伤的野兽一般，尖叫着、呼喊着、怒吼着，用身体冲撞铺了软垫的墙壁和门。

我走出了隔离室。我和她相处这么久以来，这是最难堪的场面。

25

电话那头哭泣的露西亚

> 露西亚流露出的抑郁和忧伤，像一个满溢的化粪池，不断向周围地面渗透着。

失去德雷克的想法不断啃噬着我。周末过后，新的一周开始了，我还是不停地想着他，脑海中重复着我们的治疗课程，努力在记忆中搜寻现实生活中遗漏的部分。

我只能构想三种可能性来解释他的不语症。第一种可能性是，和我观察到的一样：德雷克是选择性不语症，他外向且判断力良好，这只是一种偶发状况。如果是这样，我就不用太过担心他。我觉得他适应性良好而且精神稳定，那么，不语症会随着他的成长不治而愈。

第二种可能性是，德雷克不说话是因为他不能说话。他的沉默有着身体上的缺陷。录音带和梅约医学中心的报告让这个可能性无法成立。但如果万一如此，我们不加以治疗，听之任之，长久以后，会变成更严重的问题。我们把宝贵的时间用于想象的状况，而完全没有触及问题的本质。

  第三种可能性是，德雷克是个正处于危险之中的孩子。小小年纪却有这么严重的不语症，警示了环境中有着严重的困扰。奇怪的是，在其他领域他没有表现出任何痛苦的痕迹，不过我必须承认：他擅长使用魔力让注意力从他不想触及的事物上移开。或许他惊人的克制力也被用来克制自己不说话，以避免自己受伤害。如果真是这样，我们错过了帮助他的机会。

  我不断思考着这三种不同的诠释。它们都有严重的瑕疵。如果他的状况良好，只是小孩子一时的怪脾气，为什么对我的介入没有反应？如果是身体上的缺陷，为什么录音带上有他的声音？为什么梅约医学中心的报告上没有显示出任何异常？如果是精神创伤造成的，为什么没有其他的表征？为什么在治疗过程中他的防线没有丝毫放松？

  一个无法确定的因素是德雷克的家庭背景。虽然他们家是昆顿市勤勉而受人尊重的家庭，但是一点也不难看出在这个外表下家庭功能的障碍。其中，最糟糕的当然是梅森·斯隆。他傲慢的态度、火爆的性格，此外，他还是个完美主义的控制狂。我们都没有机会在他没有出现的场合与德雷克的双亲交谈，除了那次——在昆顿，斯隆生气离开后，我和露西亚有个极短的对话。此外，一切都在梅森·斯隆的掌控中。

  我愈来愈怀疑露西亚在其中所扮演的角色。斯隆的过火行为常常吸引了大家的目光，但事实上露西亚的地位比斯隆更敏感。我和她的互动不够频繁，不了解她为什么会嫁入这个古怪的家庭，造成她自身的困扰，还是她本身也是一个怪人。总之，露西亚流露出的抑郁和忧伤，像一个满溢的化粪池，不断向周围地面渗透着。

而德雷克的父亲呢？我们一直知道德雷克有父亲，事实上他也真的有父亲。但是，我们谁都没有见过他。甚至在送德雷克到中心来的时候，也是斯隆和露西亚出面。即便在这种时候，华特也忙于工作。

由这群人组成的家庭，家庭功能障碍是个合理的假设，但这些足以推断出严重的儿童暴力吗？况且无论是多么合乎逻辑的假设，终究不能当作证据。这点区别很重要，也很必要。如果这是真凭实据，而非人为的推断，就可以解释一切了。而一个简单的事实是，在德雷克的个案中，儿童暴力部分我们没有丝毫的实证。尽管如此，关于他不语症的诠释占据了我的思想，这种状况下，失去帮他治疗的机会让我更觉得遗憾。

我再也不能坐视不管了，于是我决定打电话去斯隆家。这是一个医疗中心可以接受的行为。因为从某种程度上说，我们算是一个诊断中心，这意味着可以对患者进行长期的关心照料。所以，对一个刚出院的孩子进行追踪，以便完成在中心开始的计划也是正常而普遍的。当然，以德雷克离开医院的方式来说，访谈的意义不止于此；不过一通追踪电话还是在规则允许之内。

除了想知道德雷克的近况，我也希望有机会直接面对露西亚。我选定正午过后一点的时间，考虑到这个时间不仅德雷克可能在睡午觉，老人家大概也会小睡一下——无论他人在哪里。

露西亚接了电话。当我自报姓名后，她听起来很讶异。我说，很抱歉事情以这样的方式结束,不过我还是很关心德雷克。我又解释,我们通常会追踪中心的治疗对象,所以我打这通电话是想知道德雷克的近况。

"他很好,"露西亚说,她的声音出奇地平淡,"周一他回到了幼儿园。每个人见到他都很高兴。他也很高兴回到幼儿园。"

"很好。那你觉得他的不语症现在好一点了吗?"我问。

我听到一个吸气的声音,就是要开口说话前的吸气声,但是接下来又没声音了。

"你有打算寻求进一步的协助吗?"

"父亲说加利福尼亚有一项活动。"她的声音微弱得像老鼠的叫声。

"'父亲',你是指年长的斯隆吗?"

电话另一端传来很小的声音。我可以想象出她在点头,但是她没有说话。

"那是什么样的活动?是专为治疗选择性不语症而举办的吗?"因为据我所知,加利福尼亚获得国家级名誉的活动只有一个,那是为自闭症儿童开设的。所以我听到露西亚的话才会很吃惊。我可以想见梅森·斯隆满怀着不现实的幻想,带着德雷克穿越乡野,遍访名医的可怕情景。

露西亚还是没说话。我可以听到电话另一端窸窸窣窣以及碰撞的声音,好像她在走动,但是她还是没有说话。

"露西亚?"我说。

我这才发现她哭了。

我犹豫着,怕提醒她会让她难堪,不过最后我还是说:"怎么了?"

现在她的声音比较平稳了。她啜泣着，似乎可以说话了。

"我可以帮你吗？"我问。

"对不起。"她努力地说。

"不要对不起。没有关系，我知道这种事很痛苦。"

"是的。"她哭着回答。

"没有关系。我不忙，你慢慢来。"

不但没有好转，反而更糟糕。

"我可以帮你什么忙吗？"

"不，不，不。"她大声啜泣起来。

"你确定？"

电话那端只有哭泣的声音。

"我们见一面好吗？就我们两个。我们可以好好谈一谈。这样好吗？"

"好远。"她啜泣着说。

"有一段路，但不是很远。如果你愿意，我很乐意前往。只有你和我。这样好吗？"

她发出了轻微的呜咽声，我想这就是默许了吧。

我翻开我的日记本："我周三下午过去。可以吗？"

"不行，"一个微弱的声音说，"不能这个时间，也不能来我家，他那时会在家里。"她哭得更大声了。接下来的一两分钟，她几乎不能说话。

"那你要约哪一天？"我问。

"周四下午。在星巴克咖啡。就在商业街的角落。"她设法抑制自己的情绪。

我停下来看着我的行程表，思绪飞快转动着有哪些行程需要重新安排。

"我需要和你谈谈。"她呜咽着说，又哭了起来。

"好。当然没问题。周四，可以。那么，下午两点半？"

在我还没有得到确认前，电话已经挂上了。

哭泣的卡珊德拉

> 有些部分会让你觉得痛苦,因为我们要进入那个受伤害的地方,看看他藏在哪里,才可以打败他,把他赶走。"

下午较晚时,我回到休息室去看卡珊德拉。因为我离开隔离室没有进行我们当天的治疗课程,我想在下一节课前和她讨论些事情。

她正躺在一张椅子上,看着电视。

"嘿,"我说,"可以和你谈谈吗?"

"当然。"她回应着,高兴地跳了起来。她的一身衣服像是舞者的行头——黑色紧身裤,粉红色长袖T恤,还罩了一件黑色的T恤。有那么一刻,我想到了年轻的奥黛丽·赫本,她优雅的举止,大大的黑眼睛,俏丽的发型。

我带她走到休息室的另一端,离电视和其他孩子远一些。卡珊德拉从后方攀上一张橘色诺加海德椅,坐了下去。"你想说什么?"她问。

我在她旁边的椅子上坐下。"我想在下一堂课前,把一些事情说清楚。"

"譬如?"她问,声音中带着轻松愉快,好像我会给她一个让她期待的新消息。

和我之前与她在一起时一样,我的思绪飞转着,努力弄清楚当时的状况,了解她内心的想法。这是一个偶然、真实的愉快,而不是她装出来的吗?她的行为好像换了个人,是她真的变了吗?还是这只是她控制性防御的一部分呢?如果她表现得好像什么事都没发生过一样——"虚构的遗忘"——她是希望我也忘了发生过什么吗?

"从现在开始我们换个方式相处,"我说,"因为照目前的状况看,我们的治疗课程没什么效果。"

"你要说些事,对吗?"她热切地问。

"这会很有帮助的,卡珊德拉,现在你只管听我说。"

"我正在听。"她回答,听上去很开心。

"现在,在我们预定上课的时间,如果你刚好被关在隔离室,那你就继续待在那里。"

"那对我一点帮助也没有。我以为你想帮我呢。"她说。

"这是个误会。不是我想要帮助你好起来,而是你自己想要好起来。单靠我一个人是没办法帮你的。最重要的是这些不是我的职责,而是你的。所以,如果我来的时候看到你在隔离室,我会对自己说:'卡珊德拉今天不想让自己好起来。'然后我会走开,去做其他事情。"

她看着我,动作有些犹豫,不过还是我行我素,显然是自尊心在作祟。她没有说话。

"如果我们去了治疗室后,我说:'今天我们要做这个。'而你回答:

'我不想做这个。'或者：'我要做其他事。'或者：'我要以自己的方式做。'或者以其他方式打断我们的计划，我也会对自己说：'卡珊德拉今天不想让自己好起来。'那样我们就不再上课，我会送你回病房。"

"你说错了，"她更正道，"你应该对自己说，'卡珊德拉今天不想在我的协助下让自己好起来。'因为也许我今天想让自己好起来，只是不想跟你合作。"

"对，你说对了。这是另一种说法，两种说法效果一样。我们无法合作是因为你不想完成那天的工作。"

"我无所谓，"她忽然说，"我宁愿待在病房也不愿和你在一起。我讨厌和你待在一起。"她的声音仍然很快乐。

"这是你的决定。我想说，与其我费心努力要与你配合，而你又很不情愿，不如尊重你的决定。如果你决定要跟我合作，你可以和我去治疗室正常地上课。如果你决定不跟我合作，在我们安排好的时间里你可以待在休息室。如果你当时被关在隔离室，你也可以继续待在那里。"

沉默。

我们不友善的目光对峙着。事实上，卡珊德拉身体前倾，瞪着我。"你为什么要对我说这些？"她问。

"因为这是新规则。"

她坐回椅子上，手臂在金属扶手上伸展着，眼睛依然看着我。"你恨我，对吗？"她说。她不是在问我，好像在说"你有一双蓝色的眼睛，对吗？"一样，声音非常的冷漠。

"不，我不恨你。"我回答，"事实上，我喜欢你。因为我在这里的工作就是帮助你,但是除非你合作,不然我一个人是无法帮你的。"

"每个人都恨我。"依旧是冷漠的声音。

"我很抱歉让你有这种感觉。"我说。

"这不公平。"

"生活对你不公平,是吗?"我说。

她用力地点着头。

"你要怎么应对?"

她夸张地耸着肩膀。

"卡珊德拉,事实是,现在的生活是没有问题的,对你来说只不过是一团糟,对吗?"

她古怪地转动着眼睛。

"在病房里惹麻烦,总是被关在隔离室,你的权利被剥夺,每天和我吵闹,不能回家,要对抗可怕的念头,想努力逃离这一切。事情永远都一团糟。"

她耸耸肩。

"你只是装作没事,"我说,"就像现在,你努力装出无所谓的样子。这些我都能理解。我知道长期以来,要你面对自己的生活会使你感到非常非常的害怕。那些问题无所不在,它们影响着所有的人和事。你逃不出它们的控制,一分钟也不行。所以,我想你装出无所谓的态度才会让事情不再那么严重地影响你的感受——至少有那么一个瞬间——好像它们不再那么逼迫你。我可以理解你的想法。我知道你为什么总是这样。"

我似乎快要突破卡珊德拉的防线了。有一会儿,她第一次不再直视着我。她往下看看，往上看看，又看看我，然后又把目光转开了。她的眉头皱了起来。我以为她又要推卸责任，说这些都是我的错，或是工作人员的错，因为我们不想帮她。但是，她只是坐着，看着前方，不知道在看什么。

"可是，你我面对的真正问题，"我说，"不是这些可怕的事情。我知道它们让你觉得害怕，这种害怕让它们显得更严重，我也知道它们深深影响着你。我还知道它们都很棘手。所以，关键不是这些问题。真正的问题是，你如何给自己定位。"

"一个简单的道理就是，卡珊德拉，我无法让你好起来；你的妈妈不能让你好起来；布朗博士也不能让你好起来。即使带你离开了不好的地方，像你父亲那里，让你回到安全的地方，你也不会好起来。你知道为什么会这样吗？"我问。

她的头埋得更低了，没有说话。

"问题不是在外面，不在你妈妈、布朗博士和我。是在这里。"我伸出手去拍着她的胸部，"是在你内心。所以，你走到哪里，你的麻烦就跟到哪里。"

"我们的问题在这里：你内心受伤害的地方隐隐作痛。卡珊德拉，我了解，一些很可怕很可怕的事情发生在你身上，是其他孩子不可能经历的。而你确实经历了这些，这些也深深伤害了你。我真的了解这一切。我也明白我们努力保护受到严重伤害的地方是我们的职责。我明白你在做什么，其实你不是真的想为难每个人，给大家添麻烦，你只是想保护你内在受伤害的地方，因为伤得太深了，你不想再触动它。"

"不幸的是，在这个过程中产生了许多困扰。问题在于：你过于保护你受伤害的地方，以至已超出了保护它的程度，你不再满足于对它说：'无论发生了什么，我都会照料你的，小可怜。我不会再让任何人伤害你。'现在的困扰是：那个受伤害的地方反过来伤害你，因为它让你为了保护它而胡作非为。"

"现在我们要改变这些。卡珊德拉，为了方便我们帮助你，你必须站在我们这一边。在这一边，努力修护受伤害的地方，把它医治好，并让它远离你的生活。"

"我们可以做到的。我们一定会赢的。但是只有我们都在同一边才能做到，因为孤军奋战是难以取胜的，无论这个人是你，还是你妈妈、我，或是布朗博士。我们要学会团体作战，因为那是让你受伤害的地方不再伤害你的唯一办法。"

卡珊德拉的头依旧低垂，嘴巴扭曲，眼泪从她的眼角流了出来。

我伸出一只手，放在她肩膀上。

她身体向前倾斜着，倾斜着，直到头靠到膝盖上。她开始呜咽起来。

这是我第一次看到卡珊德拉哭泣，那层防线一旦突破，她便开始大哭起来。

这是傍晚时分，大概四点半或是差一刻五点。比起往年，厚重的云层使天早早就黑了。医院其他地方都是用明亮的日光灯来照明，但是休息室的灯光却不一样，头顶上方的滑槽里装着一些小型的普通钨丝灯泡，以便在离电视机比较远的地方也有些微弱的光线，不至于一片漆黑。休息室很大，比普通的客厅大，有点像个大厅。其他在看电视的孩子离卡珊德拉和我很远——我们在靠近护理站的地方。天色已晚，外面又是阴天，还有电视，都让室内显得好像是晚上一样。灯光在护理站的上方，除了我们坐着的地方有些光亮，其他的一切都在阴暗中。

不知道为什么，这一幕令我印象深刻，还有我们座位旁的家具：一组椅子，有不锈钢扶手，以及耐磨、耐洗又防水的诺加海德坐垫；以及后面的医疗设备——为了使它们看上去比较不像医疗设备，而错误地选用了真实生活中不会使用的颜色：明亮的橘色，或是奇怪的青绿色。卡珊德拉在哭泣时，我静静地坐着，没有动也没有思考，只是本能地坐着，任凭灯光和家具深深印在我的记忆中。

我除了站起来到护理站找到一盒面巾纸并拿过来之外，一直坐着。我把一只手放在卡珊德拉的背上，偶尔抚摸一下她的肩膀，但大部分时候就放在她肩上。除了手放在孩子的肩膀上，我们不鼓励和他们有其他身体上的接触。一方面是在这个好诉讼的年代为自己的安全考虑；另一方面，这些孩子大都对身体上的接触有某种障碍。像卡珊德拉，更必须绝对恪守严格的界线，因为她的谎言甚多。尽管如此，我仍然觉得这时候轻轻抚拍她是很重要的，用同情、关心和适当的抚拍，来跨越我们空间上的鸿沟。

她哭了有十分钟的时间或许更久。她大声地啜泣着，身体向前弯曲，脸埋在手心里，并靠在大腿上。哭泣把她与这个世界隔离起来，耗尽了她的生命，她也不在意屋里的我或是其他人。严重的哭泣使她体力不支，她的身体愈来愈往前倾，呼吸也变得不顺畅，她只好坐直身体来呼吸。

我抽出面巾纸，递给卡珊德拉。她接过面巾纸，一整团全压在脸上。这让她哭得更厉害了。

过了些时候，我依然没有出声，卡珊德拉继续哭着。用过的面巾纸像小小雪片一样，堆积在她的大腿上，以及椅子里面和四周。就这样，又待了一会儿。

其他孩子从电视旁站起身来，走出去用晚餐。有位工作人员从护理室出来，走到距离我们约十英尺远处停了下来。他看了我们一下，想确定卡珊德拉要不要在同一时刻用晚餐，不过，他什么都没有说。我也没讲话，我们只交换了一个眼神。我轻轻地摇摇头。最后，他转身离开。宽敞阴暗的屋子里，只有我和卡珊德拉。

最后眼泪流干了，卡珊德拉精疲力竭地打着嗝。她垂头丧气地靠在椅子的右侧，头几乎快要碰到不锈钢的扶手。她的脸又红又肿，只能用嘴巴呼吸。

"我好疲倦！"最后她低声说。

"我了解。"

"我讨厌哭泣。"

我点点头。

接下来是一阵沉默。卡珊德拉继续蜷缩在椅子的一侧，拍打着肿胀的脸颊和红肿的鼻子。

我们周围的摩擦声、叮叮当当声、扑通声、撞击声、嗡嗡声这些医院中常有的声音，在墙壁和走道上模糊地混合在一起，并渐渐减弱，只剩下遥远而含糊的说话声。

卡珊德拉看着我，流露出安静、试探的神情。我的目光和她相遇时,只有一会儿,她便把目光移开了。

"我可以对你说些事吗?"她最后说。

"当然可以。"我说。

"在我很小的时候,"她说,"贝克叔叔常来我的卧室。"

我点点头。

"那时,我住在父亲那里。一直是贝克叔叔在看护我。我不知道父亲去了哪里。父亲常常不在,但是贝克叔叔一直都在那里。"

我往后坐了坐。

"当我睡觉时,他也会进来,钻到我的被子里。他的抚摸弄醒了我。他的手摸遍了我的全身。"

"如果有人这样对我,我会觉得很讨厌。"我说。

"但是我不能反抗。如果我要他走开,他就把手放在我的嘴巴里,一只手放在嘴巴里,另一只手绕在我的脖子上。他说:'我可以像折断一根火柴棒一样拧断你的脖子,小畜生。'我想,他可能真的会这么做。"

我轻轻地点点头。

"他无法将生殖器放入我的阴道,因为他要用一只手捂着我的嘴巴,一只手绕在我的脖子上控制我,所以,他把生殖器伸到我的肛门里。"

她停下来,也没有看着我。实际上,她的脸转了过去,呆呆地望着下方的地板。

"好痛!"她轻声说,"真的很痛。我只想哭、哭、哭。"

我点点头。

"但是我不能。我说,我不喜欢这样,说,不要这样。他就会恨我。我如果这么说,他就快疯了。他说:'小畜生,你喜欢。你知道自己喜欢的。你要的就是这个。所以别说话了，畜生。'但是他更讨厌我哭。这真的让他气疯了。有时候，他把报纸铺在地上，并在上面大便。然后拿起粪块，塞进我的嘴巴里。他说，因为我说的话像大便一样，所以用大便堵住我的嘴。"一阵停顿，"现在当我哭的时候，嘴巴里就有大便的味道。"

沉默。

卡珊德拉靠在椅子的右扶手上，一只手托着头，另一只手抱着这只手的肘部。她就这么坐着，表情遥远而陌生。

"这听起来真可怕，卡珊德拉。当你待在你父亲那里时，真是一段可怕的经历。发生了好恐怖的事情。"我温柔地说。

她轻微地点点头，几乎难以察觉。

"我好难过。是你的贝克叔叔做了错事，不该对一个小女孩这样的。"

她的眼角流下一滴眼泪，但无意把眼泪擦去。

"但是那种日子已经结束了，卡珊德拉。那些都过去了。你现在和妈妈在一起，你又安全了。"

"但是妈妈没有给我安全感。"

"你母亲不知道你在父亲那里发生的事，但是她现在知道了。现在的情形不一样了。发生过的事情，并不意味着它们会一再发生。你和妈妈在一起，安全了。贝克叔叔再也不会出现了。"

"不，他跟着我。"她柔声说，再次看着我，犀利的目光快速地瞄了我一眼。

我注视着她。

"因为你说对了。"她长长地叹了口气，"你说，我内心有个受伤害的地方。那是真的。现在贝克叔叔就住在那里。就像你说的,我走到哪里,我受伤害的地方就跟到哪里。虽然我也不希望这样,但是我还是可以看到贝克叔叔。即使在这里也一样。如果四周很安静,我一不小心就会看到他,我会感觉他又要对我做那些恶心的事了。"

"那么,卡珊德拉,现在是要把贝克叔叔赶走的时候了。他不属于你的头脑,那个私人的领域只属于你自己。"

卡珊德拉看着我,灰色的大眼睛在我脸上搜寻着。

"也许你觉得贝克叔叔很强壮,"我说,"这些年来,你被迫和他生活在一起。他是这样的强势,很难想象可以把他除去。"

她无力地点点头。

"不过这就是为什么我说我们要站在同一边的缘故。如果我们合作,如果你、我、护士、医师、你妈妈和你继父都联合起来,我们人比他多,力量也比他强壮,我们就可以打败他了。我们一起把他赶走。"

她继续看着我,她的表情让人无法猜测。

"你懂吗?你可以看到我们合作的远景吗?我们大家都站在同一边,"我说,伸出我的一只手,把手指散开,"另一边只有贝克叔叔一个。"我伸出另一只手的一根手指,"你看到了吗?我们比较强壮,嗯?没有一个人可以打败我们全部。"

她点点头。

"但是这样就没那么强壮了,嗯?"我说,一只手伸出四根手指,而另一只手伸出两根手指。"因为你和贝克叔叔站在一边,而剩下我们站在另一边。这样就很难赢了。"

"我不要站在贝克叔叔那边。我不要在他那边。"

"这就是为什么你要停止保护那个受伤害的地方,因为贝克叔叔住在那里。你保护那里,就是保护他。你要站到我们这边来,我们才可以把他赶走。

"这是一场艰难的战争。"我补充道,"有些部分会让你觉得痛苦,因为我们要进去那个受伤害的地方,看看他藏在哪里,才可以打败他,把他赶走。但这是一定可以完成的,卡珊德拉。我们会把他赶走的。事情不会永远都那么糟。"

她没有任何反应,依然坐在橘色诺加海德椅的右侧,她的头整个靠在不锈钢的扶手上,目光很茫然。

"你了解这些了吗?"我问。

沉默了很久之后,她慢慢地点点头。

"那么我们一起努力?"我说。

又是沉默,这次时间更长。她静静的,没有任何动静,散乱的眼里一片空虚,像是死去一般。最后,她收敛了呆滞的眼神,看着我,轻轻地点了点头:"好!"

27

葛达家鸦片的故事

> 那是一个以篷马车为交通工具的年代。在那种环境下，横跨国家的三次往返似乎是惊人之举。

和卡珊德拉谈过之后，我的心情很难平复。不仅因为印象极为深刻，而且，当时谈话的时间也很晚了。如果那时我还精力充沛，之后还有其他事情发生，吸引我的注意，也许可以舒缓精神上痛苦的冲击。不过事实却是，那次谈话是我一天工作行程中的最后一项。所以，它就像个顽固的怪兽，笼罩着我，挥之不去。

我原来计划工作结束后去见个朋友。我们一起到一家新开张的素食餐厅用餐，之后，我要帮她选购一套漂亮的阳台门门帘。但是，我却不想去了。我无法从卡珊德拉的事件中马上走出来，去无聊地大肆采购。我既不想残忍地暗示朋友——她肤浅而无意义的行为无助于世上的痛苦——来破坏她单纯的快乐；我也不想忽略我的感受和卡珊德拉可怕的生活。所以我打电话，委婉地向她道歉，取消了晚上的约会。

我知道晚上我一定是不快乐的，独自回到公寓也不会有什么帮助。我需要一个空间，来与下午的谈话保持一定的距离，让它局限在一个客观且真实的位置上。找一个安静、体面的空间，安静、体面地散散心。所以，我去了一家专卖牛肉和法式炒菜的快餐小馆，之后，我到了本地的图书馆。

我所在的城市极具历史人文气息，图书馆里收藏了大量编排完整的地方志。有段时间，我一直想去找找葛达家族的资料，期望对葛达家族有个具体的了解。

这些资料囊括了自一八六〇年城市最早的拓荒者，一直延续到一九六〇年，分成三个部分。第一部分，由一些单纯的统计资料构成：出生、结婚、死亡、土地之拥有、商业发展的记录等等。第二部分是当地图片的收藏，曾经是私人收藏的影印文本经由各种途径捐赠而来。第三部分则称作"祖母的故事"，是由历史学会经年累月访问地方上的长者，根据他们的口头叙述而完成的私人回忆录。

我想了解葛达的家庭背景，但事实上我连她婚前的姓氏都不知道。所以我预料要寻找相关资料会很困难。但事实并非如此。她和先生于一九三〇年在当地举行婚礼，所有数据都有记录。从婚礼的记录中，我很快查到她婚前的姓氏。从她特有的德国姓氏，可直接了解她出生的家庭。

看到葛达口中的家庭成员——路易莎、威利、亚佛烈德——静静地被记录在资料中，没有丝毫感性的色彩，那种感觉很奇怪，好像是发现了彼得·潘的出身证明或是佛罗多·巴斯金的住址一般（编注：这两个都是著名小说中的人物）。

从记录中我很难看出葛达的父母本身就是移民，还是移民的第二代，只是被这个区域深广的德国异质文化所吸引。在这里，甚至到一九五〇年，有些公立学校仍然使用德语。当然，这对新人的经历颇为有趣。他们在宾夕法尼亚结婚，不久后，长途跋涉到了西部，获得了所谓"政府赐给的土地"——这些土地是由联邦政府提供给愿意开垦西部、并在那里定居的个人的——也是他们最早的家园。在同一页的较下方，我读到她的父母在这里居住了四年就回去了。

这个故事更离奇的地方是，到东部八年后，他们又回来了，回到这里来。这让我很吃惊，因为单程的路途就两千五百多英里，那是一个以篷马车为交通工具的年代。在那种环境下，横跨国家的三次往返似乎是惊人之举。为什么？我想，为什么不在第一次的时候就留下来呢？

我回到资料数据的那个部分，找出葛达和她的兄弟姐妹们的出生日期。她是在这里的"赐给土地"上出生的，路易莎、威利、亚佛烈德以及卡尔也一样。他们家的孩子还不止这几个，另有五个较大的孩子，两个出生于宾夕法尼亚，三个是第一次来西部时出生的。我仔细看了日期后，发现实际上有四个孩子相继夭折，每个孩子夭折相距的时间不到六周。

这个部分除了数据外便没有其他记录了。夭折的四个孩子中有三个女孩、一个男孩，分别在六岁、四岁、三岁时夭折，另一个刚出生就死了。第五个孩子在四岁时也夭折了，当时这家人正好展开第二次重回西部之旅。

我看着姓名和日期，无法知道为什么这么多的孩子会陆续夭折。疾病吗？这是个合理的推断，因为如果是偶发的灾难，他们应该会同时夭折。我猜，可能是因为白喉之类的疾病，我知道，美国建国初期，曾发生过两次毁灭性的流行病。或者只是贫穷和艰苦而产生的疾病。不得而知。

这对夫妻的故事呼之欲出，虽然只有一些单调的数据。婚礼。西部的新生活。无疑伴随着财富和前程的梦想。自己的土地。带来机遇的土地。随后而来的灾祸。远离家乡和亲人。失去了所有的孩子。我更仔细地看了一遍记录。是的，失去了所有的孩子。四个孩子和第五个夭折孩子的出生相隔五年。第五个女孩子名叫艾菲。所以，这对夫妻收拾好行囊，回到了宾夕法尼亚。后来呢？是什么驱使他们再次长途跋涉回到西部的家园？东部没有钱吗？没有工作吗？还是为了一些大胆而不切实际的幻想？还是为了逃避宾夕法尼亚州某个封闭、由大部分德国异教徒组成的信仰团体？或是重返西部始终是他们的期待呢？还是他们只是想重寻旧日足迹，以获取重新开始的勇气？艾菲出生于他们第二次艰辛的西部之旅，在他们到达后不久，葛达现在的兄妹们就相继出生了。

我到图书馆的其他区，再次证实已经确认的数据。葛达名下的那一小块土地——她和她的猫咪、小鸡共同生活的地方——那里正是一百年前她父母的家园。真的，这些都是真的。

晚上待在图书馆确实让我从卡珊德拉的情境中摆脱出来，我的脑海中充满了其他想法。我在蒙大拿的童年时代，常去附近的荒城郊游，我很喜欢穿越老旧废弃的公墓。公墓通常坐落在山坡上，冷风孤独地吹着，一片苍凉。这块土地之前曾长满牧草，如今在密密麻麻的墓冢之中，飞舞着蚱蜢，石碑下安居着蛇蟒。在这里，有种奇妙的感伤，又像是怀念，袭上我的心头。我努力让那些刻着死亡日期的灵魂、墓石下的精怪、凋零的温驯羔羊，在我的想象中复活。晚上在图书馆，我也产生了同样强烈的感觉，想到无论看上去多么生机盎然、多么重要的事物，终究会消失，会被遗忘，好像昼夜的更替。

第二天早上，在上班的路上，康复中心打电话给我，要我绕道去看看葛达。有了她成长背景的相关资料，我希望可以引出一些话题，和她进行一次有互动的真正对话。

拉开橘色的塑料椅，我坐下来告诉葛达我在图书馆的意外收获。当我讲述找寻她的家庭和农场经过时，她仔细地听着。我说，我很有兴趣知道这类故事。并且提到，儿时我很喜欢去住家附近的荒城探险，热衷于倾听那个时代发生在西部的故事。

葛达听着我说话，温柔地浅笑着，但是什么话都没说。

"我看到你父母一路从宾夕法尼亚西行到这里，但是几年后，他们又回到了宾夕法尼亚。然后，再次来到这里。今天早上，我查了地图，两地相距两千五百七十五英里。"

葛达灰白的眼睛看着我的脸。

"你知道他们的这段经历吗？"我问。

她点点头。

"对我来说真是不可思议。他们和篷马车、牛群，一路走来……穿越落基山脉。"

葛达又点点头。

"你父母曾经和你说过那些旅行吗？"

葛达的目光移开了。别间病房传来患者的呼叫声，颤抖的声音很微弱。"护士！护士！"她叫着，虽然声音不是很急，但是很哀怨。有一阵子，葛达的注意力似乎被她吸引过去，并不在意我及我说的话。

"鸦片。"她轻轻说，仍然看着门。

"你说什么？"我问。

葛达转过身来，不过她没有看着我，而是看着床尾上方："她想吃些鸦片。妈妈把它收在陶土瓶里，还盖上瓶盖。鸦片很贵，它可以缓解疼痛。"

我知道那些鸦片制剂曾在十九世纪忧郁的浪漫诗人间流传，但是我的了解也仅止于此。我不知道为什么要在这里提到鸦片，葛达提到的"她"又是谁？

"很多人都没有鸦片。妈妈随身携带自己制作的鸦片。那一篮罂粟花就放在爸爸的枪盒上。凋谢的罂粟花很丑，但是妈妈会将它们捣碎并用火烤以去除水分。妈妈说，它们很贵，可以止痛。"

"你妈妈自己用罂粟花制作鸦片？"我问。

葛达看着我，那是一种让人无法理解、试探的眼神。她端详着我的脸，好像在估量我是不是个值得吐露实情的对象。另一方面，她脸上又潜藏着轻微的不确定，好像一时忘了我是谁。然后，她的目光又回到门上。

"那天下午她很累，睡着了。妈妈也叫不醒她，"葛达说，"后来妈妈发现了鸦片的瓶子，发现她已经吃了一些，她只想尝尝味道，但是因为里面有糖，所以她全都吃了。"

"谁？"我问。

"他们唤不醒她。晚上，把她放在火炉旁，但她还在酣睡。"

"她是你的姐妹吗？"我问。

"她睡了两天，就死了。"

"谁？你可以告诉我她是谁吗？是你的家人吗？是你的姐妹吗？"

"她四岁就死了，没有任何的出生记录。哪里都没有写到她的出生，所以也没有写到她的死亡。他们只好把她留在那里，埋在泥土中，没有任何标记。除了妈妈，也没人记得她了。"

"还有你。"我说。

随后葛达看着我，我们的目光相遇了。葛达点点头："是的，我记得。"

"现在，我也会记得的。"

露西亚的秘密

"他每天早上都要服药,以免……他不敢面对父亲,甚至不敢与他待在同一间屋子里。"

整理了一下我的行程,我准备周四去昆顿。我很担心露西亚接完电话平静下来后,会后悔约我出去,特别是这样做又违逆了她的公公,于是临阵脱逃不去星巴克咖啡了。当然,我也不想来回开七个小时的车而一无所获。

哈利和我花了很长时间讨论那通电话。露西亚情绪化的行为,以及安排的这次秘密会面,清楚地显示了有什么事严重地困扰着她。直接的结论是她有重要消息要告诉我们。哈利猜想,她可能想离开她的先生,而且会带着德雷克一起离开,这可是会引起轰动。他说,在他的出生地印度,那里的男人拥有支配权,妻子试图逃走是很危险的,也许这里也一样。

我猜想,露西亚可能是要说出造成德雷克不语症的事件,她终于要透露发生在深宅大院中使儿子身心严重受创的秘密。

无论如何,我们都知道这次会面将首次公开家庭的内幕,不管是哪种可能,露西亚将揭露他们的家庭暴力,也许是过去的,也许是现在的,也许是从过去一直延续到现在。当然,也会让我在星巴克咖啡面对难堪的局面。

哈利和我谈到了对这种告白的处理方式。显然,露西亚选择和我在公众场合见面,说明她不想在家里谈论。是因为施暴者会介入我们吗?因为她害怕被窃听?谁会介入呢?梅森·斯隆吗?还是施暴者是她的先生华特?迄今为止,华特到底扮演着什么角色?

如果露西亚真的揭露了家庭暴力,我要怎样帮助她?带她去警察局固然很重要,但是也许她不愿意这么直接。不幸的是,昆顿离这儿好远,哈利和我与当地的社会服务机构都没有任何的私人接触。那里有暴力危机中心吗?可以庇护受害的妇女吗?那里的警察对此类事件会高度警觉吗?斯隆家族的权力已经渗透到行政机构了吗?还是如梅森所暗示的:以他们家族的金钱为基础而建立的商业城镇,不可能为露西亚提供任何隐密且安全的藏身之所。

更糟的是,如果她揭露了暴力,而不接受帮助呢?希望我除了做一个倾听者外不要采取任何行动?如果她揭露了对德雷克的暴力之后,又补充一句:"不要和任何人说噢!"我曾经遇到过这种情形,简直像和魔鬼打交道。在这种状况下,我在法律上的义务是什么?我的立场又在哪里?我必须在她开诚布公之前,先提醒她,如果牵涉到德雷克的权利,我就不能保守秘密?对她说,如果我了解实情就必须呈报我所知道的暴力事件,并冒着她会因此而只字不提的风险吗?还是在必要时，我保持沉默，等事后再辜负她的信任呢？

有这么多灰色地带。哈利对我说着，努力想到所有的可能性，以应对所有的突发状况。

到昆顿的路很远，而且对我来说也不像上次那样轻松愉快。我座位旁有一大叠我整理出来的相关人员的联系方式、几家服务性机构和求助热线的资料，有些是昆顿市的，有些是我们当地的；还有一些关于家庭暴力、儿童暴力的处理方式的宣传手册和印刷品。我甚至还准备了关于分居、离婚以及跟踪、骚扰的资料，以备不时之需。

我到达后，觉得很紧张，这是以前从未发生过的。这个个案太特殊了。有时我意识到在我们知道的表象之下，还潜藏着许多隐情，但是神秘的长途旅行，来这里和某人在咖啡馆秘密会面，以了解私人生活中不为人知的细节，这些都让我感到局促不安。更何况，露西亚究竟要透露什么，我无从预知，显然会出现某种不同寻常的论调，最后的解决方案还要靠我来拿捏。

这次的天气也不如第一次，又阴又冷。应该是春天了，三月总是让人想到早春。但是在这里，三月初更像是冬天。在日落之前，还下了一场雪。

我一下子就找到了星巴克咖啡。露西亚已经到了，她选了个隐藏在角落里的狭小位置。我挥着手，笑着向她打招呼。然后走到柜台，等了很久才买了一杯拿铁咖啡，那是我所见过最大杯最奇怪的咖啡。

我走到桌边，对她说："你好！"——愉快的音调好像不太合适。我把手伸了过去。

露西亚轻轻握了握我的手。她的眼角已经挂着泪水。

我坐了下来。

接下来是一阵短暂的沉默,那种可怕而不安的沉默,好像咒语般刺耳。

"我一直期待有机会可以和你再见一面,"我打破沉默地说,"我很抱歉,德雷克以那样的方式离开。自那以后,我一直很担心他。"

眼泪流到她的脸颊上。

我从手提包里取出一小盒面巾纸,因为她好像没有。

露西亚没有接过面巾纸,于是我取出一张递给她,让她知道在我面前可以纵情地哭泣。我说:"没关系。我知道这种事很难说出口。"

显然,太困难了,因为在我意识到发生什么之前,露西亚已经起身,冲进了洗手间。

唉!

我坐了一下,仍然觉得自己有点紧张,现在又多了一份难堪,因为其他人都注视着我们。我也站起身,走到洗手间。

露西亚在呕吐。

我站在洗手间隔间的外面,等她吐完出来。最后,她终于出来了,一脸的憔悴。她仍然在哭。

"你还好吗?"我问。

她点点头。拧开水龙头,漱了漱口,又抽了一张纸巾擦擦脸:"我还好。"这是我听过的最不加修饰的谎言。

回到小桌子旁,我们的咖啡已经凉了。

她又开始哭。

"慢慢来,"我柔声说,"我知道这一定很痛苦。"

她根本没心思说话，还在哭，放在桌上的面巾纸已被她一张张抽了出来。

我想向露西亚提些建议，鼓励她说出自己的痛苦，我把带来的资料放在桌子上。最上方一本浅蓝色的手册是关于我们那个城市为家庭暴力受害者所提供的警力支持。封面上两条"家庭暴力"的红色字样相互交叉着，好像摇滚乐团的标志一样醒目。

露西亚含泪注视着手册。

"我知道这种事很难启齿，"我平静地说，"我了解。但是，你也知道，我来这里就是要帮助你。我了解这是让人沮丧的事。"

她继续流着泪。

我顺势把蓝色手册递到她的正前方。我耐心地等了一会儿。

她依然哭着，面巾纸已经用完了，她开始用星巴克的餐巾纸。我已经不像先前那般不自在，也不再担心咖啡馆里其他客人会误会：他们以为是我让她伤心难过的。但是，我发现我们还是引起了别人的注意。如果露西亚在这里是希望比家里更隐秘，她可能要失望了，因为她这样可是将秘密完全公开了。我身体前倾，想挡住我们的身影。但是，我知道大家都在看我们——有几个更是毫不掩饰——我担心在这个小城镇里，很多人都认识她，单单是她斯隆家族的身份就让很多人想偷听我们的谈话。

于是，我再次把资料递给她，希望谈话更深入一些："我料到说出来会有一些难度。没关系。我就是了解到这一点，才和你来这里。我也遇到过其他孩子的父母情形和你一样，所以我了解其中的辛苦。我还有时间，不要着急。不要给自己压力。我们慢慢说清楚。"

眼泪又流了出来。

我把蓝色手册又往她面前推了推。"我们要谈的和这个有关吗？"我很小心地问。

"不——"她说，几乎快要号啕大哭起来。

"暴力？"

"不——"

我坐直了身体。

她用餐巾纸吸着鼻涕，又擦着哭红的脸颊。睫毛膏在一侧的眼角留下一道黑色痕迹。

"不是吗？"我问道，"我们说的是关于德雷克吗？你确定？"

"不，不是。都不是。"她推开小册子，好像它很肮脏似的。

"不是暴力？"

"不是。"她又按捺不住地哭了。

我不知道要怎样解读她的回答。她说"不"，是真心的吗？是我思考的方向错了吗？还是保守的"不"，因为她想要我放弃那个话题？还是她表达的是一种更狭义的否定，比方说，不是那种需要去报警的暴力，而是其他形式的暴力？

我坐着，静静地看她哭。

"不是那样的。"她终于开口说话了，"跟那些都没关系。是我。"

"你可以说得具体一点吗？"

"是我。"

我注视着她，满腹疑问。

"是我捏造出来的。"

"捏造什么？"我问。

"他不会说话。"这次露西亚哭得更伤心了。她把脸埋在餐巾纸中，身体一直向前倾，头都快碰到桌子了。我静静地坐着，感觉星巴克其他客人的眼睛都在瞪着我。

当她抬起头来喘口气时，我问她："我们现在谈的和德雷克有关吗？你可以说得更详细一点吗？"

"德雷克不会说话。"

"你说的'不会说话'是什么意思？"

"他不会说话。是我捏造的。"

"我还是搞不懂，"我说，"捏造了什么？和什么有关？你说德雷克不会说话，是什么意思？"

她大哭起来："他不会说话。是我捏造的。"

"他说的话是你捏造的吗？你怎么会这样？我还是搞不懂，露西亚。你是说他除了你之外不对别人说话吗？还是即使对你他也不会说很多话？譬如，我听到你们的录音带，上面只念了些童谣。你是说，除了童谣外，他不会说其他话了吗？"

"那不是德雷克，他是我侄子。"

"什么？你说什么？"我听得一头雾水。

"录音带上的是我侄子。我帮嫂嫂照顾他时，和他录下来的。那不是德雷克。"

我睁大了眼睛。

"德雷克的基因有问题，他的声带不正常。"她说，又哭了。因为心虚，她的声音更轻了。星巴克的其他顾客这次也觉得有些不好意思，所以直到现在才是我们俩独自谈话的时候。

"那么,看看我理解的对不对,"我说,"你说德雷克的基因有问题,是生理上的原因导致他不能说话?录音带上的人不是他?他是真的不能说话?"

露西亚点点头。

"但是……"我说,"那梅约医学中心的报告呢?上面说,德雷克没有身体上的异常啊。"

"我修改过。"

"什么?"

"我收到它以后,我修改过了。我把报告影印下来,重新写过,并把写好的贴上去,再影印一次,但保留了医院的信头。所以每个人都以为原来就是这样的。但是,事实上不是。里面提到了基因,说他的基因有缺损,还并发其他问题,影响到他的腿部。"

"这些还有谁知道?"

"没有人。"她很小声地说。

"德雷克的父亲呢?"

"不,我不能告诉他。他已经很担心自己在父亲眼中不够完美了。我要如何对他说,我给他生了一个残疾的儿子?那是他无法接受的。"她又哭成泪人儿了。

我起身去拿些餐巾纸,顺便加些咖啡,只有在这时,我才能松口气。

老实说,我真不敢相信刚刚听到的那些话——露西亚竟然牺牲了她年幼儿子的幸福,来保护她和丈夫免于老人家的苛责。我需要一些空间让自己接受这一切。

我回来时,露西亚平静多了。她低着头,缩着的肩膀都快碰到耳朵了,好像害怕我会打她似的。

"你向我坦承这些一定经过了一番挣扎。"我坐了下来,说道,"我很欣赏你的做法。为了德雷克,我们需要知道事情的真相。"

"对斯隆父亲来说,每件事都要十全十美。"她嘟囔着,"他对主将很严厉。主将因而有些神经质。他每天早上都要服药,以免……。他不敢面对父亲,甚至不敢与他待在同一间屋子里。"她再次崩溃了。

"所以,所有这一切……,'扭曲的事实',都是由于斯隆先生而产生的?老斯隆?你这么做是因为什么?压力吗?害怕……"

"我要如何对他说,我的儿子有缺陷?说,因为我遗传基因不够优秀而生了个残疾的孩子?知道自己生的孩子是这样,我常常夜不能眠。因为只要斯隆父亲了解真相,一定会勃然大怒。他会不承认德雷克是他的孙子,也会逼主将和我离婚。"

"当然不会。"我说,"这是哪个世纪的老观念。去面对斯隆先生,我可以想象他有多生气,但是他不能真的逼你和主将离婚,如果你不愿意离婚的话。在美国,男人没有这种权利。"

"不是那么简单,"她回答,"国法和家规是两回事。"

这倒是真的。暴力有多种形式。不合法的不一定就不会发生。

我坐直了身体。脑中想到的都是可怜的德雷克,他背负着连他父母都觉得沉重的压力。

29

卡珊德拉想要自杀

> 这摧毁了她的隔离墙,她思想中其他的防护也都摇摇欲坠。卡珊德拉感受到一种完全的分裂。

我们在咖啡馆已经待了两个小时,我开始担心会不会待太久了。我不知道在我们见面的这段时间里,露西亚如何安排德雷克和她生活中的其他事情,但是我怕她待太久了,我也怕她忽然起身离开。

现在的进展如何呢?我看到家庭暴力的警政手册依然放在面前的桌子上。它似乎帮不上任何忙了。坦白说,我准备的资料好像都派不上用场。这里,离我的后援相距几乎有二百里,遥远的路程也让我无法常常来看望露西亚和德雷克。我紧张而迅速地思考着,有种力不从心的感觉。

"我们现在面临一个难题,"我说,"时间飞快地过去了。我担心你要尽快回去,因为德雷克在等你,或许主将以及斯隆都在挂念你。可是,现在你可能已经有些疲累了。"

她点点头，非常同意我的意见。

"问题是，我们离得很远，如果我们在同一个城市，我会建议我们再多见几次面，可以更详尽地分析一下，找出一个解决所有问题的最佳方案。可惜的是，我们没有这种机会。"

"嗯。"她说。

"但是，我想我们必须解决这个问题。现在的情形对德雷克很不公平。一方面，他得不到应有的帮助。糟糕的是，当他和别人在一起时，比如说我，我在要求他做出他无法做到的事情。他在中心的时候，我努力让他说话，如果他是选择性不语症的话，我的方法应该是接受度很高的。但是，因为他不是选择性不语症，所以我给他压力让他去做他根本无力完成的事情。这会让他产生挫败感。"

眼泪又回到露西亚的眼中。

我的手伸到桌子的另一边，握着她的手臂："好了，没事了。我这么说不是要伤害你。我知道你的感受；我也知道这对你和你先生都是沉重的负担。若非走投无路，人们是不会做出极端的事情来的。但是我想，无论事情会发展到什么地步，都别再伤害德雷克了。"

露西亚紧咬着下唇，摇着头。

"现在我们了解真相了，"我说，"这次已经解释得很清楚了，现在不要再去顾虑老先生的想法，要站在德雷克这边。我们来想想办法。"

"我不知道，"她泪光盈盈地说，"问题就在这里，我不知道该做什么。"

"这就是我们来这里的目的。我们一起合作。我不会说：'我要回去了，你自己想办法吧。'我会帮你。但是我们要规划一下该如何处理,并且考虑到我不住在附近。"我笑着对她说,"一定会有办法的。"

露西亚打开另一包餐巾纸,一边擦着眼泪,一边点点头。

"当然,必须告诉老先生真相,"我说,"这是最困难的部分。但是,我们总是要面对的。"

她扮了个鬼脸,又轻轻地点点头。

"也许第一步是先告诉主将,向他坦承你修改了梅约医学中心的报告,录音带上是你和你侄子,而不是德雷克。"

露西亚没有回答。

"你觉得自己可以做到吗?"

她停顿了很久,又长长地叹了口气,然后轻轻移动了一下身体。"我不想把问题丢给他,他已经需要用药物来控制情绪了。这会让他产生轻生的念头。"一个短暂的停顿,"这种事曾经发生过,去年,曾在停在车库中的车子上发现他。"

"我明白。"

"所以我不想再给他压力。"

"是的,我可以理解。"我说,"我了解你为什么要保守德雷克残疾的秘密,况且你先生在自己和家族的压力下,曾产生过轻生的念头。但是对他严守秘密也于事无补啊。我的经验是,一旦我们了解曾经试图瞒着我们的真相之后,会随之带来更大的杀伤力。"

露西亚点点头。

"所以第一步是先告诉主将。你觉得你可以做到吗?"

露西亚吸了口气:"我试试。"

"好。等主将知道了,你就打电话给我,我们再决定下一步该怎么做。"我说,"同时,我想看到梅约医学中心的原始报告,可以吗?你允许我直接写信给他们向他们索取复印件吗?"

"可以。"她说。

一阵短暂的沉默。杯盘和银色餐具叮叮当当的碰撞声,咖啡机里"噗噜噗噜"冒着的热腾腾的蒸汽,伴着其他客人的耳语,在我们身后交织成一片。

"当然,"我轻声说,"那会是一个难堪的局面。假装没事是没有用的。但是,如果有人支持你,你就会比较容易忍受些。如果你知道有人关心你,就和他分享你的感受。如果意识到自己做的是正确的事,也会给你安慰。所以,无论老先生说什么,或是想采取什么行动,你都不用自己一个人忍气吞声。你们——你、主将、德雷克——都不用这样。如果老先生因为德雷克不如他期望中的完美而无法接受他,那么或许是离开他和他的理念,开始新生活的时机。昆顿外面的世界还很大,那里有很多人可以理解和接受德雷克、你和主将,像你现在一样。因为做了正确的选择,在和我交谈时完全不需要顾虑自己的行为。因为你已经跨出了最困难的第一步,那就是坦承自己犯下的错误。"

"好!"露西亚说。她长长地叹了口气,然后看了一下手表:"我真的要回去了。谢谢你。非常感谢。"

"一旦告诉了主将,就打电话给我。"

她点着头,从桌子旁站起身来:"我会的,拜拜。"

我从昆顿回到市区,已经快八点半了。在回程的最后一个小时,我计划着回家后要做什么让自己放松一下。经过下午费力的工作后,我只想平静安逸地处理一些私事。所以我想开一瓶葡萄酒——我很少一个人在工作日喝酒——那真是太享受了；况且酒柜里的卡本内·苏维浓（Cabernet sauvignon，编注：一种名贵的葡萄酒）像个迷人的美女吸引着我。然后，我要做一大盘有好多奶油的通心粉，还要撒上好多好多的蒜末。在这之前，我要在录像带出租店停一下，找些有趣的影片，配着好面、好酒，跷着腿，完全放松。

想象这个完美的计划让旅途的后半段过得飞快。说真的，想象和亲身体验同样让我感到快乐。因为除了自己的想象外，晚上便没有娱乐了。当我走进前门时，看到电话留言的灯在闪烁，于是我按了下去。

是中心的护士打来的，她叫凯莉。她说，卡珊德拉有些失控，问我可以赶回去吗？

所以呢，葡萄酒依旧在酒柜里，通心粉依然在架子上，而大蒜也继续裹着自己银色的外皮在砧板上方的篮子里。甚至都没来得及脱下我的外套，我重新设定录音机，关上灯，锁上门，直接朝医院而去，只在肯德基停留了一下，取了一份订好的炸鸡，一边开车一边吃我的晚餐。

在理想的世界中，一天的辛苦工作后，可以不受打扰地吃个通心粉，喝个葡萄酒；而且心理障碍的突破将会带来可预见的显著成效。在理想的世界中，卡珊德拉认识到贝克叔叔的真相——不再是个真实人物，而是生活在她内心的魔鬼——之后，这个艰难的顿悟会产生快速而明显的效果。

但是，在真实世界中可完全不是这样。

事实上，卡珊德拉的状况刚好相反。生活在诱拐和暴力环境中，借由隔离这些不可触及的痛苦而生存着。事实上，她也把她人性的某些部分隔离出去，它们各自形成了自己的特性——蛇牧师，替天行道审判着不乖的孩子，让他们得到应受的惩罚；蛇牛仔，悲哀地诉说着发生的事件，试图用约德尔调唱出痛苦的经历；还有无辜纯洁的蛇仙女，远远地逃避着可怕的事件。在这个过程中，贝克叔叔也被隔离了。

我们普遍认为，帮助卡珊德拉认识到她"受伤害的地方"，并且指出那个部分对她的影响，会让她摆脱那些恐怖的感觉，让贝克叔叔和他的伤害远远地离她而去。我希望最后的结果就是这样。但是，眼前的情形并非如此。认识到贝克叔叔还和她在一起，存在她的内心深处，并没有让卡珊德拉获得自由，因为这摧毁了她的隔离墙，她思想中其他的防护也都摇摇欲坠。卡珊德拉感受到一种完全的分裂。

我们那天在休息室谈话之后，接下来的两天，她的行为变得反复无常。她显得异常的平静，好像还沉浸在谈话的余波中。我离开后，她吃了晚餐，开朗地和其他工作人员说起了贝克叔叔和"受伤害的地方"。这个特别的术语好像引起了她的共鸣。"受伤害的地方"成了她的口头禅。

但是到了第二天早上，她的行为开始起伏不定。她变得很焦虑，担心贝克叔叔就在附近，担心母亲会出什么状况，又害怕出院后自己被再次诱拐。然后，她大发脾气，对工作人员喊叫着，说他们是笨蛋；吃早餐时摔盘子；后来又哭了。

到了我们预定的上课时间，她变得令人无法接受。每件事都成了她操控的议题，别人无从插手。这些我都可以接受，因为作为一个泄露了贝克叔叔和她"受伤害的地方"的人,我应该小心翼翼地留在她左右,否则呢?所以,努力想要控制我是可以理解的,也是可能的正常反应,因为她会感到很沮丧与挫败。

这天,她再也无法平静:焦虑、愤怒、操控,以及极端的孤寂,她就这样周期性地重复着。让工作人员和她都身心俱疲。事实上,她一直闹到晚上,到了她固定的睡觉时间,贝克叔叔的幻影又来折磨她,最后,只好让她服用一颗镇静剂,她才睡着。

当然,第二天我也没有给她上课,因为我去昆顿了。

30

卡珊德拉的那些恶心想法

"当事情变得毫无意义时,就能够容易地将它们给摆脱掉。"

我回到医院后,凯莉把发生的情况通通告诉了我。

午餐时,一个男孩跑到护理中心,说卡珊德拉已经设法进入了位于餐厅另一侧的公共储藏室。那里面有一扇小窗户,二十四英寸高,十八英寸宽。它像医院其他窗户一样有安全性考虑的设计——无法开得很宽,而且外面有纱窗,但是没有其他精神病区窗户的金属栅栏。男孩说,卡珊德拉正要打破玻璃,因为她想跳下去。

等工作人员前往查看时,他们发现卡珊德拉正在用从餐厅拿出来的金属盘敲打着窗户。她当时很忧郁,三个工作人员合力把她从储藏室拉出来,并取下盘子。她被关到隔离室,直到平静下来为止。这时大约是晚上六点半。

凯莉说,因为她好像理智了一些,所以他们让她出了隔离室,而且凯莉知道卡珊德拉最喜欢的一个电视节目就快开始了。凯莉希望让卡珊德拉看她最爱的电视节目，可以帮她放松一下，让她平静下来。

等凯莉再回头看时，卡珊德拉已经不像其他孩子一样坐在电视机前的椅子上了。四处寻找，最后发现卡珊德拉在自己的房间里，一张椅子被搬到房间的正中央。她站在椅子上，试着用鞋子砸天花板上的灯泡，想用玻璃碎片割腕自杀。灯具外面罩着金属网，灯具本身也是坚固的安全玻璃，尽管如此，卡珊德拉还是用力地砸着。

一个九岁孩子在这样短的时间内，出现两次自杀的企图，凯莉知道这是"非常时期"，所以她打了电话给戴维·梅诺蒂和我。戴维回电，开出更强效的镇静剂处方，并已经让她服下。九点时，我回到了医院。

我到医院时卡珊德拉被关在隔离室里。她穿着睡衣，外面罩了一件浴衣，因为是具自杀倾向的患者，所以，没给她穿鞋子。没有带子的浴衣敞开着。我打开门，走了进去。身后传来工作人员轻轻把门关上的声音。

"嘿！"我说。

卡珊德拉站在小小隔离室的另一端。她的眼睛红红的——很疲倦的人才会出现的红色。眼神里是呆滞而不是苦恼。她没有回答我。

"来这里。"我伸出一只手。

她向我走过来。我伸出手臂抱着她，把她搂紧一些。

"我知道你今天很不好受。"我说。

她点点头。

"可以跟我说说吗？"我说。

这时，她也紧紧地靠着我，把脸埋在我的毛衣上。她没说话。

"来，坐下。"

在铺了垫子的地板上我选了一个最舒服的姿势坐了下去，这里很柔软又很安全，只是光线太亮了一些。卡珊德拉紧挨着我也坐下了。我的手臂一直放在她身上。

"你怎么了？"

长长的沉默。

卡珊德拉拾起她浴衣的边缘，拉起毛巾织物的线头。"你今天不在这里。"最后她小声说。

"这点我向你道歉。我有事必须离开。我昨天向你提过。你记得吗？但是我还是很抱歉。我知道你今天很难过。"

她点点头。

又是沉默。我静静地听着。小小房间里几乎没有声音。空调设备发出的嗡嗡声，夹杂着卡珊德拉有些起伏的呼吸声。

"可以告诉我发生了什么事吗？"我又很婉转地问。

"我想死。"

"是的，这点我知道。为什么？"

"我头脑里很乱。"

"什么意思？你愿意说清楚一些吗？"

她摇摇头。

"好吧！"

我们就这样紧紧挨在一起坐着。

"我好累！"她说。

"是药物让你昏昏欲睡。如果你觉得很困倦的话，我们可以回到你的房间。"

"我不想回去。"

"我了解。"

"我头脑中一片混乱。好像它们在我头脑里吵架似的。"

"有不同的声音吗?"

"我不知道。"

短暂的停顿。

"好像是声音,但又不是声音。好像每个人都在同一时刻说话,一起吵架。"她带着鼻音说,"我不喜欢这样。头好痛。"

"我可以理解。"我说。

"我希望那些声音走开,我想和从前一样。"

"在什么之前?"我说。

她耸耸肩:"就是以前。现在之前,今天之前,或者说昨天之前。在我想到这些之前。"

"噢,"我说,"我了解去思考这些事情让你头痛。"

一阵沉默,让人觉得遥远又有些慵懒。我坐在那里,隐约闻到一阵咸涩气味。我想那不是从卡珊德拉身上散发出来的,而是藏在垫子下方。那是很浓的人体气息。我想应该是眼泪的味道吧。

"我需要做件事。"我说。我弯腰在牛仔裤右边口袋里摸索着,我记得稍早之前和露西亚在一起时,塞了一支马克笔进去。拿出来之后,我将笔套拔开。

做这些事情的时候,我从卡珊德拉的身边移开,她刚才在我的左边靠着我。她歪着头,看我在做什么。

"我希望今天晚上你把你头脑中的想法都告诉我，"我说，"这样你就可以安稳地睡了。"

她看着我，满脸的疑惑。

"我们来列一张清单，看看它们究竟是什么。"我说，"我希望你潜入到自己的头脑中去，听听它们在吵些什么，然后告诉我。你听到的第一句是什么？"

"我不知道你要做什么。"卡珊德拉说。

"我们把你听到的内容罗列出来，今晚由我来照顾它们，你就不要再去想这些了，因为它们在我这里很安全。这样，你就可以睡觉了。"

"可是我们没有纸可以写下来啊。"

"我们不用纸。你只要告诉我，你听到的头脑中的声音。每个人都在争吵，它们在吵什么？先告诉我其中一样。"

"它们也不是在争吵。只是一些无聊、尖锐的声音。我也不知道。"

"好，但是它们在说什么？"我问，"告诉我一些。"

"我不知道我们在做什么。"

我轻轻地笑着："现在你觉得好混乱，是不是？"

卡珊德拉点点头。

"你知道我们护理站外面的布告栏？"

"我知道。"

"上面贴着很多纸片，对吗？贴在那里的每一张都是提醒人们要记住的事情。比方说，下周的菜单，或是活动的时间，以及哪些人会参加某次特殊的郊游，或是哪些人要参加院外的会议。对不对？这点你了解吗？"

卡珊德拉点点头。

"好，在你受伤害的地方，也有一个布告栏，上面贴着各种恶心、卑劣的想法。因为没有人想看到恶心、卑劣的事情，所以你不想重回内心看那个布告栏是可以理解的。但是，现在我们因为谈到了贝克叔叔，而打开了那个受伤害的地方，你也刚好看到了所有粘贴在那里的可怕事情。"

"是这样噢。"卡珊德拉说。

"所以，我现在要你做的，就是今晚把它们都托付给我，由我来看管它们，而你就可以放下这些负担了。也许将来某一天，我们可以把所有这些恶心、卑劣的想法都抛弃。我们要做的是把它们摊出来，看着它们、说着它们，直到它们变得很无聊，变成毫无意义的事情。当事情变得毫无意义时，就能够容易地将它们给摆脱掉。所以，这就是那些恶心事件未来的下场，但是我们现在还没有到那个程度。一切看起来还事关重大，还很可怕。所以，我只是要你把那些困扰你的恶心想法都丢给我。我带它们回去，因为它们不会伤害我。我是一个成年人，很强壮。把它们丢给我，并不会伤害我。"

卡珊德拉皱起了眉头："我不知道要怎样做。"

"好，我可以帮你。我们一样一样来。一次讲一个恶心的想法。所以现在你好好听着你头脑中的争吵。把你听到的一件恶心事告诉我。只要讲一件噢。"

她脸上闪过一个内敛的表情，竖起她的头，好像在用心听着。她轻轻地耸耸肩，好像回应着某件事，头依然竖着。她目光转向我："贝克叔叔要来抓我了。"

"好，好棒。那就是一个可怕又恶心的想法，对吗？我猜，它一定粘贴在你受伤害地方的布告栏上好久了，嗯？"

卡珊德拉点点头。

"所以，"我说，"这就是我要做的：'贝克叔叔要来抓我了。'"我拿起马克笔，把这句话写在我右手的掌心上。

"哇，"卡珊德拉惊喜地说，"你写在自己身上。"

"对啊。因为我走的时候要把这些想法一同带走。这是第一个。从受伤害的地方的布告栏上再找一个。"

"贝克叔叔要把粪便放进我的嘴巴里。"

"好，我要把它写在这儿。"我把这句话写在我中指的内侧。

把"想法"写在我手上的新奇感迷住了卡珊德拉。她靠过来，检查我的手指："看。你在自己身上写了'粪便'。你真的这么做。"

"当然。因为这样我才好带走它们啊。"

她几乎又变回了从前的她，望着我，露齿而笑，对那些脏话表现出猥亵的快感。

我一方面高兴卡珊德拉又回到了以前古灵精怪的模样；另一方面，我又不希望我的计划被她打乱，于是我说："好，可以再告诉我一些布告栏上的事项吗？"

"我想让妈妈知道我在做什么。"她说。

她振振有词地说着，我以为她在说现在。我想，她要让她妈妈知道她被关在隔离室，心情很不好，甚至想自杀。我看着她，看着她黑色的眼睛，寻找着我要的答案。

卡珊德拉摇着头，回答了我没说出口的疑问："那也在我的布告栏上。我的意思是说,我跟爸爸在一起的时候,我想让妈妈知道我多么害怕,我想……"她侃侃而谈。

我点点头:"好的。"我在我的无名指下方写上"我想让妈妈知道我在做什么"。

"噢,还有一个就是:'我真的很害怕。'"

我把这句写在小手指的下方。

"因为这是我常常感受到的,我经常觉得很害怕,这种感觉一定藏在我受伤害的地方,在布告栏上。而且,我可能又要害怕了。害怕的感觉就让我害怕。"

我点点头。

"我也害怕睡觉,这跟刚刚的不一样。把这句话也写在你的手指上,但是,不要跟刚才的那个在同一根手指上。"她指着我的小手指说,"如果我去睡觉的话,我会害怕听到那些声音,这是现在的害怕。但是,之前的那个,我之前害怕睡觉是因为也许贝克叔叔会进来,也许爸爸忘了回家,也许强盗或者什么人会进来。或许强盗会诱拐我,因为曾经发生过这种事情。我想也许还会发生,那么就永远永远没有人找得到我了。所以,把它写在手指上,因为在我的布告栏上,这真是一件最重要最重要的事情。"

于是,我们就这样列出了许多许多的担心。最后几条有些牵强。我猜卡珊德拉一心想看到我的手上涂满墨水,但是这吸引了她的注意,最后,她得到了完全的放松。她高兴地嘟囔着,拿我的手开着玩笑。

"好了,"我最后说,"就这样。来,帮我把手握起来。"我伸出手去,拉着她的手,一起把我右手的食指合到手掌上。然后,我让她把每一根手指都合上。我紧紧地握着拳头:"这里,你布告栏上所有恶心的事项都在这里了,对吗?"

卡珊德拉点点头笑了。

我站起身来:"我要把它们带回去了。我很坚强,所以它们不会伤害我。因为所有的事项都记下来了,你就不要再去看它们了。好吗?"

"好!"

"有一天你也会变得很坚强,那时它们就没有任何意义了。等它们都变成垃圾时,我们就把它们都丢了。"

她点点头。

我敲着窗户,请助理让我们出去。"现在你想睡觉了吗?"在等待助理过来开门时,我问。

卡珊德拉再次点点头:"是啊,我真的真的好累。眼睛又酸又痛。"

门开了。

"那么,晚安!"

"晚安,"她说,"明天见。"

"明天见。"

31

露西亚无法开口

> 我发现，一旦说出来，感觉就好多了。即使没有答案，也没关系。

第二天早上，我和卡珊德拉上课的时间到了，她想到的第一件事就是看我的手。我没有特别擦拭这些字句，但是正常的洗澡、洗手让它们褪了些色。不过，它们大体上还是可以辨识的。

"看啊，"卡珊德拉满意地说，"你还让它们留在你手上。"

"当然。"

"那么多的字句。你的手看上去好脏啊。"

"对啊，真的很脏。"

"别人会过来看它。他们会问你，怎么把那些都写在手上。"

"我要怎么对他们说？"我问。

卡珊德拉露齿而笑："你只好告诉他们你为什么要把'粪便'写在手上！"

"我觉得当你想到这点时,好像很兴奋。"我说。

"是的,我是很兴奋。"她承认。

"你知道吗?这是正常的。我们用某些文字来表述身体的某些自然行为,每个人听到这些文字都会觉得好兴奋、好有趣。我们生来就是这样,每个人都是。"

"可是很肮脏。"

"好,问题就在这里。我们一方面觉得想到有关性或是身体的排泄物,像尿尿和便便,就很脏。所以看到诸如'粪便'之类的字眼写在我手上,就好像我做了什么肮脏的事情,我必须引以为耻。但是另一方面,我们又觉得想到这些会很兴奋,让我们觉得刺激有趣。所以看到那种字眼写在我手上,也让人产生一种兴奋的感觉。我说的是,每个人的感受,不单单只有你。因为那是正常的感觉。"

我刚开始讲的时候,卡珊德拉非常的局促不安,但是只一下下就过去了,她缩回去坐着,让我的手继续摊在桌上。

"你记得我们做过的感觉和扑克筹码的游戏吗?"我问,"这就是重点。我们做的每件事几乎都和数种感觉相关,而不是单一的一种感觉。如果你看到'粪便'写在我手上,它既让你觉得兴奋有趣,也让你觉得难堪,甚至有种罪恶感。在同一时刻,你可以有两种感觉,也许它还让你觉得害怕,正是因为这样,我们昨晚才把它写下来的,不是吗?因为它是让你害怕的想法之一。所以,看到写在我手上的'粪便'让你想起了贝克叔叔做过的事,从而让你觉得害怕。也许这个字眼让你觉得好脏,让你想起了那些厕所里的东西,大部分人都会想把它冲走。"

"那就是为什么我要和你玩扑克筹码的游戏,以清楚说明我们同时会有数种感觉,而大部分时候,自己并没有察觉。我们不知道同时有数种不同感觉是正常的,每个人都这样,不是只有病人才这样。让你觉得羞耻的事情也会让你兴奋,这不奇怪,也没什么错,了解这点很重要。我们大家都是这样的。"

我伸手到后面架子上取出一些白纸,拔开马克笔的笔套:"来,我给你看些东西。告诉你有时候事情是怎么发生的。"

在白纸的上方,我写下了"粪便",并且画了一坨大便,这让卡珊德拉很开心,她一直不停地笑着。

"好,这是一坨粪便。现在,我曾经说过它会让我们感到什么?"

"愚蠢。"卡珊德拉说,还笑着。

"是的,愚蠢。"我写了下来,"还有兴奋。"我又在愚蠢的下方记下来,"还有别的吗?我刚刚还说什么?"

"性感。"她用沙哑的声音回答,不再是兴奋的音调了。

"对,性感。"我又写在"兴奋"的下方。然后我在这些词的下方画上线条,并连接到粪便的图形上。"还有吗?"

"害怕。"

"对,很好。还有吗?"

"羞耻。"

"好,还有?"

"疯狂。"她看着我,"疯狂?我的意思是说,如果,也许有人让你吃大便,就会对此感到疯狂。因为他们不该这样对你。"

"说得好。这是另一种感觉。所以,当我们看到一坨粪便时,会有这么多的感觉——愚蠢、性感、害怕、羞耻、疯狂——有时，我们在同一时刻感觉到它们。你还可以想到更多吗？"

"愉快。"她说，"如果你急着大便，然后又屙了出来，你会很高兴。如果你憋着，别人也帮不上忙。"

"好，'愉快'。"我写了下来。

"疼痛。因为我曾经经历过。贝克叔叔性侵害我之后，就会很痛，痛得想要屙便便。真的真的很痛。有一次，痛得我一直哭，后来都出血了。我一点都不想屙大便。为此我爸爸还让我吃了轻泻剂。"

"好，'疼痛'。"我又记了下来。和其他用词一样，我画了一条线连到白纸上方的大便图案上。

卡珊德拉不再笑了。她又缩回去坐着，好像躲避着白纸、桌子和我。她脸色变得苍白而毫无表情。

"现在给你看个有趣的东西。"我说。我在那些词语的下方画了三个简单的人物："看到了吗？这些小人儿？"

卡珊德拉点点头。

"同一时间经历我们所写下的这么多感觉是很困难的。这么多的感觉带给我们的混乱会让我们受不了。比方说，如果你同时觉得兴奋、羞耻、害怕，那就很难弄清楚你真正的感觉，对吗？它们都一样强烈，都叫喊着引起你的注意。如果它们在同一时刻喊叫，就很难弄清楚究竟有多少种感觉，那些感觉又是什么。"

"对啊。"卡珊德拉深有同感地说，不过她还是离桌子远远的。

"有时，我们的感觉太复杂了，让我们疲于应付，我们就会让心中不同的人物来表征不同感觉。比如，我就认识这样一个女孩。她的年纪和你相仿,名叫苏珊,五岁时遭遇了一场严重的车祸。她的妹妹在车祸中丧生,而她妈妈也受了重伤,住院治疗了好久。后来,很久以后,她妈妈已经完全康复,生活也都恢复正常,苏珊觉得很难生妈妈的气,因为她一直觉得几乎快要失去妈妈了。尽管一切都很正常,她还是不断害怕妈妈会再出什么事;她也担心妈妈为了妹妹的死而伤心;还担心妈妈希望死的人是她而不是她妹妹,以及诸如此类的想法。所以她不敢生气,因为那是妈妈不想见到的,或许会让妈妈离开她。苏珊的替代办法是让她心中想象的一个人物来承受她生气的感觉。这个幻想的人物是琼斯太太。而琼斯太太有时候真的很生气、很生气,常常在家里做出可怕、充满恶意的事情来,这些都是苏珊自己不敢做的。你知道后来怎么样了吗?"

卡珊德拉摇摇头。

"这演变成了一个严重的问题,因为可怜的琼斯太太成了愤怒的代言人。所以不管发生什么,只要妈妈觉得生气,苏珊就会说:'不是我做的,是琼斯太太。'但是苏珊的妈妈看不到琼斯太太,因为那是苏珊幻想的人物。这让妈妈对苏珊越来越生气,她认为苏珊在说谎。但是因为琼斯太太承受着所有生气的感觉,所以苏珊不认为那是自己的感觉,当然也没有意识到自己在说谎。"

"苏珊知道琼斯太太是她想象出来的吗?"卡珊德拉问。

"苏珊知道琼斯太太在她的心里面,但是苏珊自己无法面对的那些可怕感受好像是别人的,而不是她自己的。所以她让琼斯太太承受这些。当然,这给她惹来了大麻烦,因为没有人了解琼斯太太,所以把琼斯太太的恶作剧都归咎于苏珊。"

卡珊德拉静静地坐着,眼睛回避着我。

"我想,也许类似的事情也发生在你身上。"我说,"现在我们来谈谈这个,你还记得贝克叔叔所做的事情,但是你对发生的事有强烈感受。我在想,当你还很小的时候,你对周围发生的事无可奈何,那种生活真的让你很难过,所以你需要让心中的其他人来应付这些感受。"

眼泪从卡珊德拉的脸颊上滑落下来。她一动也不动地坐着,平静而冷淡,全身的肌肉都紧绷着。

"你这么做其实也没错,卡珊德拉。你在保护自己。有时处身于恶劣的环境,我们会别无选择。你这样保护自己是坚强而勇敢的。但是现在不需要这样了。那些恶劣的环境已经不存在了,你现在的生活不再需要用这种方式来自我保护。所以,是认识到贝克叔叔和这坨粪便一样的时候了,他不能再生活在你的内心深处,是把他从厕所里冲走的时候了。"

因为卡珊德拉的事件很紧迫,所以我根本没有机会和哈利·帕德好好谈谈我的昆顿之旅。只有在第二天早上,我在医院走廊碰到他时,简短报告了那个惊人的消息:露西亚伪造了德雷克会说话的假象。哈利吃惊地瞪大了眼睛,然后我们便各自离开了。

次日正午,露西亚打电话过来。

她哭了。

"没关系,"我说,"你没有打扰到我。没关系,我方便接电话。"

"我做不到。"她啜泣着。

我的心凉了半截。

"我无法向主将开口,他一定会忐忑不安。他爸爸会……对不起,我做不到。"

我长长地叹了口气。不过至少她还知道打电话告诉我。

"我不知道要怎么做。"她慢吞吞地低声抱怨，随后又大哭起来。

"好，让我们来讨论几种可行的方案。"

"没有可行的方案。我不知道该怎么做。"

"我们姑且相信'留得青山在，不怕没柴烧'这句话吧！总是有我们可以努力的地方。"我说，口气比自己想的还乐观。

谈话就这样进行着，我和露西亚谈了大约一个小时。大部分时间她都在哭，即便是她说话的时候，也很小声。

显然她很忧郁，虽然她没有明说她有自杀的念头，但这几乎是不言而喻的。更不要说，这种忧郁对德雷克父亲的影响——我知道他已是个抑郁症患者并有自杀企图。这是什么样的局面啊！

要怎么办呢？事实是，我看到的机会并不比露西亚多，唯一的区别是我不能说出来，所以我就倾听。我尽力让自己的声音平静一些，来安慰她。我一遍又一遍重复着同样的话题：一定有办法，我知道这对她来说很难突破，但是她做得到，最终总是要向更多人透露德雷克的真实情况。

我问她，如果我和主将谈，或者她和主将来我们这里，我们在这边一起谈，会不会比较好。不，她说。不，不，不。不管我说什么，她的回答都是：不。

所以我们就这样继续交谈着。或者准确地说，我一个人在说话，而她一直在哭。

我们又渐渐绕回我们在昆顿达成的默契。露西亚无法接受由我来告诉主将的主意,她又回到了她觉得自己可以面对的原点。经历了感情的起伏,她的声音显得很平静。是的,她已经尽力了。我们的谈话就这样结束了。

我一挂上电话,就去找哈利·帕德。他正在上治疗的课程,预定五点才结束。于是我问他的秘书,能否请他晚回去一会儿,和我谈一下。

我五点之后回到七楼去找哈利,我在秘书办公室后面的厨房找到他。办公室的其他工作人员都回去了,七楼空荡荡的。

所谓的厨房,只不过是位于接待室后方的一个小房间,里面有张桌子和椅子,洗碗槽是普通洗碗槽的一半大,以及一个长方形的台面、一台咖啡机和微波炉。哈利取出一个小茶壶——大小和马克杯差不多——他用耐热玻璃碗在微波炉里烧开水。

"在这里很少有机会泡茶,"他嘟囔着,"大家都喝咖啡。"

"你不会用咖啡机来泡茶吗?"我说。我们楼下想喝茶时就是这样,把茶包放在咖啡机上的玻璃瓶里,让热水渗过去。

哈利做了一个夸张的恶心表情,好像你建议一位葡萄酒行家品尝你两个月前就已经打开、放在储藏柜上方的罐装葡萄酒,而对方所露出的表情。

"我要喝的是茶,"他从长台面上拿起一个茶叶罐,"这里,像这样的茶叶。我姐姐寄给我的,上等的茶叶。"

茶叶罐是由类似柳条的材料编织而成的。但是我说不出那叫什么,因为上面都是孟加拉国文。微波炉"叮"了一声。哈利把开水倒进小茶壶里。

我们终于可以坐到桌边好好谈谈了。

我告诉哈利在昆顿和露西亚会面的细节，我也没忘了补充稍早下午的那通电话。我坦承我也不明白这个个案为什么让我如此吃惊。我已经习惯于和儿童暴力的犯罪者及受害者相处。事实上，我听着卡珊德拉叙述她和贝克叔叔的可怕经历，虽然我对她的身世感到震惊，但是我并不惊慌。而德雷克的案子却让我震惊不已。那是因为男孩的母亲，宁愿牺牲自己的孩子来保护她和她先生。她宁愿去伤害一个四岁大的孩子来保护成年人的安全。我只是不断地想到德雷克必须接受不必要的医学检查、相关的介入辅导，以及那段待在医疗中心的时光，这些都让我震惊不已。

我想把我的感觉告诉哈利，听听他的意见。一方面因为我每天工作的一部分就是接触各种糟糕的暴力事件，唯独这个个案强烈地震撼着我，这点让我非常困惑；另一方面因为我担心如果我处理得不小心，这种情绪会干扰到我面对露西亚时的专业能力。从理性的角度来看，我是对的。我理性地认识到露西亚在选择她的行为时所感受到的恐惧和困惑，我也可以用理智的方式来回应她。但是，如果我试图发自内心地同情她，就必须敏感地觉察到自己为什么会产生这种私人情感。

所以我们就这件事谈了一会儿。哈利和往常一样，慢条斯理地遣词用句，长时间地看着他的茶杯，好像要从茶叶形状中得出什么灵感似的。他谈到了精神病学上对母亲角色的认知，关于容格的"原型（archetypes，编注：'原型'指的是一种普遍性的想象或观念，包括许多情绪元素，它是全人类所共有的潜意识的结构元素）"，关于这些事情和我们亲身经历的关联。从这里，他又把话题岔开，提到神话中母亲所扮演的角色。我不知道他的回答是否针对我的担心。事实是，哈利说的理论虽然支持了他精神病学家的观点，但是对我而言，这些理论和他列举的神话故事一样，都是没有实用意义的理论而已。不过，这次谈话还是很有帮助。我想，我需要的只不过是大声地把感觉说出来，以表达我对案主反应的关注。因为，我发现，一旦说出来，感觉就好多了。即使没有答案，也没关系。

最后，谈话终于集中到露西亚和现在的问题上。哈利和我探讨了她为了掩饰德雷克的缺陷而做的事情。我们也讨论了德雷克，以及要怎样帮助他。我已经联系了梅约医学中心，索取一份新的医学报告，但是还没有收到，所以我们还不知道他生理上问题的严重程度。但是显然，就他的成长来看，他需要一些专业帮助来进行非语言系统的沟通，而且他已经失去了完成这种训练最关键的四年时间。

哈利皱着眉头，很关切地说："我愈想愈觉得露西亚患上了一种代理性伴病症。"他说。

代理性伴病症（Munchausen Syndrome by Proxy）是一种复杂而罕见的精神性疾病，患者为了引起关注而制造他人受害的假象。一个照顾者——通常是父母亲之一或是医护人员——伤害被他／她照顾的对象，包括捏造、夸大，甚至人为造成病症，来获得别人的关注。有时过程被精心地策划，使照顾者看上去英勇出众。在这种状况下，患者可能先纵火烧了某栋建筑物，再进入建筑物中救人；或是用其他方式使人身陷险境，只是为了突显他／她在救助过程中的英勇行为。

我没想到露西亚有这种可能性——也许她是，目的是希望人们持续关注德雷克有多特别——但是我必须承认，这种可能性让现在发生的一切更令我不悦。

晚上,离开七楼时,我的心情比去的时候更糟。露西亚和她的丈夫太懦弱,竟然不敢面对梅森·斯隆先生,而让他们的儿子代替他们受过,这种行为真是恶劣。如果因为露西亚要吸引众人的注意而出此下策,就更让我觉得恶心。

32

葛达被转到全天候的护理中心

> 她的未来就在她面前被决定了,也许她一点也不喜欢那些结论,却不可能做出任何改变。

葛达所在的复健中心每两周开一次会,对病人的进展进行评估,以确定有没有达到预定的治疗目标,或是否有需要改进的地方。如果可能,病人也能够直接参与会议。第二天早晨,乔伊·汉森打电话给我,问我可否参加下午葛达的评估会议。

我到达护理之家的会议室时,一个我不认识的男人坐在桌子的另一头。他魁梧高大,灰褐色的头发有些稀疏。虽然谈不上优雅高贵,但是剪裁合宜、价格昂贵的衣着和适度的修饰,让他看上去很有教养。

我在乔伊身边坐下时,疑惑地看着她。"儿子",她在笔记本的角落上写着。

几分钟之后,葛达坐在轮椅上被推进了会议室。她穿了一件羊毛的短浴袍,整洁的装扮使她更显苍白,透明的皮肤好像杜莎夫人蜡像馆中的蜡像。金色头发披到肩上,更显出她的年华老去,我随即意识到对一个八十二岁的老人,这种发型不太适合,而且葛达也一定不会选择这种发型。无法帮自己梳理头发,也无法对护理人员表达她喜欢的发式,也许让她为自己的装扮感到有些难堪,不过我们却无从得知。

"你好,葛达。我们来回顾一下你的进展。"护士长说。然后沿着桌子依序开始,每一个葛达的工作人员——护士、物理治疗师、职业治疗师等等——都做了报告。

这是一个重要的会议,从专业角度看,我了解病人出席的意义。不仅因为帮助病人参与治疗,而且保障了病人了解真相的权利。尽管如此,我觉得让葛达坐在旁边一同待到会议结束,让我很不自在。理论上是要让她参与决策的过程,但是,实际上那只是表面的。她的言语无法用于沟通,就这么简单。所以,她的未来就在她面前被决定了,也许她一点也不喜欢那些结论,却不可能做出任何改变。出席会议只是让她知道发生了什么事,却不容许她去改变。

不幸的是,也没有其他可行的选择。现场没有一个人是冷漠、没有爱心的,简单地说,就是我们有时也无能为力。她的背景——年龄、健康状况、收入、支持网——决定了一切。

我觉得会议议程有些不够完美的地方,葛达似乎也感觉到了。在我们面前,她的智力被贬低成一个孩子。在场的人又在她面前不经意地用第三人称来称呼她,不是不把她包含在内的意思,而是因为她不是决策者之一。这让我觉得很悲哀。以我的经验和务实态度,我知道或许没有其他的选择。但是如果没有认识到这一点,就不仅仅是一种悲哀，更是一种错误。

乔伊报告完她的观察之后，轮到我了。只有乔伊想到要我参加，对其他人而言，我只是一个临时出席的旁听者。这也难怪，他们不支付薪水给我，而且老年医学也不是我的专长。不期待我在这个正式会议上发言也是正常的。虽然葛达常常对我说些无意识的话，但那些都是叙述一些回忆，而不是沟通。说真的，连我也很吃惊：从这些象征性的、零星的词组中，可以发现那么多的内涵。我不但知道了她在农庄的童年时代，而且了解了一个被边缘化的孤独孩子的感情世界。

从她和德雷克的互动，我还了解到她对其他边缘化孤独孩子的关心，她接受他们，努力跨越年龄，想了解发生在他们身上的事情。葛达中风之后，就不再用和其他人一样的方式来沟通，她以自己的方式沟通——如果可以称之为沟通的话。但是她依然无法打电话、和医生交谈，或是在紧急状况时通知他人。

我就我了解的部分说了几句。在我说话的时候，葛达看着我，如果这世上有心灵感应，那时便是了。我听到了她无言的请求，感觉到她一路走来的绝望失落，她孤独的悲哀在我脑中回响。但是，我还是把我该说的说完了。

会议结束了，最后的决定是葛达要转到全天候的护理中心去。

葛达被推回了病房，大部分工作人员也都回到了自己的岗位上，葛达的儿子爱德华走到我桌子前。我当时拿着一杯咖啡。

"我想谢谢你。"他说，"他们告诉我，你是专程来看望我母亲的。"

我点点头："别客气。很乐意效劳。"

"我想，我们可以聊些有关我母亲的其他事情，"他说，"虽然我知道她不喜欢这样。"

"好啊。"我回答。

爱德华轻轻地耸耸肩:"她一向很孤僻。"

"哪方面？"我问。

"母亲是一个消极反抗型的人。"

这听起来很不寻常，所以我问:"怎么说？"

"她从不改变自己的生活，而且，也不喜欢别人对自己的生活做出任何积极的改变。"

"这是你发现的吗？"

"是的。我们都这么认为。你该见见我父亲。他很杰出，是个积极进取的人。"爱德华笑着在我身旁的椅子上坐下，"好有趣的家庭，如果你看到他们就会明白。等你成熟一些，生活的历练让你更具慧眼时，你就会觉得他们的相处方式，以及处理事情的方法很奇怪。"

我点点头。

"我父亲很有教养，自我要求很高，至少这些年来他是这样。他来自遥远的费城，非常的远。家境不富裕，不过他们还是设法让他接受了很好的教育。他很有修养，是个好爸爸。对希腊神话、植物学、音乐、艺术，都很精通。我父亲真的很喜欢人文学科，还有歌剧。你相信吗，他深谙歌剧呢！不过，我母亲受教育的程度不超过初中二年级。他们相遇了，那是大萧条的年代，大家都没有工作，我父亲也失业了，哪怕是临时的工作他也愿意做，就这样，他在锯木厂找到了一份短期工作，在那里认识了我母亲，因为她的爸爸也在锯木厂上班。

"父亲在他们家租了一间房子，他们开始相爱了。你知道吗？我父亲娶了她,并且后半生一直做着粗重工作来维生。我想说的是,他受过两年高等教育,他可以如数家珍地说出文艺复兴时期所有佛罗伦萨最伟大的艺术家;解释麦迪奇家族如何推动了创造性发明;并向你解释他们所有画作的意韵。但他就这样生活在母亲娘家破旧的小农庄里,饲养着猪只和家禽,以补贴锯木厂的微薄收入。我父亲真的很有魅力,也影响了我和安娜,让我们爱上了人文学科。"他说着露齿而笑,充满了对父亲的崇拜。

"而我母亲却懒得学任何东西。如果她和我们交谈,也是些:她小的时候他们把煎锅里动物的油脂刮涂在面包上,因为他们没有钱买奶油;或者,她曾经养了一头无用的小羊,不管她走到哪里,它都跟着她——像那首童谣里唱的一样。这就是她的世界,非常局限的居家琐事。但是,她控制着父亲。父亲不愿意离开农庄,他哪里都不去,甚至连城里都懒得去。他说,那样会伤害她,不管去哪里都会伤害她,因为她生于斯长于斯。最后,这里的生活夺去了他的生命。就在他退休的前两天,心脏病发作过世,都是因为体力工作太劳累。"

"他一定是很爱你母亲,才这样的。"我说。

爱德华耸了耸一边的肩膀,抽动了一下嘴唇:"我想,从某种程度来说,他们彼此深爱着对方。不过那是一种缺乏尊重的爱。他们那个时代的婚姻,是由于经济因素所以必须待在一起。我是说,我父亲怎么可能尊重一个和一群动物生活在乡野,而对自我没有任何要求的人呢?我母亲粗俗又固执,但是她软弱而温厚的举止,驾驭着我们所有人,无为而治。"

"有时候家人也是不尽完美的,不是吗?"我说。

"不是我不关心她,"爱德华回答,"相反,我很在意她。但是她真的粗俗固执,又我行我素。我对她说过很多次了:'妈妈,你必须搬到城里。我们为什么不把这里卖掉,可以在退休小区买一间精致的公寓。'我们住在底特律,附近就有两个这样的小区,而且我也可以就近照顾她。但是我母亲怎么说?她说:'那我的猫呢?'我对她说:'没有人会要几十只猫的。'我说:'只留一只。我们可以找到容许养一只猫的房子。'当然,她宁愿选择猫而不是选择人。从这件事就可以看出她的思考方式,而且她一向如此,她一向爱猫甚过人。有时家里猫太多时,我就会射死一些。我用 A22 来干掉那些该死的猫,因为它们至少有一半是疯子。但是,我妈妈很像她妹妹,我的路易莎姨妈,她们两个都过得悲惨可怜。"

他说话的时候,我静静坐着,看着我已经空了的保丽龙杯子。我能说什么呢?

我想,以后不要再去看葛达了。因为会议之后,我再也不敢看她的眼睛了。感觉起来就好像我出卖了她一样。当然,我并没有出卖她。我的处境和她一样,事情由不得我们做主。身为专业人士,坐在决策者之中,我为此感到内疚不安。

但是有别的选择吗?有其他方案吗?不能行走、交谈、站立、自己洗澡、独自如厕,她无法独立生活。尽管如此,她还是不愿过靠别人协助的生活。也许决策是正确的、理性的,也是合乎情理的。但是,生活却不该如此没有尊严。

又喝了一杯咖啡鼓足勇气,我走去看她。穿过复健中心长长的走道,她的病房位于右手边倒数第二间。葛达坐在床边的椅子上,房里只有她一个人。

我拉出访客用的橘色塑料椅："对不起，事情是以这种方式来决定的，你还是不能回家。"

她看着我。中风后遗症使她不能直接沟通，连手势都不行，所以她很少用点头或是摇头来回应别人的谈话。

"也许再过些时候，"我说，"也许你要更努力一些，因为你现在已经改善很多了。"

她继续看着我，有好一会儿，她那双蓝色眼睛停留在我的脸上。我迎着她的目光看去，看到岁月的阴影，我怀疑年龄让她的蓝色眼睛变成了深蓝色，至少看上去是这样。

"坐在暮色之中。"葛达说。

我对她笑着。

她的目光从我身上移开了，看着上方未知的某个点。

"那年秋天，干草堆着火了，"她轻声说，"我们没准备饲料过冬。妈妈说，把马卖掉好了，否则马和我们都吃不饱。爸爸说：'除非卖给胶合厂，否则马也卖不到什么价钱。没有人会拿东西来交换一匹马。'"

葛达停顿了一下。

"坐在暮色之中。"她平静地说着，"一个寒冷的夜晚，快要起雾了，月亮也升了起来。秋天的月亮挂在山巅。提姆在围栏里吃着草。'孩子，别吃这么多。拜托，别吃这么多。'我说。'我来照顾你。'我要做点什么。我对爸爸这么说。爸爸说：'你不行的，小丫头。'"

"你那时多大？"我问。葛达在口述这些回忆时，不会直接回答任何问题。不过我还是想试试。

她只是坐在那里。

等确定她不会回答后，我说："你父母说要把提姆卖了，一定让你很难过。"

"妈妈要喂饱那么多张嘴。坐在台阶上，没有人注意到我。天已经黑了。没有人注意到我。"

"你小时候，没人听你的，那真的很令人讨厌。"我说，"我还记得我小时候，我们家的母猫一直不停地生小猫，我的家人总是除掉那些小猫。我一直想要阻止他们，但大部分时候我都阻止不了。这让我很不安。"

"暮色中，坐在走廊的台阶上，"葛达说，"半明半暗之中，一片空白。在暮色中没有人会注意到什么，好像什么都不存在似的。爸爸也没有发现我坐在那里，说他们要卖掉提姆。完全不在乎我的想法。根本看不见我坐在那里。"

33

我和卡珊德拉有了相当的进展

> "发生在你身上的事就是单纯地发生了。不是因为你是坏人才发生在你身上,也不会因为发生了这样的事你便变成坏人。"

破天荒第一次,我给卡珊德拉上课的时间,她不在隔离室,甚至也不像往常一样在休息室等我。她和其他孩子一起待在中心的教室里,各自做着功课,那些资料夹是从他们各自就读的学校分别寄来的。

这个出乎意料的正常情景让我大为吃惊,使我想到我很少看到卡珊德拉有任何属于"正常"范围的行为。当然,这也让我很高兴。经历了上周的痛苦和混乱,显然,我们有了相当的进展。

卡珊德拉高兴地跟我走出来。她又穿上了她的舞蹈装——黑色的紧身裤,长袖T恤外面再套上一件淡色的短袖T恤——不知什么原因,只穿了袜子,没穿鞋子。她快速跑到我的前面,在走廊的转角处翻了三个侧手翻——不是一个噢。

"你今天好活泼啊！"我说。

"是的，我知道。"她翻了第四个侧手翻。

我的第一个念头是阻止她，告诉她在走廊不适合做侧手翻，因为地板很硬，只穿了袜子会滑倒受伤，而且走廊上有其他通道，如果有人刚好出来就会撞到她，不过，我还是没有说出口。在那里做侧手翻虽然不适合，但是一个充满活力的孩子总比翼手龙或是把自己往铺了垫子的墙壁上撞击好多了。所以，我笑着面对她，快到治疗室时，我还伸出了手臂。

"进来，这里是我们的小世界。"

卡珊德拉从我面前跳过去。

"我们今天要做些不一样的。"我说。随手关了门，并且熄了灯。因为外面是阴天，治疗室的坐向又朝北，所以我们陷入了白天的黑暗之中。

这时，卡珊德拉已经跳到桌子上。她从桌子的一头跑到另一头，然后跳下去。

摸到架子上的录音机，我打开后，传出轻柔、悠扬的古典音乐。

"好酷啊！"卡珊德拉叫喊着，又跳到桌子上去。她跑到桌子的另一边，再次跳了下去。

"我看得出来，你今天精神很好。实际上，我只是担心你这么做会让你受伤。过来这里，我们今天来点不一样的。看到地上的那些枕头了吗？我们要坐过去，躺着，完全地放松。"

"为什么？"

"我们要聊聊天。我希望我们懒懒的，完全地放松。"

"我们为什么要聊天？我们要聊些什么？"卡珊德拉问，她又开始要爬桌子，"我不想聊天，我想画画。"

"我知道你喜欢画画，但是我们今天要做这个。"我走到桌边，当她想要逃脱时，抓住了她。为了显示我没有限制她，我给了她一个热情的拥抱，当然，是抱着她大腿，因为她正站在桌子上。紧紧地拥着她，我把她从桌子上抱了下来。

"哇，你好强壮噢。"当我们靠近枕头边时，她叫喊着，"再来一次！再把我从桌子上抱下来！"

"不，我们要在这里做一件不一样的事情。"我依然紧抱着她的腿，没有放手，"好吗？"

卡珊德拉在我头上嬉闹着。

"好吗？"我再次问道，一边紧紧地抱着她。

"好吧！"她声音中带着些许让步。

我放下她。她犹豫了一下，才和我一同坐在枕头边。

"要谈什么重要的事情？"她问。

"让我们先放松。非常的放松。听着轻柔的音乐，深呼吸一下，觉得好舒服。接下来，我要你谈谈你和父亲住在一起时发生的事情。"

"为什么你一直要我说那些事啊？"

"因为我们要抚慰你受伤害的地方，就要先打开它，再把那里清理干净，那么以后那里就没有什么挂碍了。"

"布朗博士从来不要我说这些。"

"我不是布朗博士。"我说。

"布朗博士告诫过我妈妈，不要这样做。"

"不要做什么？"我问。

"不要让我谈起我父亲那边的事。布朗博士对我妈妈说：'永远不要让她说起那些事。她的心理会受到伤害。'"卡珊德拉用尖锐的目光看着我。

我抬起一侧的眉毛。

"她真的这么说。我听到的。我当时在另一个房间里，但我坐的位置很靠近门，我听到她说了这句话。"

沉默。

卡珊德拉用执拗的眼神看着我。而且，直挺挺的坐姿使她的目光更锐利。

"你知道吗？"我说，"如果有人这样谈论我的某段经历，会让我觉得好害怕。"

卡珊德拉露出自信而傲慢的表情，嘴角上还挂着一丝笑意："我不会害怕。布朗博士只是用心地照顾我，她是一位比你更专业的治疗师。"

"对我而言，"我回答，"布朗博士的话听上去好像提到你被诱拐的经历是一件很危险的事情。是吗？如果我是你，我会想：'这个经历一定很可怕。只要说到它都会伤害到我。而我必须带着这个经历生活，所以我一定已经受到了极大的伤害。'如果我是你，我甚至想到：'我最好不要对任何人说到任何往事。这样，我就不会受到更深的伤害，也许还会伤了倾听者——或许是妈妈，或许是我爱的人。我最好把这段往事好好锁在我的心里，不要让任何人受伤。'"

卡珊德拉的笑容不见了，但是目光还停留在我的脸上，顽皮的嬉闹也消失了。她静静地坐着。

"你是个聪明的孩子，卡珊德拉。你对很多事都观察得很仔细。这很好。现在，我要告诉你一个重要的秘密，而这是你一定要知道的。那就是：你听到的未必都是正确的。就拿这件事来说，你听到的就是不正确的。"

"但布朗博士是这么说的，她对我妈妈说的。我听到的。"

"我相信你。但是你听到的也不一定就是正确的啊。你为什么会听到布朗博士这么说可能有几个原因。第一个原因很简单，就是布朗博士她错了。不能因为她是成熟的大人、或是曾受到很好的教育、或是很有名望，就推断她永远正确。或许她对事情的理解就不正确，所以她以为她说的是正确的，其实不然；另一个原因是，布朗博士说了类似的话，而你把它误听成这样，有时，小孩很难完全理解大人的谈话。也有可能是布朗博士在回答你母亲的一个特殊问题，在那个特殊状况下，不要再谈到过去，或是说在某一个阶段，不要再谈到过去，但是布朗博士并不是说永远；最后一个原因是，布朗博士和我处理事情的方式不一样，虽然我们的目标是一致的，但是对于如何达成目标，我们有不同的方法。因为你现在是跟我合作，我们就要采用我觉得最好的方式，因为我对此最了解。而我认为，那么做是不对的。谈及过去不会伤害你，而且是复原过程中重要的一环。"

卡珊德拉扮了个鬼脸。

"我在这里也要声明很重要的一点，就是我一定不会勉强你说出这些事情。"我说，"我以前也对你这么说过，不过现在还要再提醒你一次。任何时候，只要你觉得太可怕或是难以承受，只要说'停'，我们就马上停止。我们可以先做些别的事，直到你觉得好一些。这点我可以保证。只是简单说说你被诱拐的过程，当时是什么状况，发生了什么事，牵涉到哪些人，所有这些事——它们是很重要的。知道为什么吗？"

"不知道。"她说着，摇摇头。

"因为这样它们就不再是秘密。你就不需要在心里保留一块'受伤害的地方'来掩藏它们。"

"我们的头脑是个很有趣的器官。如果发生了很大的事情，它就会变成一件大事保留在我们头脑中，除非我们谈论它，它才会转变成适度的回忆。我们的头脑，无法自己将大事件归类，并将之压缩成和其他记忆相同的一个回忆。我们需要交谈，交谈的过程帮助大脑来认清发生的事件——理清它是怎样发生的，我们当时的感受是什么，又是如何回应的。好像你有一篮洗干净的衣物，放在卧室地板的正中央，它占据了很大的空间。你每次进房间，都看到那堆东西，或许一个不小心，还被它绊倒了。但是如果你把它整理一下——折好毛巾、袜子卷起来——然后，你把所有东西都清干净了。谈话也可以整理我们的思绪，让发生的大事不再堵在我们的头脑中，阻碍我们的思路。"

"这也不单单是针对坏事。任何重大的事情、好事也是如此。比如说，如果你得了一百万美元的奖金，你想做的第一件事就是告诉每个人，对吗？你会谈论这件事，重现其过程，回忆每个小细节，直到你已经习惯得奖这件事好像是别人得奖一样平常。当坏事发生时也是一样。比如说，如果你从机车上摔了下来，你一定很想告诉别人，对吗？你想告诉他们，摔下来是什么感觉，伤到哪里了，以及意外究竟是怎样发生的。我们遇到大事，都是这样处理的。我们谈论它们，直到我们的头脑接受了发生的事件。之后，它们就不再是什么新鲜的大事。最后，它们变成寻常的回忆之一，我们不再整天想着它们。我们不是把它们给忘了，我们永远都不会忘了我们赢得大奖或是从机车上摔下来，它们只是变成了一个普通的回忆，不再占据我们的整个思想，像一篮洗净的衣物占据了卧室地板的空间一样，收进抽屉便不会了。然后，我们就可以坦然面对现在的生活，而不再为过去担心。"

"如果我们一直把某件事当作一个大秘密藏在心里，就会发生相反的情况。首先，我们要在头脑里安排一个特殊的位置来保留它，这就是受伤害的地方。那里塞满了不可告人的秘密。通常这里放的都不是好事，都是些恐怖的事情。你必须使用一些特殊的技巧把头脑中的那扇门关上，以免那些坏事、恐怖的事件溜出来，干扰到其他的思维。你要把它锁得紧紧的，即便是自己也不容易进入。否则，你头脑中便没有多余的空间来思考其他事了。"

"当你开始制造一个受伤害的地方，并把它锁起来的时候，你会觉得已经把它隔离在一边了。事实上，这个受伤害的地方很奇怪，跟你预料的相反。它好像一个冰箱，让你放进去的每件事都保持新鲜，好像刚刚发生一样。所以如果你偶尔撞开了那扇门，探看里面收藏的秘密时，这些事会再次严重地伤害你。"

我侃侃而谈时，卡珊德拉已经躺到枕头上，目光不再看着我，她什么话都没说。

"如果你听到布朗博士说，没有人可以向你谈及过去，一定会让你觉得很害怕。我想，如果是我听到这句话，一定会觉得发生在我身上的事非常恐怖，因为连我周遭的大人都会害怕。"我说，"更让我担心的是：我必须把受伤害的地方紧紧锁好。我的意思是说，如果我没有锁好会怎样呢？如果泄露了那些秘密会怎样呢？如果我只是不小心说到了其中的一小部分，也会造成很大的伤害吗？"

卡珊德拉的眼角噙满泪水，她背朝下躺在枕头上，眼泪滑落下来，流过她的鬓角。

我看着她。

她快速瞄了我一眼，然后把目光移开，点点头。

"如果有人这么说，我觉得会让我的感受再次加强——我一定是个坏人，这些事才会发生在我身上，这种事不会发生在好人身上；因为这些事，使我变得很龌龊、很危险。"

她再次点点头。

又是沉默。

我也不说话了。录音机里播放的是马勒第五交响曲中的稍慢板。我觉得，这是一段难以形容的乐章，常在书店播放，或是当作背景音乐用在电影情节较缓和的部分，它非常幽微，甚至察觉不到它的存在。

当我不说话时，卡珊德拉用疑惑的目光看着我。

"刚刚我是故意停顿一下的，"我说，"因为我希望给你时间想想我说的话，然后再和你谈论其他的。那段话很重要，所以我给你时间让你把思绪集中在上面。现在我想对你说的是，卡珊德拉，"我看着她，"那些不是真的——我刚刚说到的，因为发生了那些事情，所以你是坏人、龌龊而危险。我知道感觉上是这样，但是感觉是不精确的。我们的感觉常常愚弄我们，所以感觉告诉我们什么，我们要三思，这点很重要。因为很多时候，感觉是错的。"

"发生在你身上的事就是单纯地发生了。不是因为你是坏人才发生在你身上，也不会因为发生了这样的事你便变成坏人。它已经发生了，现在要做个了断。是打开通往你受伤害地方的那扇门的时候了，把里面的杂物清理一下。不是把它们全部丢弃，因为它们也是你的回忆之一，是构成'你'的一部分。但是需要让它们成为正常的回忆。谈论它们，直到你理清自己的感觉，当时你做了什么，他人又做了什么；谈论它们，直到你受伤害的地方不再藏着恐惧的新伤痕；谈论它们，直到你觉得它们卑微琐碎。这时，它们就变成了一个正常的回忆，像你生活中的其他记忆一样。"

34

卡珊德拉的诱拐经历

> 最最可恶的是,开了那么久的车,终于到了他家,那里根本没有芭比娃娃。

"问题在于,"卡珊德拉说,"我不太记得究竟发生了什么事。"

她躺在枕头上。我关掉了头顶上的灯,所以我们处在白天柔和的微光中。之前,我们还做了深呼吸来放松心情。我重新播放录音带上的音乐。

"没关系,"我说,"或许我们可以谈谈其中的细枝末节。有时候,我会说:'告诉我一些往事吧。'随便你想说些什么;另一些时候,我会说:'你记得那个特别的事件吗?'也许有一天你想到了什么,也可以主动告诉我。那只是我们在一起做的事情之一,我们也会有其他安排的。"

"像用扑克筹码玩感觉游戏。"卡珊德拉说。

"对,类似那样。"

"好啊,"她说,"因为我喜欢那个。也可以做其他的吗?比方说,我们可以玩别的游戏,布朗博士常常这样,她跟我下过好多次西洋棋。"

"我不是布朗博士,记得这点很重要。"我说。

"是的,我知道。"

"是我们俩在合作。"

"是的,我知道。"

沉默。柔和的音乐声中,我还可以听到医院日常的声音。

奇怪的是,我们躺在治疗室地板的枕头上,竟然让我想到了露营。我曾经带着上我特殊教育课程的孩子去露营,我们就是这样躺在星光下的。昏暗的日光下竟有着同样的效果。

"今天,我要你告诉我,你被诱拐的经过,"我说,"这是我第一次直接要求你说出整个故事。其他时候我们都只谈到一小部分。如果你不记得整个过程也没有关系,但是我想知道你记得的部分。"

卡珊德拉没有回答。我们把枕头压得平平的,所以我们几乎是平躺在地上。她和我成一定的角度躺着,不是靠得很近,我们只有头比较靠近一些。

我听到她深深地吸了口气,憋住,然后又慢慢吐了出来。不过,她还是没有说话。我听着音乐。说真的,我不知道现在播放的是什么曲子,我觉得应该是舒伯特的,但是我不确定。

卡珊德拉抬起她的手,拇指外侧靠在她的嘴唇上。过了一会儿,她的拇指从她嘴唇上滑过。我看不清楚她是不是在吸手指,但是后来她确实在吸拇指,音乐声中夹杂着她很小声的吸手指声。不过,她还是没有说话。

"你记得时间吗?"我的声音接近耳语。

"我当时在学校。我还记得我们在画手指画。我的手指上沾着蓝色颜料,而我身边小朋友的纸上画着红色的画。我也想要红色,所以当老师带着红色颜料的罐子走过来时,我说:'可以给我一些吗?'于是她放了一些红色颜料在我的纸上,使它变成了紫色。我不知道红色和蓝色加在一起会变成紫色,我觉得好酷啊。所以我举起来给老师看,一些颜料滴落到地上。这些我都记得。我记得颜料滴到桌上,我画画课上穿的衬衫也沾到了,这让我很不安。我还想把这幅画带给妈妈看……"

她停顿了一下。

"我记得……我记得……是在我离开学校要回家前,那是画画的时间,我还记得老师把画好的画放到暖气上烘干,然后我就出去了。我穿上了那件咖啡色的外套。我也记得那件外套。我父亲就在外面,他开了一辆红色小轿车。我不记得他有红色轿车。我很久没见到他了,所以我没有认出他来,但是他叫了我的名字,他说:'你还喜欢芭比娃娃吗?卡丝?'我说,对啊。他说:'我有一些你以前的芭比娃娃,你想再次拥有它们吗?它们真的很好玩噢。'

"我不记得他收藏了我的芭比娃娃,不过他是我爸爸,所以我走过去看看,但是他车上没有任何芭比娃娃。他说:'它们都在家里。太多了,车上放不下。上车来,我载你去看。'"

卡珊德拉不说话了。录音机里的音乐也结束了。我不想起身重新播放音乐,那会破坏气氛,所以我还是静静地躺着。

"我上了轿车。"她说,声音中充满了悔意。

又是沉默。

"我原来是要等玛德莲娜的,她待会儿就出来了。我每天都这样。我们幼儿园比三年级早出来,所以我要等玛德莲娜,然后一起回家。但是我上了他的车,因为他是我父亲,而且我以为他知道我的芭比娃娃。

"然后,他关上车门。他让我坐到前座上——我妈妈从不让我坐前座,所以我很兴奋。他帮我绑好安全带,发动车子。我不知道他家在哪里,不过很远,因为他开了好久。我就说:'还要多久才会到?'他说:'就快到了。'然后,我又问了一遍,他再次回答:'快到了。'我说,我要去洗手间。他说好,因为我们要停车去买汉堡,那时已是晚餐时间了。于是,就这样。虽然我的汉堡都没有吃完,他又买了一个冰淇淋甜筒给我,我们回到车上。外面的天色黑了,我开始担心。我说:'我觉得我该回去了。'因为我想,妈妈看不到我一定会着急的。他说:'别担心。她知道你跟我在一起,没有关系的。'

"于是我们又开始开车。真的很远,因为后来我都睡着了,等我醒来时,我们还在车上。我又问:'还有多远?'而他说:'快到了。'我说:'我不想去你家了。'他说:'我们已经快到了。'但是我已经对此感到厌烦。我想回家,不想去他家,所以我快要哭了……"她再次沉默。大拇指又放回嘴里,她轻轻地吸着拇指,大约过了一两分钟。

"我哭着。我不记得我说了什么,但是我知道我说过要回家,因为我是这么想的,我爸爸对我说……他对我说……'我不想告诉你这些,卡珊德拉,但是你妈妈说她不要你了。'他说,'是她打电话给我,要我来接你的,所以我才去学校。'接着,我开始大哭起来。我不敢相信那是真的。我想，如果妈妈这么想，她会让我知道的，可是她从来没有说过啊。但是他说，那是真的。他说：'现在你妈妈又添了一个小宝宝。她不想要你了。她说三个孩子太多了，她想把玛德莲娜留在身边，所以她要我来接你，因为她想把你交给我。她说，我会给你更好的生活。'"

卡珊德拉开始哭了起来。

"听起来真的好可怕。"

她点点头。

"那不是真的。"我说，"你知道的，对吗？你妈妈永远都不会抛弃你的。她好爱你，你不见的时候，她好担心。她四处找你。你爸爸这么说，是想让你跟着他。"

"停！"卡珊德拉说。

我看着她。

"停。我说，'停！'"她的手遮着眼睛，"你说过，如果我觉得很难过，我只需说'停'……"

"好，我们现在就停止。"

她伤心地哭了，转过身去背对着我。

我坐了起来："卡珊德拉，过来这里。"我向她伸出手。

她四肢着地，向我爬来。我的手臂环抱着她。

她剧烈地喘着气。

"谢谢你。"我说，"我知道你第一次打开受伤害地方的大门一定会很难过，我欣赏你的勇气。我也了解了很多状况。你今天好用心啊。"

过了许久,她还在哭泣。

最后,她喘了口气,又说:"最可恶的是,最最可恶的是,开了那么久的车,终于到了他家,那里根本没有芭比娃娃。一个都没有。他竟然对我说谎,他什么玩具都没有。"

35

露西亚的艰难决定

> 也许吧！这就是露西亚对所有提议的回答。"也许吧,我可以试试。"但是当下一通电话打来时,她还是什么都没做。

梅约医学中心对德雷克的评估文件复印件在周二早上寄到了。上午我上完课后,坐下来仔细看了一遍。

德雷克患有复杂的先天性疾病,包括声带萎缩和轻度的运动失调,后者是指某些肌肉缺乏协调能力——在运动时会出现轻微的痉挛,这点我曾注意到。我不知道,以他的年龄来说,不该有肌肉不协调的现象。我的经验大多不是学龄前的儿童,所以对于一个四岁大的孩子,运动技能方面的明显失常是我始料未及的。在我读着这份医学报告时,才回想起他拒绝吹泡泡,还有他不愿用锥形蛋筒而坚持用杯子装冰淇淋,我随即意识到这些都可能是由于他嘴部肌肉不协调所致。

报告指出,这种综合征有时可能部分表现为退化性症候群,但是德雷克的血液检查中又没有这种症状的表征。不过,这不能排除他患有此种病症的可能。所以，很重要的一点就是，他必须定期检查，以排除退化性症候群的可能性。

报告结尾的建议事项，特别强调了训练德雷克使用其他替代方式来表达自己的重要性，以免他的沟通能力受损。因为他没有听力障碍，而且智商很高，所以虽然有些缺陷，但是德雷克依然有很大机会过正常人的生活。关键在于：让他尽快学习，不要延误报告上提到的"机会之窗"。因为这种状况若出现在年幼孩子身上，学龄后他的语言学习能力便会开始退化。报告还建议，等德雷克长大一些时可以考虑安装语音合成器。

看着这份报告，我不由得对斯隆一家人产生了厌恶——厌恶梅森·斯隆那个傲慢、专横的老家伙，把周遭每个人都控制在手掌心里；厌恶他的软弱无能，不敢面对父亲、不敢在适当时候解除他的淫威，还有他的自我专注以致漠视了儿子生活中的异常，并且听之任之；不过最可恶的还是露西亚，她是罪魁祸首。其他人都是个性的偏差误导了他们，表现出控制欲或是自作聪明，不过她却是刻意欺瞒。她擅改资料，编了一个精致的谎言来保护自己和丈夫，代价却是那个无辜的孩子。这份报告不但清楚说明了要如何帮助她的儿子，而且强调了时效的重要性。到现在，已经过了十八个月了，德雷克学习沟通技巧的最佳时间是在学龄前，由于她的延误，至少浪费了四分之一的黄金时间。而且她是明知故犯。我觉得她有失身为母亲的天职。一想到有人做出这种事，就让我很生气。

当我意识到自己的想法时，再次惊讶地发现自己对这件事情的私人感受。我不该产生如此强烈的感觉。我之所以会这样，一方面可能是我的人格特质、自身经历，也可能是我的自我意识使然。让我不解的是：为什么我在介入的过程中，理所当然地保留着这么强烈的私人情感呢？

另一个要点是，德雷克现在已经不再接受辅导了。虽然现在哈利和我都了解德雷克的内幕，我们还是无法给他所需要的帮助。因为他已经不是我们的病人，我们唯一可以帮助他的方法是协助他的父母。所以要产生有效的改变，我必须说服他们。如果我让他们排斥我，那一切努力就都失败了。

所以我沉思了一个早上，想着人们为什么要这么做，以及身为这种情形的介入者，我们的职责所在。如果生活是简单的黑与白，如果我们只要奖善罚恶，只要把关怀送给需要关怀的人，一切就都很简单。不过生活并非如此，它是灰色的。我们身上总是善恶并存、功过兼具。

在试图了解其他人的困难处境时，我发现最有效的方法是，认识到追求快乐是人的本性。如果有人不快乐，那是因为他们别无选择。我发现，从客观的角度看，即使当事人做出显然错误的决定，上述判断也是成立的。

所以最后，我终于发现露西亚这么做也是因为她别无选择。由此可以推断，我最好别再浪费时间去说服她做出她无法做到的事情，较好的策略是帮她找出其他的方法。

好在我上午想到了这些，因为下午就有机会让我把理论付诸实施。露西亚打电话来了。其实这是有规律的。她连续四天都是下午打来，每次都在哭，每次都想吐露实情，但是都不敢鼓起勇气向丈夫坦承德雷克的真实病情，以及自己的所作所为。

露西亚打电话来，让我觉得这是一件好事情。如果她不想改变现状，也许沉默是比较好的选择吧。因此，我认为她是在向外界求助，虽然我们没有取得实质性的进展，但至少表示她依然期待改变。

不过，通话却是冗长而乏味的。我们一遍又一遍地重复着同样的话题。我告诉她改变现状的重要性，露西亚和主将的首要责任是照顾好德雷克而不是梅森·斯隆，以及梅森·斯隆没有权力毁了他们一家人的生活。我一遍遍听着她的故事，让她安心地在我面前流泪，同情她要面对的困难处境，鼓励她振作起来，告诉她我相信她和主将有能力做出必要的改变。同时，我也明白无误地挑明一个事实：这种改变是必然的，否则，最终我会让社会福利机构或其他社会机构介入。我尽可能婉转地解释，她对德雷克的行为虽然无法构成传统意义上的儿童暴力，但已经是一种实质上的暴力，因为已对德雷克造成严重的伤害。所以，不能再这样继续下去。我说，我最担心的是，德雷克必须维持长期的医疗介入，来排除他先天退化性疾病的可能性。我又说，如果我们现在没有及时给德雷克特殊的语言协助，就每天都在失去可以让他日后正常生活的机会。

这个过程好像在走钢丝。虽然我掩藏了自己对露西亚行为的不认同，不再把她和她那让人厌恶的行为联系在一起，但是我发现还是很想在电话中对她大叫：别再这样了！我知道她需要倾听，显然，她比德雷克更忧郁和有口难言。我也知道，露西亚和她儿子一样可怜、可惜。当然，我很感激她鼓起勇气向外求援，否则，德雷克便在我们的视线中消失了。尽管如此，我不能再牺牲德雷克的权利来支持露西亚。为了他，我们的游戏该结束了。

每次电话中我们都谈到把真相告诉主将和梅森·斯隆的不同方法，但是好像一挂上电话，这些方法就从露西亚的头脑中掉了出去，她似乎完全忘记了，而当我每次又提起它们时，她的反应好像是第一次听到一样。

所以我使用不同的技巧，让她从中得出结论，而不是直接告诉她答案。你觉得什么方法比较好呢？以你的观点哪种方法会奏效？到目前为止，我的建议她已经听过三四遍了，所以我想如果我给她足够的提示，她应该可以得出自己的见解。不仅如此，和露西亚谈话与和卡珊德拉谈话一样让人生气，因为"我不知道"、"我不记得了"是她的口头禅。

我提议，如果她不想直接向主将说出这些，或许可以把梅约医学中心检查报告的正确版本拿给他，让他自己看，也许这是切入主题的一个好方法。我也提议，她也可以写信给主将，因为有时写成文字比直接面对本人容易一些。事实上，我还提到了 e-mail。如果面对面太困难，要不要试试借由 e-mail 来对话呢？或是一个浪漫的晚餐，开一瓶香醇的葡萄酒来助助兴？

"也许吧，我可以试试。"也许吧！这就是露西亚对所有提议的回答。但是当下一通电话打来时，她还是什么都没做。她通通忘记了。我再次提到的这些方案，对她像是新消息一样。

我甚至问她，如果我和主将谈谈会不会比较好。露西亚的直接反应是：不行。她已经习惯于把主将隔离在各种生活的烦恼外以保护他，要她去掉这层保护，把主将直接交由我处置，她是万万做不到的。当这个方案以各种形式提出都失败了四五次之后，我只好提议说：三人行怎么样？为了避免昆顿之行又要推掉其他的患者，特别是德雷克现在已不在我们的患者名册中，所以我建议星期六见面，这样主将也很方便。

不。露西亚直截了当地彻底否决了。当我追问为什么不行时，她先说，因为德雷克也在场。我说，这很好啊。事实上，我觉得这是一个刚好可以让德雷克参与，并让他知道真相的好时机。然后，露西亚又说不行，因为周六太危险了。为什么？我问。她说，梅森·斯隆也会在附近，他会不期而至，他会要主将陪他做些什么，他会安排和德雷克共度周末，当然，他更好奇的是为什么我会出现在那里。

我建议，不要在他们家里会面，或许可以再去星巴克咖啡店，但是这个建议一样遭到否决。不管主将去哪里，梅森·斯隆都会找到他。露西亚的语气是如此肯定，那无所不在的耳目好像幽灵一般，一切都逃不过梅森·斯隆的掌控。

所以，我建议不要在昆顿会面，而这也不是第一次提出。现在我所有的建议都是旧事重提。以前她拒绝的理由是他们走不开。我说，是周六耶？难道不能出去买东西吗？难道斯隆时时监视着他们吗？他们不会在梅森·斯隆起床前就早早出门吗？我提醒她，梅森·斯隆早晚也要面对这一切，这不是一个很好的开端吗？一个没有公公参与的小小家庭聚会？

露西亚犹豫了。

她犹豫了好久，我可以感觉到她真的在考虑这个建议的可行性，因此我就顺势大做文章。我提议，梅尔维尔十字镇可以吗？它是个位于我们中心和昆顿间的小城镇，彼此都可以省去一半的开车时间。那里有一间很大的麦当劳，备有室内游乐设施。我们曾特地去观察过，以便安排医疗中心的孩子去那里，所以我知道。而且，当我们谈论到严肃话题时，德雷克可以自己在游戏区玩耍。

又是一阵沉默。最后露西亚说："如果德雷克来的话，你会告诉他……你会对他说出……实情吗？"

"会"。

她开始哭了。"你会向他解释，我不是故意的吗？"

葛达去世了

> 我惊讶于死亡的不可预期——面对死亡,最光辉的生命也会永远黯然无光。

葛达转出复健中心后,我就不能再为她治疗了。她去的护理之家距离医院十里远,事实上,去那里也是权宜之计。因为最后,爱德华决定一旦变卖了她的家产并且安排好其他事后,他就会让母亲搬到底特律,把她安置在那里的护理之家。

一方面,不方便通勤去看她;另外,也没有专业方面的理由让我继续去看她。葛达的语言障碍是中风后遗症,在这方面,我既没有受过训练,也没有经验,我也无法提供专业的意见。之前去看望她,是由于乔伊的邀请。所以,她一离开复健中心,我便不能再为她做什么了。

尽管如此,我还是很想见葛达一面,以朋友的身份向她道别,而不是凭空消失,因为我真的很喜欢和这位老婆婆相处。我应该在她搬出复健中心前去看望她的，但是我挤不出时间来。露西亚和卡珊德拉占据了我大部分的空闲时间，再加上我要完成正常的案件工作量，所以在葛达评估会议后的一周，我真的很忙。而复健中心的床位很紧张，一旦决定葛达要搬走，他们便会尽快安排她搬离。所以，当周五我打电话给乔伊时，她说，葛达已经转院了。

我还是想去看看她。但这并不容易，因为护理之家离医院好远；所以我计划在梅尔维尔十字镇与露西亚和主将会面后，早点离开，中途转去看望葛达。去护理之家虽然不是很顺路，但也不会绕很远。我把地址写在笔记本上。

这是周二的事了。周三，乔伊打电话到我家，葛达当天早上再次中风，现在在医院的加护病房。周四上班时，我到医院的加护病房看望她，才知道葛达昨晚就去世了。

护士问我要不要看一下遗体。这个突兀的问题让我大为吃惊，我随即想到，她可能以为我是来安排殡葬事宜的亲属。我说，不用了，告诉她我的身份并且提到了爱德华，我想他们应该已经和他联系过了吧。她说，是的，已经联系过爱德华了，他正从底特律赶来。她知道葛达还有一个女儿，也不知为什么她就误以为我是她女儿了。我说，我不是她，然后就解释起这个我根本不认识的家庭，他们疏离的亲属关系。后来，我又向护士道歉，就上楼到中心了。

葛达的死让我感触良多。从某种程度上说，只是惊讶于死亡的不可预期——面对死亡，最光辉的生命也会永远黯然无光。我们在聊天时，葛达还是那样富有生气，她说着过去，以另类、象征性的方式表达她对现在的感受。在这个过程中，历史的记忆变成了现实的存在。

对我而言，年轻的葛达、篷马车、移民的家园，像复健中心一样栩栩如生。但是，忽然间一切又恢复了平静。短短几个小时，它们又退回到历史中，逐渐消失、流逝，直到完全被遗忘。令人不堪的是，葛达也隐身于其中。

我同样惊讶于人们之间的相识与疏离。为什么葛达周遭那么多人竟完全不了解她？不懂她？从很多方面来看，这也许是一种最好的解脱。因为死亡或许比生活在底特律的护理之家更有尊严，因为那里的生活方式都是她所不甘愿的。真的，或许正是对这个变迁的沮丧，导致她二度中风。

我可以明白这些，并且理性地接受眼前的一切，但是头脑里还是充满了疑问。为什么有这么多失去联系的亲人？为什么爱德华对母亲这么的不理解？这期间安娜一直隐身何处？为什么葛达和自己的孩子无法沟通？为什么这一切会发生在人们身上？更伤感的是，现在连改变这一切的机会都没有了。

卡珊德拉的治疗课程，自从她开始讲述她被诱拐的过程开始，变得很痛苦。她记得的部分不多，所以故事没有进展，况且她的回忆是片断式的——一个突发事件的一些零星细节，其他则是一片空白——但是，这有限的内容，让课程变得胶着，因为这些短小的片断，一再被澄清，而浮现出令人吃惊的实情。

一旦开始，卡珊德拉便极度渴望继续下去。她期待告诉我这些事，于是在不上课的时候，她会花很多时间思考下次的治疗课程要对我说什么。通常，我们在休息室相遇，还没到达治疗室前，她就开始讲起她的故事。

事实上，她讲述自己过去经历的对象，也扩展到中心的其他同事。她现在也告诉南西和其他工作人员她过去的事情。即使是在课堂上做些简单的功课，例如数学运算，她的思绪也会飞到过去的时光中。

大部分回忆都只是一些片断，只要让她说出来，她便又回去做她的功课。比方说，有一次在数学作业的时间，她有些坐立不安，老师走到她座位前想帮助她。卡珊德拉说："我刚刚在做梦。我常常梦见相同的情景，回到了过去，回到了我跟爸爸住在一起的时候。我们坐在一艘小船上，要划船横越一个大湖。我爸爸在船上，而且我妈妈和我姐姐也在船上。后来我们来到了湖中心，周围没有陆地，船翻了，我们都掉进了水里。在梦中，我妈妈救了我姐姐，因为姐姐不会游泳。爸爸游上了岸。没有人来救我。我快要淹死了。再来，我就躺在棺材里，它就停放在我们老家的前厅。但是我真的还活着。没有人知道。他们都以为我淹死了，因为我在棺材里，所以我一定已经死了。而我不断地说：'不，我还活着！'但是不知什么东西让我全身无力，所以没有人相信，没有人想到我还活着，他们盖上棺材的盖子，准备把我埋了。"

"噢，"老师说，"真是一个可怕的梦。"

"对啊。"卡珊德拉回答，然后翻开她的数学作业本，开始作了起来。

这样的故事愈来愈多，卡珊德拉的用意在于编造一些离奇的故事来谴责人们的暴力和性变态行为。我的感觉是，卡珊德拉的谎言一方面是预防性的：让人们无法接近她，以免做出伤害她的事情；另一方面，也是舒缓内在压力的一种方法。因为以极度的压抑过去来面对如今的生活，让她倍感危机，隐藏的秘密已经发炎化脓了，而那些谎言就是流出来的脓液，它们减缓了发炎所引起的疼痛。

我们治疗课程的时间无疑都是属于卡珊德拉的，每天早上她都急切地告诉我她想对我说的话。通常，过于急切让她来不及把事情表达清楚。换句话说，对于过去，她有很强烈的感受，但是真正的记忆却很有限。我常常会让她说出脑海中的想法，然后从那里开始。

有一次，她的谈话是这样开始的："我爸爸送我一只玩具兔。"

我们正舒服地坐在地板的枕头上，这里已经成了我们交谈的专用场所。

她说完这句话，便望着我，眼神中充满了期待。

"什么时候？"我问。

"我不知道。我不记得了。"

我点点头。

一阵沉默。

"我想，是在刚去没多久的时候。因为我什么玩具都没有。"

"你的兔子是什么模样？"

"它的身体是褐色的，肚子却是白色的，好柔软，好蓬松。"

"听起来是只很可爱的兔子。"

卡珊德拉点点头。

因为她一来治疗室就谈到了玩具兔，我猜想那只玩具对她有特殊意义，构成了她童年的一部分。接下来，我的挑战是不要告诉她怎样做，也不要给她压力，只要帮她打开记忆之门即可。

通常，我从温和的提问开始，不过也在谈话间预留相当时间让她在记忆中慢慢发掘。

"关于你的兔子,还记得什么?它叫什么名字?"

"兔子。它就叫作兔子。"她又安静了下来。她的眉头皱了起来,好像在思考着什么。一两分钟过去了,这一两分钟显得很漫长。

我听着音乐。谈话中我一直播放这些缓慢柔和的古典乐。我这么做,一方面是在营造一种平静的气氛,放松心情;另一方面,也是加强音乐和讨论主题间的联系。因为我发现,把特定行为和适当的音乐片段联系在一起,当同样的乐声响起时,会诱发相应的行为模式。此外,我还发现在冗长的沉默中,音乐让我的思绪有所寄托,听着音乐而不再固执于沉默前的最后一句对白,我可以让在谈话间隙中滋长的不耐得以缓解。

"福福,"她最后说,"也许兔子的名字叫作福福。你知道的,有首儿歌,'小兔子福福,跳着穿过森林。'也许就是福福。"她停顿了一下又说:"或许不是。也许我的记忆就是来自那首歌。我也不知道。"

在卡珊德拉谈到她被诱拐经历的过程中,我察觉到她患有解离性创伤症——也就是,她把过于激烈的经历隐藏在"健忘之墙"的后方,或者说,她借由否认那些经历来保全部分的自我。

目前还没有足够的时间来深入讨论这些问题,我想,一些基础工作是先认识或叙述诱拐的经过,让这个事件对卡珊德拉不再具有可怕的控制力。但是,我也努力地发现卡珊德拉的其他部分,把新的发现不断加入到谈话中来。我现在才清楚了解到,在我们早期治疗课程中,卡珊德拉曾多次"切换"身份,虽然我不知道她的这种改变是有意识的还是无意识的,但是当我们谈到"其他人"——主要是蛇牧师、蛇牛仔、蛇仙女,还有蛇家族中的另外两个成员碧姬和贝姬时,比较模糊的人格特质都归于这对顽皮蛇的名下,卡珊德拉都坚称那些不是她本人——我知道她可以随意地"切换"到这些人格中去。

这些表面现象让我非常困惑,因为很难辨别她何时可以控制事情或在何时会失控,而且,关于多重人格障碍的文献不多,我在这方面的经验也几乎没有,所以很难有所突破。我发现,如果我直接向卡珊德拉的分身提问,她通常都可以直接回答,虽然她回答时好像在转述别人的答案,以示她本身并没有"切换"成那个分身。

因为我们最终的目标是将这些不同分身重新整合成一个完整的人格,所以我觉得鼓励卡珊德拉对个别信息进入到不同分身中具有重要意义。这不仅可以让她意识到的各个部分保持清醒,也表示我不但接受了她不同的分身,也接受了这些分身所拥有的神秘信息。一次又一次地重复,这些重叠的信息也不再那样令人恐惧、不安或是太琐碎,让我难以应付。

所以,当我们躺在枕头上讨论她的兔子时——或者,准确地说,根本不是在讨论她的兔子——我问:"还有谁知道你的兔子?"

卡珊德拉环顾了一下四周。

"噢——噢——噢。"她拖长了音调轻声叫着,我开始意识到那是蛇牛仔的声音。真的,那是一种约德尔调,我觉得从一个小女孩的喉咙中发出这种声调真是太奇怪了,所以她每次都会带给我小小的震撼。

"噢——噢——噢。"她又开始了,像狼一样哀嚎着,"噢——噢——噢。"然后,摇着头。

"那又是谁?"我问,"还有谁知道你的玩具兔?"

"蛇仙女。"她说。

"蛇仙女可以告诉我们什么吗?"

"小兔子好柔软噢。"她的声音又细又高,好像一个小小孩的声音,"我爸爸送给我的。他在玩具反斗城买的,因为有一间玩具反斗城就在我爸爸办公室附近。我爸爸为我买的。兔子好柔软噢。我抱着它睡觉。"她对我笑着说。

"听起来好温馨啊。"

她点点头:"因为我是乖孩子,所以爸爸才买给我。爸爸说,可以选一天带我一起去反斗城,他会推一辆购物车,我们可以买整整一车的玩具。"

"你好幸福噢!"

卡珊德拉露齿而笑:"还有,还有一次,你猜怎样?"

"怎样?"

"我爸爸还买了衣服。椰菜娃娃的衣服。不过都不是买给我的,他说是买给玩具兔的,我就帮它穿了起来,兔子穿上了衣服呢。"她的声音像个兴奋的孩子,又尖又高。

"你爸爸这件事做得还真是不错,对吗?"

她用力地点点头。

"你爸爸向你表达他也是爱你的,对吗?"

她又点点头。

接下来是一阵短暂的沉默。

卡珊德拉依然看着我。"我爸爸很爱我。"她说,声音更加温柔。

停顿了一下。"我爸爸是爱我的。"声音轻得像耳语。

又是沉默。我把目光移开,听着音乐,试着辨别旋律,应该是马斯奈的《泰绮丝之冥想曲》。

"真是让人困惑,对吗?"我说,"我们对同样的事产生了不同的感觉。我们同时觉得爱、恨、恐惧、欢乐和兴奋。"

卡珊德拉点点头,眼睛里已经噙满泪水。她不再看我。

"但是你知道吗?"我说。

她摇摇头。

"这样的感觉是正常的,每个人都会有这样的感觉。每个人都会有对同一个人又爱又恨的时候。在害怕的同时,又有一份期待。当他们对同样的事物有不同感觉,甚至是相反的感觉时,也都是正常的。"

她的眼泪滑落到脸颊。她抬起左手,用食指接着一滴滴的眼泪,然后又往衬衫上擦拭着。"我想知道的是,"她轻声说,"为什么,如果我爸爸爱我的话,为什么要让那些事发生在我身上?"

因为叙述过去的经历,让她的情绪有非常大的起伏,我尽量把这个过程分成几个段落,好让我们在叙述的空当可以做些别的活动。我不仅想借此让她在回到中心之前情绪可以恢复正常,也希望规范她面对强烈感觉或事件时控制自我的模式。

所以,关于兔子的讨论被我用来探讨她和父亲间的关系,试图了解那个既疼爱女儿又虐待女儿的男人。我们自然地玩起了扑克筹码的游戏。

我们拿出了感觉纸,我让卡珊德拉把筹码放在不同的感觉字段上。我先让她把兔子带给她的感觉标示出来。

"想到兔子让我的感觉好棒。"她说着，在纸面上寻找着，"你知道吗？我们没有那种感觉。刚好没有'好棒'的感觉。"

"那么'快乐'可以吗？"我说。

"不行，'快乐'的范围太广了。我要'好棒'。"

"温暖呢？"我提议。

"好吧，温暖可以接受。就是温暖的感觉。这些我们都没有。"卡珊德拉跳起来，把感觉纸都拿了出来。她在最后一张纸上画了一条直线，把字段分隔开来，又在纸的上方写上"好棒"。"这里。我们现在有了。"

她停了一下。看着桌子上一一排开的纸张，说："你看，还记得我画的图画和我写下的感觉名称吗？还有很恶心的感觉和婴儿的感觉。"

我笑着点点头。

"我不知道我为什么要做这些，"她说，"但是真的是我做的。现在看起来傻傻的。我的画真难看。你看啊。"她咯咯笑着。

我又笑了："事情是会变化的，对吗？"

卡珊德拉点点头。

一阵短暂的沉默。

"我好一点了，对吗？"她轻声问。

"我也这么觉得。"

又是沉默。卡珊德拉伸手在桌子上拿了一些筹码，她小心地在"好棒"的字段下方放置了一个、两个、三个，重叠在一起。又加了两个。

"知道梅诺蒂医生对我说了什么吗？"她问。

"什么？"

"如果我有连续十天没被关进隔离室,我就可以回家了。"

"啊,那真好。对吗?"

她点点头:"再猜猜,还有什么?"

"什么?"我说。

"已经三天了。"

37

德雷克一家出走

> 他长长地叹了口气,我才发现他眼睛里噙满了泪水。他举起一只手,擦拭了一下右眼的眼角。

周六早晨,我开始了往梅尔维尔十字镇的长途车程。这是一个多云的阴天,天空灰蒙蒙的。没有下雨,也没有要下雨的迹象,但是我倒宁愿下雨,我想在雨天出来走走,看一看宁静哀愁的冬日风景。

当我到达梅尔维尔十字镇的麦当劳时,里面只有店员正在忙碌。相较于外面的灰冷阴暗,里面更显得明亮温暖,而且很热闹。不过,有些吵闹。扬声器里播放的欢乐音乐好大声。店员在厨房忙碌着,金属锅子砰砰作响。

但是不见斯隆家的人。

我点了一杯可乐,在游戏区旁的长凳上找了个位置坐下,等待他们。

我看看手表。我们约好午餐时间见面的,因为我们都要开一段好长的车程,所以约定在中午十二点半。我是十一点五十分到的。我等到十二点，没来；又等到十二点半，还是没来。

快到午餐时间了，全家一起来用餐的顾客渐增，使麦当劳几乎客满，独自占着一个很宽敞的位置让我有些不自在。这间麦当劳虽然不是很大，也够宽敞了，旨在吸引附近公路上的人潮。一个带着五个吵闹孩子的妇人瞪着我，而我面前除了一杯饮料外什么都没有，这让我更加不自在。我想站起身去买个汉堡，但是我知道只要我一离开座位，这个位置就会被别人占去。所以我稳稳地坐着，并且对那个妇人瞪回去。

十二点四十五分了。我还要等多久？除了路程遥远外，还有其他很多可能迟到的原因，我这样安慰自己。但是，在我的潜意识里，还是担心他们根本就不会来。露西亚又退却了。

下一步要怎么走呢？我看着表，已经过了一点钟了，不禁犹豫起来。露西亚会再打电话来吗？我们要继续下午的那种鼓励性对话，直到敲定下次的会面时间，并且奢望下次就会奏效吗？现实一些的考虑，我还要花多少时间在这上面？我的责任该延续到什么时候，才可以把这一棒转交给住在昆顿附近的专业人士？谁是合适的人选？又要如何来确定？我可以预见的唯一答案是，如果露西亚拒绝合作，就要请社会福利机构介入了，这意味着要完成一些证实为儿童暴力的正式文件。如果我真的这么做，接下来就是讨厌的法律程序，涉及律师和社工人员，这些带给德雷克的是精神伤害，而不是他所需要的辅助治疗。

我沮丧、失望地坐着，直到午餐人潮退去，那时已经一点二十分了。我起身去柜台，点了一个大汉堡和一份薯条。

这时，他们出现了。我回到座位上时，刚好主将、露西亚和德雷克从停车场的一辆深蓝色商旅车上下来。已经是一点半了。

我看到露西亚转过身来，目光在餐厅人群中搜寻着，直到我们四目交会。她举起手向我打招呼。

我想，不知她在做什么？利用这段时间来鼓足勇气吗？因为没有把来这里的原因如实相告而难以说服主将前来吗？还是，她希望晚些过来，如果我已经离开了，她就可以理所当然地说："我去过了"，而再次逃避现实。

德雷克一进门就看到我，他父母去柜台点餐时，他带着朋友向我跑来。

"你好，还有你的朋友。"我一边说，一边用手语做出同样的语意。

他开怀大笑，爬到我对面的位置上坐下。

"很兴奋吧？你知道要来和我见面吗？"我问。

德雷克热情地点点头。

"我好高兴见到你噢！"我说，"你父母告诉过你，为什么要来这里吗？"

他摇摇头。

"好，那是一个好消息。你来这里，是因为我知道你为什么不说话了。我会帮助你父母商议对策。我们用一种新的方法来交谈，比方说用我们的手势。"我向他比画出"我爱你"。

我说话时，德雷克快乐的神情消失了，他看着我的眼睛。

"我们现在了解了，"我说，"不会再强迫你说话了，因为我们知道了你不说话的原因。我们知道那不是因为你调皮，不是你的错。从现在开始，我会努力帮助你的妈妈、爸爸……还有你的爷爷，了解这一点，就是不要强迫德雷克像我们一样说话，但是德雷克可以有自己的特殊表达方式。"我对他笑着。

他有些迟疑地对我笑着。

露西亚和主将来到餐桌边。露西亚苍白又憔悴的面容，让我不想再追究他们迟到的原因。

"这是我先生，华特。"她说。华特正把餐盘放在桌子上。

"叫我主将就好了。"他说，一边伸出手来。我握了握他的手。

他和我想象的完全不一样。从体格上看，梅森·斯隆结实壮硕，每次见面时他的强势作风更突显了他的强悍。相反，主将却又高又瘦，年近三十五了，却像一个刚发育的青少年，灰色的头发，有些不太健康的肤色也略显灰暗。毋庸置疑，他的容貌非常出众，像电影中的詹姆士·邦德一样温文尔雅。唯一略显逊色的是他的眼睛，他的目光飘到我身上，很快移到德雷克身上，又很快移往别处。如果我祖母在场一定会说，那是一双贼溜溜的眼睛。

主将和露西亚坐了下来。接着是一个长长的、有些让人难堪的沉默，每个人都打开自己的餐点。露西亚倾身帮德雷克打开他的快乐儿童餐，附赠的玩具是一个塑料拼图，德雷克高兴地玩起来。露西亚用塑料叉子的手柄把德雷克的汉堡切成两半，递了半个给他。

我静静地坐着，等着，祷告着，给自己打气。

我想，我这时比任何时候都更清楚地意识到德雷克的缺陷。倒不是因为他做了什么，而是身处这样吵闹的快餐餐厅，餐点备制区的说话声、音乐声、聊天声、其他孩子在游戏区的笑闹、叫喊，突显出他的完全安静后面所隐藏的神秘怪异。

忽然，露西亚站起身来。她原来坐在德雷克和主将中间，现在她突然起身，主将只好也站起来，侧身让她出去，再坐下来。

我回头看她要去哪里。

主将说："她要去吐。"

我转过身来。

主将耸耸肩膀，但没有看着我的眼睛："她很烦恼不安，一吃东西就想吐。"

我们在窘迫的沉闷中用餐。

主将靠近德雷克说："儿子，你吃完了吗？想去玩吗？"

德雷克欣然接受这个建议，他从座位上起身，从桌子下方钻了出来，就跑走了，只留下我和主将两人。

沉默。

"我已经知道了。"主将说。

我不知道要怎样接他的话。

"昨晚露西亚都告诉我了。她说今天要来这里，我不理解为什么，不知道她为什么……所以，她都告诉我了。"

我点点头。

"我感觉到一些，"他继续说，"其实一直以来，我都有一种感觉……"这情景好像是我在做梦一样。

"为了德雷克，我们必须改变现状，这点你明白吗？"我说。

主将点点头。

"你看过梅约医学中心的报告了吗？"

"没有，还没有。"

"如果你想看的话，我可以寄给你，我已经收到未改写的复印件了。上面说，德雷克需要重新检查，以做出更明确的诊断。很少有孩子完全无法发声，所以需要更详尽的检查。也有退化性疾病……以及其他的问题……为了德雷克的安全，他需要其他专家的明确诊断。"

主将的头低了下来。他长长地叹了口气，我才发现他眼眶里噙满了泪水。他举起一只手，擦拭了一下右眼的眼角。我向德雷克的方向看去，希望他在那里玩久一点。

"对所有的一切，我深表歉意。"主将轻声说。

"没关系的。我知道你们一定很担心。"

"你要理解露西亚。她是个好人。真的。并且是个好母亲。她不是要故意伤害德雷克的。"

"当然，我确信她不会。有些事是情非得已。事情一开始便出乎我们的意料，后续的情况更不随我们的意志而发展。我想，没有人要蓄意伤害德雷克。但是现在真相大白了，而德雷克也不该再受到这样不公平的待遇。"

主将依然低着头，又擦了擦眼睛。露西亚依然隐身于麦当劳的洗手间。

"你觉得你有勇气这么做吗？"我问，"带德雷克重新去看医生？给他再做一次评估。"

主将慢慢地点点头。

"在帮他重新做评估时，我们需要拟定一套方案来帮他与外界沟通。主将，他是个可爱的孩子。真的，又可爱又聪明。在我合作过的孩子中，他是最优秀的一个。他理应让我们其他人分享他的思想。或许学习手语,或许借由外科手术和声音合成器的辅助,或者还有其他的方法,他需要尽早开始,否则那会成为他的一个障碍。"

主将扮了一个鬼脸。他举起手,压在眼睛上。

我停顿了一下,给他时间让他调整一下心情。我先前对露西亚以及她在这个事件中所扮演的角色的不满情绪也都消失了,我甚至还有些喜欢这对夫妻。他们彼此相爱,也很疼爱德雷克,虽然方式不是很妥当。我了解他们内心是善良的。尽管如此,我也得承认在我见过的孩子家长中,他们属于问题父母,因为他们两个都很害羞、软弱,情绪不够稳定。我清楚地了解梅森·斯隆是个急躁、强势的男人,但是在强者和被他们征服的弱者关系中,弱者的行为扮演着更重要的角色,是这种角色的扮演,才使这个不平等的痛苦关系得以继续维持下去。

"我们现在就要认真讨论一下这件事。"我打破了令人压抑的沉默。

主将点点头。

"你觉得你可以处理这件事吗?"我问,"还是你需要当地专家的协助?或向学校据实以报?因为我离昆顿太远了,我想尽快把这个个案完整地转交给当地的专业人士,我很乐意帮你们这个忙。"

他摇摇头。

"你要自己处理?"我问。我不知道他摇头是什么意思,它让我觉得那是一种失望的表情,而不是回答我的问题。"还是你没办法决定?是这个意思吗?"

他又摇摇头。接下来又是沉默。我叹了口气,希望自己可以说服他。我变换了一下坐姿,又叹了口气。

"我们要搬家。"最后主将终于说话了。他抬起头来,很快地瞄了一下我的眼睛。"我们不能留在昆顿,我们在昆顿的日子已经结束了。"

"我知道你父亲一定会很生气,我可以想象得出来。但这是他的孙子,尽管他不好相处,不过很显然,他也非常疼爱德雷克。虽然他有些……也许我们可以说,比较强势一点,他也是真心爱着这个孩子。他会很生气,但是我确定他会回心转意来迁就你们的,我相信他一定会接受德雷克的。对吗?"

"我……我……我只是无法待在那里。我不想回去。今晚不要回去,永远都不要。我们已经离家这么远了,我还想再离远一点。"

我看着他。

主将的双手重叠着放在面前的桌子上,他身体向前靠在手臂上,肩膀耸得高高的,呆呆地看着塑料桌面。"早上,露西亚和我就在忙这件事。把我们生活的必需品都放到车上。我到银行把我觉得属于我的部分都提领了出来,就离开了。我们要远远地离开。"

我吃惊地看着他。我从没想到过如此极端的反应,又震惊又愧疚,因为我是幕后的推手,我不知该说些什么。

正在这时,露西亚回来了。主将移动着身体,露西亚在他的身边坐下。她疲惫的大眼睛凝视着我。

"我都告诉她了。"主将说,又把头低了下去。

露西亚点点头。

"我被你们弄糊涂了,我有点担心……"我说,"很意外。因为这个反应太激烈了。我必须承认,你说的这个决定让我有些担心。"

"我们会照顾好德雷克的,"主将说,"这点我可以向你保证。"

"是的,但是……你们就这样离开了吗?在昆顿,你们有房子、财产、工作,你们可以说走就走吗?"

主将耸耸肩膀,这时才坦然地坐在餐椅上:"有些事你和周遭的人合作就可以完成,但是有些事永远无解。这两天我和露西亚都在讨论这件事。对吗?"他转过身面对她,"我知道我们留在这里就是无解。所以我做好了准备。我把账号改到我的名下,停止了父亲与我共享的权利。我们也通知了学校。所以,我们是一心要离开了。过些时候,我们会回来卖房子。找个适当的时间。"

我还是不敢相信,我的怀疑一定流露了出来,因为主将接着说:"也许你觉得我们这样远走他乡是一种软弱的行为,像孩子一样。不过事实并非如此。如果我父亲曾教过我什么,就是如果你已经确信那是一个赔钱的生意,就要断臂止损,及时脱身。"

我点点头,伸手抽了一张德雷克快乐儿童餐里未打开的餐巾纸。"这里,"我把我的名字和地址写在餐巾纸上,"你们安顿好了,寄张卡片给我,好吗?让我知道事情的进展。"

主将接过餐巾纸,折好,放进他的衬衫口袋里。"一言为定。"他说。我第一次看到他露出了笑容。

卡珊德拉在治疗中心的最后一天

> 她在我的手心一笔一画工整地写着:"卡珊德拉",然后在旁边画了一颗心,还在心里面涂满了颜色。

卡珊德拉的治疗课程时间到了,我到休息室去找她,她不在。我环顾四周,觉得好奇怪,又转到护理站打听。南西朝走廊方向点点头:"她已经在治疗室啰。"

这让我很惊讶,因为在没有中心员工的陪同下,孩子是不可以独自进入治疗室的。

南西露齿而笑:"我知道,有违常规。但是今天是她待在中心的最后一天。她要给你一个惊喜。"

我沿着走廊走到治疗室。门关着。我轻轻地敲着。

"请进。"一个声音说。

我打开门。

"没想到吧?"卡珊德拉跳上跳下的,大声叫着。

"哇!"我感叹道。

治疗室里装饰着彩带,就是学童把造型纸条粘在圆环里做成的装饰。眼前的彩带由各种纸张做成——杂志页面、信封、报纸、卡片。

"哇!"我又感叹了一声,"你什么时候做的?"

"大部分是我在自己房间里做的。我以前在中心的教室做了一些。因为约瑟夫说,这是一个放松心情的好方法,当我们感到心烦意乱时,他都让我们做彩带。你有多少烦恼,带子就做多长。这真是有些傻。但是,当梅诺蒂医师说,如果我没有被关进隔离室十天就可以让我回家,我便问约瑟夫,是否可以把我的彩带带回家。后来,为了装饰这里,我又多做了一些,好让这里看上去漂亮一点,好像我们在开派对一样。"

"好酷啊,卡珊德拉。好多的彩带。你真用心。"我说。

"你看,来这里看,因为我还做了一张卡片送给你。"她蹦蹦跳跳回到桌边,拿起卡片说,"只有打开它,你才知道它有多精巧。"

真是非常漂亮的一张卡片。我打开时,中间的一个部分垂直站立在卡片上方,在这个立体的设计上方,写着:"再见。我爱你。"

"真是好精致。你怎么学会的?"我仔细查看着卡片。

卡珊德拉在我身旁两脚交替跳跃着。"你不知道我会做很多事吧?"她柔情地说,"你只了解我的一个侧面,那就是我爸爸诱拐了我,但是我还有你不知道的另一面。"

"真的,"我说,"真的。你说得真好。"

因为这是她在中心的最后一天,我告诉卡珊德拉,如果她愿意,可以让她选择一项我们过去做过的活动。治疗关系的结束方式总是让人左右为难,虽然住院治疗已经结束了,但是还有许多其他的后续追踪。不过，我发现如果我们以喜庆的方式做结束，不仅可以让我们的谈话内容与日后的追踪治疗相衔接，也突出了他／她在中心这段时间的收获。另外，我选择做游戏是为她提供一个替代的方式，来说出彼此要对对方说的重要话语，包括道别。

卡珊德拉选择玩西洋棋，并且兴致勃勃地放好棋盘。我之前从来没有和她玩过这类游戏，所以我不知道她的实力如何。对于西洋棋，我不是很精通，没想到她却精于此道，一局下来，和我打成平手。

我们玩了两三个回合，还一边闲聊着。卡珊德拉说起中心一个男孩的八卦，说他喜欢中心的另一个女孩，工作人员不在时，他还想去亲那个女孩。后来，她又说到某个工作人员带到中心来的CD，昨天晚上，有些孩子在休息室随着CD的音乐起舞。最后，她终于安静下来，好像在思考下一步棋要怎么走。

她安静了一下之后，说道："我出院后，就不会再看到你了。"

"不，我们每隔一段时间还会再见面。"我安慰她说，"你回到学校后，我会过去了解你的近况，每周一次，我去的时候，我们就可以在一起待一会儿。"

"我知道，不过你不再是我的治疗师了。"

"对，你说的是没错啦。"我说，"你的治疗师是鲁伊士博士。她很好。我跟她合作过好多次。你还可以见到梅诺蒂，每月一次。"

"你为什么不做我的治疗师了？"

我对她温和地笑着："我也很想继续为你治疗，但是我只在医院内部做治疗。孩子回去后，我的工作就是和他们保持联系而已。那是因为我曾经担任过教职，我知道学校的运作模式。所以我院外的工作是定期去学校看望孩子，以确定他们的状况都很好，如果他们有什么不适，也可以告诉我。"

"我好希望我们继续合作下去。"卡珊德拉说。

"我也想啊。我已经喜欢上和你相处了。但是你也会喜欢鲁伊士博士的。她和蔼可亲，她知道如何处理棘手的问题。而且对有'受伤害部位'的孩子极有经验。"

"她会了解我吗？"

"会的，鲁伊士会了解全部的你。等你见到她时，她一定是有备而来。你会觉得好像见到一位很久没碰面的老朋友一样。"

又是沉默，我们静静地玩着棋，没说话。

"你知道吗？"卡珊德拉问。

"什么？"

"你知道我常常说到布朗博士吗？"

"我知道。"

"我不是真的喜欢她，我只是说说而已。"

"噢。"

"我是故意这么说的。"她说。

"我了解。"

她停顿了一下。

"她总是对我说：'做你喜欢做的事。'那当然好，因为她有好多很酷的东西，好像那些做手工的材料她都有，像是黏土、颜料以及其他材料。还有一个真正的画架。但是……但是，我知道我去那里不是去做手工的，我觉得这样有些不可思议。"

"这话什么意思?"

"我一直在思考,'我为什么要来这里?'因为那里既不是学校、不是教堂,也不是巧克力工厂或是别的什么地方。我只想知道,我为什么要去那里。我妈妈一直说:'你去那里是减轻你爸爸对你的伤害。'所以,我想,那究竟是个什么样的地方?她要对我做什么?我期待着奇迹发生。我真的很紧张,你知道吗?就是在期待某件重要事情发生时的那种紧张。因为我想,也许她会问我一堆问题。但是我不知道她会问什么。所以当她一直说'做你喜欢做的事'时,好像在设一个骗局。或者说……我也不知道。很难讲清楚,不过我就是不喜欢。因为她要让我好起来,怎么什么都没有发生呢?她怎么可以只是被动地等待呢?"

"那一定让你觉得沮丧。"我说。

"是很迷惑。"

卡珊德拉拿起她的一个棋子,跳过我的两个棋子到达我的边境,又拿了一个备用的棋子,把她的棋子变成王。

"我只想让你知道而已。"她说。

"谢谢你!"我说。

"我的意思是说,我也不喜欢来这里……"她迅速抬起眼睛,露齿而笑,"但是,我想让你知道,我这么说是针对布朗博士。"

这局卡珊德拉赢了。我们花了一些时间讨论是继续玩棋,还是换作玩纸牌。这又让我们岔开话题讨论纸牌的几种玩法。卡珊德拉开始滔滔不绝地介绍一种"大老二"的玩法,很复杂,而且我从未听说过。后来,她想起来至少要四个人才可以玩。最后,我们还是继续玩棋。

卡珊德拉走第一步棋时,说:"那么她会是什么样子的?"

"谁？谁会是什么样子的？"我问她。

"那个博士。就是我出院后要去看的治疗师啊！她是个什么样子的人？"

"我稍早前不是告诉过你吗，不记得了？"

她停顿了一下。

"嗯……"她慢吞吞地说，"我想，我的某些分身记得，某些忘记了。"

"她叫鲁伊士。她很和善，和蔼可亲。她曾经处理过像你一样状况的儿童个案，因此梅诺蒂才会选择她。"

"她会像你一样吗？"

我笑了："她就是她。但是她和我一样乐于帮助你，她也会非常关心你。"

卡珊德拉点点头。

接下来是一阵更久的沉默。卡珊德拉身体后倾，眼睛盯着棋盘，看着散开的棋子，好像在思考下一步棋要怎么走，但是迟迟不动手。

最后，她抬起眼睛："可以把你的电话号码留给我吗？"

我的目光和她的相遇了。

她的头向右边点了点："万一我想打电话给你。"

我笑着说："当然。"我把椅子向后拉，"我拿张纸写给你。"

"不要。这里。"卡珊德拉跳起来，从架子上取下一支马克笔，绕过桌子走到我这边来，"这里，写在我的手上。"她笑着对我说，"这样我就可以随身带着你的电话号码了。"

于是我把办公室的电话号码写在她手掌上。

卡珊德拉紧握了一下自己的手，然后又拿起马克笔："现在，把你的手给我。换我在你手上写了。"

我把手摊平。

她一笔一画工整地写着:"卡珊德拉"。然后在旁边画了一颗心,还在心里面涂满了颜色。"好了。"她说,高兴地对我笑着,又把我的手合上,"好了。你要随时都带着她噢。"

尾　声

我在办公室收到一张德雷克父母寄来的圣诞节贺卡。自从那个冬日、忧郁的周末午后，我们在麦当劳分手之后，这是我第一次听到他们的消息。

卡片是从一千里外的某个大都市寄来的，满纸都是德雷克，几乎没有提到主将和露西亚以及他们的新生活。我想，他们一定已经找到了新工作，安置了新居。

夏季快结束时，德雷克接受了他们现在所住城市教学医院的重新检查，已经确定他的缺陷不是退化性的疾病，而是一种罕见的先天异常。

德雷克在八月接受第一次外科手术，这种整形外科手术要进行多次，目的在矫治他的声带。露西亚说，现在德雷克已经可以发出一些声音了。但是这不能取代手语，因为好像他无法正常说话了。因此，露西亚写道：她和主将也修习了手语课程。不过，德雷克的进步最快。

秋天时，德雷克已经进入附近的幼儿园就读，而且很喜欢新的生活。一个全天候的课辅助理帮他适应有声的世界。德雷克已经证实了自己在学业上的能力，所以，不久后就不再需要助理的帮忙了。和过去一样,他很有人缘,其他孩子嘻嘻哈哈和他玩在一起,学习"用手势来交谈"。

最让人惊喜的是,露西亚说,德雷克在明年四月就要当哥哥了。

这是德雷克一家搬走后我们唯一的联系。我一直没有任何关于梅森·斯隆的消息。

根据卡珊德拉"多重身份认同"的症状,确诊她为解离症。她仍然接受鲁伊士博士的治疗。鲁伊士是儿童创伤方面的专家。大约过了三年时间,她才重新整合了她的多重人格。在这期间,我也密切关注卡珊德拉的进展。她刚出院的第一年,我每周追踪一次,之后变成每月一次。

卡珊德拉的生父因为诱拐和其他与毒品相关的犯罪活动被捕入狱。根据卡珊德拉的陈述,"贝克叔叔"也被拘捕,现正在服刑中。

卡珊德拉的治疗之路曲折且漫长,因为病症很顽固。习惯性的说谎始终是她问题的症结所在,压力大的时候,她又恢复了编造性谎言的恶习。十二岁时,她声称一位男性教员对她性侵害而卷入一场难缠的官司中,之后,卡珊德拉被强迫接受治疗。

不过,现在情况总算有些好转。卡珊德拉十四岁时进入当地的青年戏剧团。这个环境给她活跃的创造性思维提供了一个舞台。她从写作、筹划剧团到参与演出,推出了三个以青少年为主题的独幕剧,在当地颇受欢迎。她的剧团还受邀在多所高中演出,此举也为她争取到戏剧学院的奖学金。直到现在,卡珊德拉依然在创作剧本。

我一直没有葛达家人的任何消息。我想,他们大概还是过着那种疏离的生活吧。我倒是常常想起葛达。特别是当我回到蒙大拿老家看到漫山的野樱时,那份思念变得分外沉重。

桃莉老师疗愈成长之旅·系列
（精选八本精彩呈现）

桃莉·海顿——美国教育界盛誉为"爱的奇迹天使"

她凭借爱、好奇和永不放弃，以心的能量打开封闭受伤的童心

每段改变和成长源自真实案例

30多种文字，1200万册风行全球，撼动世界亿万父母老师的心灵！

妙妈悦读会　木朵爸爸　儿童技能教养法中国推广第一人李红燕
父亲参与促进中心总干事温志刚　知心妈妈彭霞　**联合推荐**

荣获台湾"好书大家读奖"和中小学生推荐读物　美国图书协会强力推荐

《围墙上的薇纳斯》

一本让你眼角有泪嘴角上扬的书，消除亲子压力，舒缓家庭情绪。

桃莉老师的新班开课了，一个个在传统班级不能适应的孩子来到这里……

孩子们形形色色的各类问题及老师间不同教育理念的冲撞，让桃莉老师焦头烂额。从一开始的互骂斗殴，到学会互相理解甚至保护同伴；从憎恶这个特殊班级，到哭着写下爱的留言"不想离开"。

《午后阳光里的孩子》

一个不会讲话的空洞男孩——布，
一个分不出O和L的活泼女孩——萝莉，
一个被逐出校园的暴力男孩——汤玛索，
一个怀孕的十二岁乖巧少女——克劳蒂亚，
在午后的阳光里，
拖着疲惫的心灵陆续来到桃莉老师的教室……

《重新来过》

　　我需要重新来过，因为在我人生第一次成长的时候，我并没有真正地成长。

《玛拉的向日葵森林》

　　知道这个世界上有人在乎你是最重要的，心的能量能改变一切！

《猫头鹰男孩》

　　一个有阅读障碍的口吃男孩，一个资质聪颖的天才女孩，当他们遇上一只破壳而出的猫头鹰……

《总想逃跑的席拉》

　　她是智商超过180的女孩
　　喜欢读《小王子》
　　热爱莎士比亚
　　但她也是没有安全感的女孩
　　桃莉的怀抱是她永远的归宿

《月球上有三棵树》

　　抱着猫玩具的自闭症男孩康纳
　　与他富有天才想象力的母亲萝拉
　　两条线索交叉铺叙，游离于真实与虚幻之间
　　惊人的秘密一点一点浮出水面……